맞춤법 따라가기

글쓴이 소개

글쓴이 임석규는 경북 영주에서 태어났다. 영주의 대영고등학교를 졸업하고(1988), 서울대학교 국어국문학과에서 문학사(1995), 문학 석사(1999), 문학 박사(2007) 학위를 받았다. 2008년부터 원광대학교 인문대학 국어국문학과 교수로 근무하고 있다. 지금까지의 논저로는 '국어음운론의 기초', '국어 성조의 이해', '음운 탈락과 관련된 몇 문제', '재분석에 의한 재구조화와 활용 패러다임', '성조방언에서의 모음동화', '사이시옷 규정의 문제점 고찰', '한글 맞춤법의 용례 제시 방식에 대하여', '경음화와 한글 맞춤법', '성조 현상을 토대로 한 방언구획론을 위하여' 등 다수가 있다.

맞춤법 따라가기

초판 1쇄 발행 2018년 8월 30일
초판 2쇄 발행 2020년 1월 30일
초판 3쇄 발행 2023년 9월 22일
지은이 임석규
펴낸이 이대현
편 집 이태곤 권분옥 임애정 강윤경
디자인 안혜진 최선주 이경진
마케팅 박태훈
펴낸곳 도서출판 역락
　　　서울시 서초구 동광로 46길 6-6(문창빌딩 2F)
　　　전화 02-3409-2058(영업부), 3409-2060(편집부)
　　　팩시밀리 02-3409-2059
　　　이메일 youkrack@hanmail.net
　　　홈페이지 www.youkrackbooks.com
　　　등록 1999년 4월 19일 제303-2002-000014호
ISBN 979-11-6244-225-8 93710

맞춤법 따라가기

임 석 규

역락

머리말

국어국문학과 졸업생이라 하더라도 맞춤법을 잘 안다고는 할 수 없다. 글쓴이가 대학을 다닐 당시만 해도 맞춤법 강의가 전공과목으로 편성되기 쉽지 않았다. 이른바 '학문'을 하는 고매한 상아탑에서 규정을 다루기에는 어려운 점이 있었던 것이다. 글쓴이가 재직하고 있는 학과에서도 맞춤법 강의를 2013년에 처음 개설했으니 상황이 어느 정도 짐작될 수 있겠다. 그러니 국어를 가르치는 교사들도 맞춤법을 제대로 배운 적이 없을지 모른다. **운이 좋아(?)** 학부 때 맞춤법 강의를 들었다고 해도 체계성을 갖기는 매우 어려웠을 것이다. 흔히 하는 질문으로 '사이시옷은 언제 씁니까?'라는 것이 있다. 글쓴이도 중학교 시절 국어 선생님께 여쭤 본 적이 있다. 선생님께서는 '-의'를 넣어 말이 되면 사이시옷을 넣으라고 하셨다. '시냇가', '냇물'에서는 그러한 설명이 적용되는 듯했다('시내의 가장자리', '내의 물'). 그런데 '전깃불', '순댓국' 등에는 적용하기가 어려워 보였다. '전기의 불', '순대의 국', 그다지 명쾌하지가 않았다. 국어 교사들도 정식으로 배우지 않았으니 사람들이 '국어는 어려워'라고 하는 것도 당연할 수 있다. 충분히 공감이 간다.

사전을 뒤적인다는 것은 쉬운 일이 아니다. 각 가정에 사전 한 권씩은 가지고 있다 하지만 전시용인 경우도 많다. 사실은 사전을 어떻게 찾는지도 모르는 사람이 태반이다. 그 또한 배운 적이 없기 때문이다. '최고예요', '최고에요' 중 무엇이 맞는지 사전을 찾으라고 하면 난감해하는 이유가 바로 그것이다. **'돌나물', '돋나물', '돗나물', '돈나물'** 중 무엇이 맞는 말인지 알아보기 위해서는 사전을 찾으면 된다. 마찬가지로 '움츠리다', '움추리다' 중에서, '으스스하다', '으시시하다' 중에서 무엇이 맞는지 알아보기 위해서도 사전을 찾으면 된다. 이른바, 명사류나 동사류가 헷갈릴 경우에는 사전을 찾는 마인드만 있으면 된다는 것이다. 요즘은 스마트폰이 있으니 사전 찾는 것이 어렵지 않다. 사전을 항상 곁에 두고 사는 셈이다. 사전 찾는 법만 익히면 되는 것이다. 사전을 찾는 법이란 명사류, 동사류에 국한되는 것

문장부호 '(?)'는 특정한 어구의 내용에 대하여 의심, 빈정거림 등을 표시할 때, 또는 적절한 말을 쓰기 어려울 때 사용한다[강아지의 가출(?)]. ≪표준국어대사전≫이나 '한글 맞춤법'의 용례 제시 방식을 보면 위와 같은 경우 '… 어려울 때 사용한다.[강아지의 가출(?)]'로 표시된다. 다만, 글쓴이에게는 ①이 아직까지 시각적으로 부담스럽다.

① 우리 가자. (청유형) 어서 오너라. (명령형)
② 우리 가자(청유형). 어서 오너라(명령형).

은 아니다. 조사와 어미에 대해서도 사전 찾는 법에 익숙해져야 한다.

사실 위에 제시된 '돌나물', '움츠리다', '으스스하다' 등은 그 자체를 알면 거기서 그냥 끝이다. 다른 단어에 적용하기에는 한계가 있다. '뭐예요/뭣이에요/뭣이어요', **'간대요/온대요'** 등 어미와 관련된 규칙적인 형태를 먼저 이해하는 것이 중요하다. 관련 규칙을 알면 거의 모든 명사, 동사 뒤에 결합하여 쓸 수 있으니 이런 것부터 해결해 나가야 할 것이다. '문일지십(聞一知十)'이라 했던가. 하나를 알면 백 가지 형태에 적용할 수 있는 것부터 해결하는 것이 어떨까. 이런 것들을 모아 ≪원대신문≫에 여러 꼭지를 맡긴 적이 있었다. 그 꼭지를 보충하고 재편하여 50여 강을 구성하였다.

맞춤법 관련 저서들이 다소 무겁고 딱딱하게 엮어졌다는 인상을 지울 수 없었다. 일반인이 읽고 쉽게 익힐 수 있는 책을 내고 싶었다. 그래서 가능한 한 쉽게 써 보려 하였다. 학술 용어를 웬만하면 덜 쓰면서 내용 구성을 하려 한 것이다. 보충 설명이 필요한 부분은 페이지마다 날개를 달아 두었다. 맞춤법을 익히면서 전공 공부를 하려는 사람이라면 날개는 물론 심화 부분까지 꼼꼼히 읽으면 좋겠다. 일반 독자라면 본문만을 읽는 것으로 충분하다. 한나절(?) 만에 술술 읽히면 좋겠다.

맞춤법을 음운론적으로 설명하려 애쓰기는 하였지만 그래도 전공 서적을 먼저 출간했어야 했는데 하는 아쉬움이 남는다. 가벼운 마음으로 그냥 끄적거려 놓았는데 이런 글이나마 기꺼이 출판을 허락해 주신 역락의 이대현 사장님과 직원 여러분께 감사의 말씀을 드린다. 지금껏 즐겁고 여유롭게 살아갈 수 있도록 자양분을 주신 최명옥 선생님께도 감사의 말씀을 올린다. 끝으로 교정에 신경을 써 준 아주대 이상신 교수, 오규환, 김소영, 김아름, 홍은영, 임려, 유방, 인나 선생과 '정서법의 이해' 수강생들에게, 그리고 계룡에 있는 가족들에게 고마움을 전한다.

-대요 ≪표준국어대사전≫

[Ⅰ] 「어미」
… 알고 있는 것을 일러바침을 나타내는 종결 어미.
¶ 철수는 숙제도 안 하고 하루 종일 놀았대요.

[Ⅱ]
'-다고 해요'가 줄어든 말.
¶ 그 직장은 월급이 아주 많대요. … / 철수가 혼자서 가겠대요.

차 례

문자 메시지의 출현도 엊그제 같은데 이제는 카카오톡, 페이스톡, 페이스북 등 SNS를 통해 수많은 정보가 오가고 있다. 이러한 때 지인들끼리 가상 공간에서 구어체로 대화를 나누는 상황이 많아지게 된다. 몇 강에 걸쳐 한 번 알아 두면 유용하게 쓰일 몇몇 형태들을 살펴보기로 한다.

1 뭐에요 / 뭐예요

문자 메시지의 신기함도 뒤로한 채 이제는 다양한 모바일 메신저를 통해 수많은 대화를 나누고 있다. 이러한 때 맞춤법에 맞게 쓰는 것이 얼마나 도움이 되겠느냐마는 그래도 틀리기 쉬운 몇 가지를 점검해 두면 유용할 때가 있다.

처음으로 다루려 하는 것은 메신저상에서 빈번히 사용되는 '-에요', '-예요'의 문제이다. 아래 문항부터 풀어 보도록 하자.

(1) 가. 바라는 게 (무엇이에요, 무엇이예요)?
　　나. 바라는 게 (뭐에요, 뭐예요)?

'ᄒᆞᆫ글' 프로그램이라고 해도 규정에 맞지 않는 표현을 다 찾아내지는 못한다. 그러니 맞춤법의 원리를 조금이라도 이해하는 것이 좋다. 특히 위 문제는 구어체이기에 사전 찾는 법에 익숙해 있어야 무엇이 맞는지 알아낼 수 있다. 그러니 일반인들은 어렵게 느낄 수밖에 없다. 대중매체의 자막에서도 위 표기는 제대로 잡히지 않고 있다. 특히 A 방송국이 더 문제이다. 프로그램마다 하나 이상 틀린 것이 확인되는바, ○○ 방송이라는 간판이 아쉬울 따름이다. 자막 담당 직원을 두지 못할 정도로 열악한 모양이다.

'ᄒᆞᆫ글' 프로그램은 나날이 발전하는 듯하다. 예전보다 많이 좋아졌다. 그래도 '씌어지고', '씌어지니', '씌어지면', '씌어져서', '씌어졌다'를 입력하니 2번째, 3번째 형태에서 빨간 줄이 그어진다. 틀리면 다 틀리고 맞으면 다 맞아야 하는데 활용형 정보를 일일이 알아채기는 만만치 않은 듯하다(한컴오피스 네오 교육용). 다행히 'ᄒᆞᆫ글 2018'에서는 모두 빨간 줄이 그어진다. 다만 (1)에 제시된 부류에 대해서는 여전히 어려움이 있다. 'ᄒᆞᆫ글 2022'에서도 '친구예요/에요', '커피예요/에요' 등은 개운치 않다.

위 문제를 맞히기 위해서는 우선적으로 '−(이)에요/(이)예요'의 앞말이 자음으로 끝나는지 아니면 모음으로 끝나는지를 확인해야 한다. '무엇'은 자음(ㅅ)으로 끝난 것이며, '뭐'는 모음('ㅓ' 또는 'ㅝ')으로 끝난 것이다. 자음과 모음의 차이만 확인하면 된다. 자음으로 끝난 경우는 그 뒤에 무조건 '−이에요', '−이어요', '−이었다'를 붙이고, 모음으로 끝난 경우는 무조건 '−예요', '−여요', '−였다'를 붙이면 된다. 전자 '−이에요'의 '에'에서는 문자 'ㅓ'를 추출할 수 있고, 후자 '−예요'의 '예'에서는 'ㅕ'를 추출할 수 있다.

이제 다른 방향으로 접근해 보자. '공책(자음으로 끝난 말)'과 '노트(모음으로 끝난 말)', 이 두 낱말 뒤에 이어지는 말을 생각해 보자.

'−이에요'와 '−이어요'는 둘 다 표준어이지만 어법상 '−이어요'만 맞는 말이었다. '−이에요'가 두루 쓰이다 보니 표준어가 된 것이다. 이른바 서울 사투리였던 것이다. 이는 '가세요', '가셔요'의 관계와 유사하다. 학교문법에서 '이다'는 조사이기에 '−' 없이 '이에요'로 나타내지만, 조사의 자립성이 불안정하므로 이 책에서는 '−이에요'로 표시한다.

(2) 가. 이건 내 (공책이었는데, 공책이였는데)
　　 나. 이건 내 (노트었는데, 노트였는데)

우리가 일상생활에서 '−었는데(과거 상황)'를 쓸 상황은 꽤 많다. (2나)에서 '노트었는데'라 말하는 사람은 없을 것이다. 보통 사람이라면 '노트였는데'라 말한다. '노트였는데'의 '였'에서 'ㅕ'가 추출되듯이 '−예요/에요'의 경우에도 똑같이 'ㅕ'가 추출될 수 있는 형태를 맞는 것으로 판단하면 된다. 이는 모음으로 끝난 명사 '노트'에 기계적으로 '−예요'를 결합시키는 방식과도 그 결과가 정확히 일치된다. 그러니 헷갈릴 때는 과거의 상황 '−었는데'를 잘 활용해 보면 된다는 것이다. 관련하여 다음을 보도록 하자.

(3) 가. 왕이었어, 왕이어서, 왕이어요, 왕이에요
　　 나. 공주였어, 공주여서, 공주여요, 공주예요

(3)에 제시된 예는 모두 맞는 표기이다. (3가)~(3나)의 첫 예는 과거의 상황이다. 그것을 통해 (3가)의 'ㅓ'와 (3나)의 'ㅕ'를 추출할 수 있다. 여기서 한 가지 알아 둘 것은 '−이어요'에서 '−이에요'가 나왔다는 것이다. 그러니 두 형태는 같은 방식으로 이해하면 된다. '왕이어요'가 맞다면 '왕이에요'도

맞는 표기이며, '공주여요'가 맞다면 '공주예요'도 맞는 표기이다. 그 기준형을 과거 상황, '왕이었어', '공주였어'로 잡는다면 헷갈릴 이유가 없겠다. 과거의 상황을 만드는 것이 어렵다면 앞에서 말한 것처럼 자음으로 끝난 명사인가 모음으로 끝난 명사인가를 따져 보면 된다. '왕'은 자음으로 끝난 명사이므로 무조건 그 뒤에 '-이었어', '-이어서', '**-이어요**', '**-이에요**'를 붙이고, '공주'는 모음으로 끝난 명사이므로 무조건 그 뒤에 '-였어', '-여서', '-여요', '-예요'를 붙이자는 것이다. 연습 삼아 몇 가지 문제를 더 접해 보기로 하자.

> (4) 가. 걔들은 (쌍둥이에요, 쌍둥이예요).
> 　　나. 우리는 연인 (사이에요, 사이예요).
> 　　다. 답이 (이거에요, 이거예요).
> 　　라. 답이 (이것이에요, 이것이예요).
> 　　마. 향긋한 (돌나물이에요, 돌나물이예요).

(4가)~(4다)는 후자인 '쌍둥이예요, 사이예요, 이거예요'가 정답이다. (4라)~(4마)는 전자인 '이것이에요', '**돌나물**이에요'가 정답이다. 특히 'ㅣ'로 끝나는 명사일 때는 주의를 요한다. 명사의 마지막 글자에 받침이 있을 때는 '-이에요'를 선택하면 되는데 '쌍둥이'에는 마지막 글자에 받침이 없다. '쌍둥이+이에요→쌍둥이예요'로 이해하는 것이 바람직하다. 다만, '쌍둥이에요'의 마지막 자음이 'ㅇ'이라고 착각하기 쉽다는 것이 문제이다. '연인 사이에요'와 '연인 사이예요'를 대비해 보자. '사이+이에요'는 '사이예요'로 줄어든다. 다만 '-이에요'에 익숙한 사람들은 '사이에요'를 맞는 것으로 착각하기 쉽다. 오히려 정상적인 표기 '사이예요'를 틀렸다고 보기 쉽다. 그런데 '사이에요'와 '사이예요'는 상황에 따라 모두 맞는 말이다. 전자는 '4+이에요'라는 뜻이고 후자는 '사이+이에요'란 뜻이다. 물론 전자는 '4예요'로 쓸 수 있다. 또 전자는 '(걔는) 우리 사이에 (없어서는 안 되지)'를 높인 '(걔는요) 우리 사이에요 (없어서는요 안 되지요)'처럼 쓸 수도 있다.

　표를 통해서 이상의 내용을 다시 강조하고자 한다.

흔히 인명 뒤에는 접사 '-이'가 결합될 수 있다. 그래서 일반적으로 '서영이', '다윤이', '혜정이', '용필이'라 한다. 이들은 받침이 없는 명사들이기에 '서영이예요(서영이-이에요)', '다윤이예요' 등으로 적힐 수 있다. 성을 붙여서 지칭할 때에는 어떠한가? '이서영', '이서영이', 둘 다 가능하다. 그러면 원리상 '이서영이에요'도 맞고 '이서영이예요'도 맞는 것이다. 그러면 '서영-이에요'는 확실히 틀린 것인가.
cf. '(간 사람은 우리) 둘이예요' 또한 접사 '-이'가 결합된 '둘이-이에요'로 분석할 수 있다.

- 이틀+날→이틀날
- 술+가락→숟가락
- 설+달→섣달
- 돌+나물→*돈나물

마지막 '돌나물'을 앞 세 단어와 대비해 볼 때 규칙적이지 않음을 알 수 있다. 서울 사람들이 '돈나물'이라고 발음했다면 당연히 'ㄷ' 받침, '돋나물'로 표기되었을 것이다.

	책	제자	나무	외둥이
–이라서	책이라서	제자라서	나무라서	외둥이라서
–이어서	책이어서	제자여서	나무여서	외둥이여서
–이었다	책이었다	제자였다	나무였다	외둥이였다
–이어요	책이어요	제자여요	나무여요	외둥이여요
–이에요	책이에요	제자예요	나무예요	외둥이예요
–이어서	**책이여서	*제자어서	*나무어서	**외둥이어서
–이었다	**책이였다	*제자었다	*나무었다	**외둥이었다
–이어요	**책이여요	*제자어요	*나무어요	**외둥이어요
–이에요	**책이예요	**제자에요	**나무에요	**외둥이에요

* 내지 ** 는 모두 틀린 표기인데 ** 는 특히 주의를 요한다는 뜻으로 이해하면 된다. ** 는 이 책에서만 통용되는 임시 기호이다.

> **원리는?**
> '–이어요'가 줄면 '–여요'가 되고(노트이어요→노트여요), '–이에요'가 줄면 '–예요'가 된다(노트이에요→노트예요). '노트이다→노틔다'처럼 줄일 수 없는 경우는 '이'를 탈락시켜 '노트다'라고 적으면 된다.

☐ 심화 *학생이였다

요즘 들어 '**학생이여서**', '학생이였다', '**학생이예요**', '아니여서', '아니였다', '**아니예요**'류 표기가 우리의 눈을 매우 오염시킨다. '되–'와 관련해서도 '되여서', '되였다'로 적는 경우가 많다. 이러한 방식은 이른바 북한 맞춤법이다. 냉전 체제 같으면 간첩으로 오인받기 십상이다. 신고하면 포상금이 엄청났었다. 이제는 간첩에 대해서도 그리 신경 쓰지 않고 살아가니 큰 문제는 없을 텐데, 그래도 괜한 불이익을 받지 않았으면 한다. 무심코 '학생이였다', '되였다'로 쓰다가는 이성 친구에게 차이기 십상이니 기본적인 것은 익혀 두어야겠다. '–이예요', '–이여요'는 없다는 것을 명심할 필요가 있다.

*는 *'나는 어제 갈 것이다'와 같은 틀린 문장에도 쓸 수 있다. 또 과거의 어형을 추론해 낼 때도 쓴다. 즉 재구형 '*–아'는 현대국어 '–에'에 대당된다[*달아(月良)>달에].

'학생이여서, 학생이였다', '되여서, 되였다'와 같은 표기는 학교문법에서 'ㅣ' 모음 순행동화라 한다. 'ㅕ'를 'ㅣ+ㅓ'의 결합이라고 보는 수십 년 전 사고의 산물이다. 학문문법에서는 반모음첨가라 한다. i+əsə→iyəsə (이어서), y가 첨가된 것이다.

'아니–'는 형용사이므로 뒤에 '–어요'를 붙이면 된다. 그러면 '아니어요/아녀요'가 맞는 표현이다. 형용사 '시리–'에 '–어요'가 결합되면 '시려요/시레요'가 도출된다. 다만 다른 형용사와 달리 '–에요(아니에요/아녜요)'와도 결합될 수 있는 것이 특이하다. 15세기에 '아니'는 명사로 쓰였는데 그 용법의 화석 정도로 이해하면 된다. '아니' 뒤에 조사가 결합되어 있다[生이며 生 아니를 히느니(법화경언해 五 30)].

심화 '-에요∽-예요'가 헷갈리는 이유

'쌍둥이에요∽쌍둥이예요'가 헷갈리는 이유는 '쌍둥이'에서의 말모음 'ㅣ' 때문인가? '이거에요∽이거예요'를 보면 No라고 해야 할 것이다. 음절 '에'에도 그 책임이 있다. 다음의 '-에'는 조사이다. 자연 발화에서는 '차에∽차예', '코에∽코예'의 차이를 제대로 인식하기 어렵다. '아에∽아예', '누에∽누예'가 헷갈리는 것도 '에'와 관련되어 있다. 이처럼 2음절 이하(비어두)가 '-에'인 경우에는 반모음 y가 수의적으로 첨가되기도 한다(e→ye).

'아에/차에'로도 발음될 수 있고 '아예/차예'로도 발음될 수 있는 것을 수의적(隨意的, optional) 현상이라 한다. '감기'를 '강기'라 하는 것 또한 수의적인 음운 현상이다. 반면 '받-'과 '-는'이 결합될 때, 그 도출형은 누구나 '반는'으로 발음한다. 이런 것을 필수적 음운 현상이라 한다.

심화 탈락에 앞서 합칠 것은 합치자(축약시키자)

'잃+는→일른'에서는 겹받침 'ㄶ' 중 'ㅎ'이 탈락되었다. 이를 '잃+고'에도 적용할 수 있는지 알아보자. '잃+고→일코'에서 'ㅎ'을 탈락시키면 '일고'로 발음되니 'ㅎ'을 탈락시켜서는 안 된다. 탈락 이전에 뒤따르는 평음 'ㄱ'과 'ㅎ'을 축약시켜야 비로소 정상적인 표면형 '일코'가 도출된다. 이 예를 통해 일단 탈락 이전에 축약을 적용하자고 할 수 있다. 그러나 한 부류에만 적용된다면 그것은 적절한 주장이라 하기 어렵다. 이를 '-이에요'에 적용해 보자. '녹차+이다→녹차다'에서는 '이'를 탈락시켜 '녹차다'라는 형태를 얻을 수 있다. 같은 방식으로 '녹차+이에요'에서 '이'를 탈락시키면 '녹차에요'가 되어 정상적인 형태가 되지 않는다. 여기에서 '이'를 탈락시키지 않고 뒤따르는 모음과 연이어 빠르게 발음해 보자. 그러면 '-이에요'가 '-예요'로 발음되기도 한다. 이를 국제음성기호(IPA, International Phonetic Alphabet)로 표기하면 ieyo→yeyo인데, 잘 관찰해 보면 i가 y로 바뀌었음을 알 수 있다. 축약은 두 음소가 하나의 음소로 바뀌어야 하는 것이니 엄밀히 말하면 축약은 아니다. 우리 글자로 표현하니까 석 자 '이에요'가 두 자 '예요'로 준 것뿐이다. 학교문법에서는 음절 축약이라 불러왔지만 사실은 'y화'이다. y의 명칭을 '반모음' 또는 '활음'이라고 하니 '반모음화' 또는 '활음화'라 명명하는 것이 옳다.

'-이에요'의 두 모음 '이-에' 사이에 반모음 y가 삽입되어 순수 모음 둘이 충돌하는 것을 막아 준다(모음 충돌 회피). 그것이 표기에도 반영되어 '-이예요'로 적는 사람도 있다. '-이어요'의 경우도 매한가지이다. 두 모음 '이-어' 사이에 반모음 y가 삽입되어 순수 모음 둘이 충돌하는 것을 막아 준다. 그것이 표기에 반영되면 '-이여요'로 나타난다. 반모음 y는 국제음성기호(IPA) j에 대응하는데 이 책에서는 시각 효과를 위해 웬만하면 y로 표시한다. '-이어요'가 '-이에요'로 변한 것은 일견 전설모음 'ㅣ'와 관련 있어 보인다. 그런 관점이라면 '-이어야'도 '-이에야'로 변해야 할 것이다. 사실은 '-에요', '-세요'가 특별한 형태이다. 이 둘은 ≪표준국어대사전≫에도 등재되어 있다.

2 간대요 / 간데요

'간대요 글쎄'라는 대중가요가 있다. 그런데 그 제목을 어떻게 적어야 할지 난감해하는 사람도 있다. 노래방 기기는 제조사에 따라 정확하게 표기되지 않기도 한다. '간데요 글쎄', '간데요 글쌔', '간대요 글쎄', '간대요 글쌔' 등 4가지로 표기되더라도, 즉 표기는 다르더라도 우리의 발음은 차이가 없다. 다음 문제를 풀어 보면서 우리의 표기 현실을 되돌아볼 필요가 있다. 매우 자주 접하는 표현이므로 이 기회를 통해 제대로 익혀 둘 필요가 있겠다.

'간대요 글쎄'는 가수 김상배의 히트곡이다. '안 돼요 안 돼'라 는 히트곡도 있다. 제목이 모두 맞춤법 차원에서 만만치 않다.

(1) 가. 다음 달에 단합대회를 (한대요, 한데요).
　　나. 다음 주에 친선경기를 (하재, 하제).
　　다. 얼른 (오랬어요, 오렜어요).

이들이 헷갈리는 것은 당연하다. 'ㅐ'와 'ㅔ'의 발음이 구분되지 않기 때문이다. 그러기에 이와 관련된 표기는 다 **왜야** 하는 부담이 있다. '(영덕) 대게', '대개(大概)' 또한 외우고 있어야 제대로 적을 수 있다. 그나마 '한대요/한데요', '하재/하제' 등의 구분은 외우지 않아도 그 돌파구를 찾을 수 있다. '한대요', '하재' 등의 본말을 생각하면 된다. 본말인 '한다(고) 해요', '하자(고) 해'에서 '해'를 유심히 관찰해야 한다. 더 정확하게는 '해'의 'ㅐ'에 주목해야 한다. '해'에서의 'ㅐ'를 반영하여 **'한대요'**, '하재'로 쓰면 된다. '오랬어요/오렜어요' 또한 그 본말 '오라(고) 했어요'를 통해 그 답을 쉽게 찾아낼 수 있겠다. '간데요', '한데요'로 쓰고 싶다면 그 본말도 '간다(고) 헤요', '한다(고) 헤요'라 해야 한다. 한국인이라면 '해요'를 '헤요'라 쓰지는 않는다. '어쨌든' 또한 '어찌했든'을 생각하면 '어쩟', '어쨋', '어쪘' 등으로 쓸 이유가 없겠다.

이상에서 파악한 원리를 다음 문제에 적용해 보자.

'ㅐ'는 'ㅏ'를 발음할 때처럼 입을 크게 벌린 상태에서 발음한다. 'ㅔ'는 'ㅓ'를 발음할 때처럼 입을 최대한 다문 상태에서 발음하라. 그러면 'ㅐ'는 밝은 느낌의 음이, 'ㅔ'는 다소 어두운 느낌의 음이 실현된다.

• 왜야(○)=외+어야
• 돼야(○)=되+어야
cf. 외워야(○)=외우+어야
　　배워야(○)=배우+어야

'한대요'의 본말이 '한다 해요' 인 것처럼 다음 형태들의 본말 도 생각해 보자.

• 뭐, 어때=뭐, 어떠해
• 뭐, 어째=뭐, 어찌해
• 뭐가 어쩌고 어째=뭐가 어쩌 고 어찌해 cf. *어쩌고 저쩌

(2) 가. 저희 삼촌이 그러는데 수지는 진짜 (예쁘대요, 예쁘데요).

　　나. 제가 수지를 가까이서 봤는데요 진짜 (예쁘대요, 예쁘데요).

어려워 보이지만 조금만 집중한다면 쉽게 이해될 수 있다. '-요'가 붙으나 안 붙으나 관계없다. 첫 번째 예는 삼촌의 말을 옮기는 것이므로 '예쁘다(고) 해요'라는 뜻으로 이해해야 한다. 그렇다면 앞서 살펴본 '해'에서의 'ㅐ'와 직접 관련이 된다. '대'에서의 'ㅐ'를 '해'에서의 'ㅐ'가 줄어든 것으로 생각하면 된다. 그렇다면 '예쁘데요'는 무슨 뜻인가? 이는 화자가 직접 경험한 것과 관련시켜서 '예쁘더군요'로 이해하면 된다. 여기에서는 '더'와 '데'를 대비시켜 이해할 수 있다. 바로 'ㅓ'가 공통적으로 들어가 있기 때문이다.

한편, '간대요', '버린대요'는 '간데요', '버린데요'와 같은 형태로 나타날 수 없다. '간더군요', '버린더군요'가 성립되지 않기 때문이다. '먹는데요', '우는데요' 역시 **먹는더군요**, '우는더군요'가 성립되지 않기에 위에서 설명한 문법 사항과는 관계없다. '먹는데요', '잡는데요', '우는데요'는 각각 '먹는다. 그런데요', '잡는다. 그런데요', '운다. 그런데요'의 뜻이다.

다음이 무슨 뜻인지 알아보자.

(3) 가. 삼촌이 벌써 떠났데요.

　　나. 삼촌이 벌써 떠났대요.

전자에서는 "(삼촌이 벌써) 떠났더군요"라는 의미의 '떠났데요'가 확인된다. 후자의 '떠났대요'는 "삼촌이 벌써 떠났다고 해요"처럼 남의 말을 전달하는 방식의 하나이다. 일반적인 상황이라면, 삼촌이 떠난 것을 목격한 사람이 전자는 화자일 테고 후자는 화자가 아닐 것이다.

다음 몇 문제를 더 접해 보자.

(4) 가. 그 사람은 아들만 (둘이데요, 둘이대요).

　　나. 그 사람은 아들만 (셋이레요, 셋이래요).

'*먹는더군요'가 틀린 이유는 '-는-'은 현재인데 '-더-'는 과거와 관련된 사항이기 때문이다. '-는'과 '-더-'는 나란히 쓸 수 없다.
'먹는데요'는 '먹는다. 그런데요'의 의미이다. '먹다'의 현재형은 '먹는다', '잡다'의 현재형은 '잡는다', 그런데 '울다'의 현재형은 '우는다'가 아니라 '운다'이다. '우는데요'는 '운다. 그런데요'가 본말이다. '운다'와 '우는데'의 형태가 다르다. 이를 통해 '-는다' 계열과 '-는데' 계열이 차이가 있음을 알 수 있다. 그래서 학자에 따라서는 '-는다', '-는데'를 더 이상 분석할 수 없는 하나의 형태소로 파악하기도 한다. 학교문법과 달리 '-는다'를 '-는', '-다'로, '-는구나'를 '-는', '-구나'로 분석하지 않는다는 뜻이다. 이와 관련하여 형태소를 형성소('-겠-'류)와 구성소('-는-'류)로 나누기도 한다. '-겠-'('먹겠다', '먹겠어', '먹겠니')에 비해 '-는-'('먹는다', '*먹는어', '*먹는니')은 통합에서 제한적인 양상을 보이기 때문이다.

다. 친구가 말하는데, 이 폭포가 한국에서 제일 (멋지데, 멋지대).

라. 그 폭포 오늘 내가 직접 봤는데, 진짜 (멋지데, 멋지대).

(4가)는 '둘이더군요'의 준말이므로 '더'를 살려 '둘이데요'로 적으면 되고, (4나)는 '셋이라 해요'의 준말이므로 '해'를 살려 '셋이래요'로 적으면 된다. 특히 (4가)에서 '둘이대요'가 옳다고 한다면 그 본말을 '둘이다 해요'라 해야 하니 문제가 있겠고, (4나)에서 '셋이레요'가 옳다고 한다면 그 본말을 '셋이러군요'라 해야 하니 문제가 있겠다. (4다)는 친구의 말을 전하는 것이므로 '멋지다고 해'의 '해'를 살려 '멋지대'로 적어야 하며, (4라)는 직접 본 것에 대한 느낌이므로 '멋지더군'의 '더'를 살려 '멋지데'로 적어야 한다.

이상을 이해한다면 굉장히 높은 수준에 도달했다고 자부하면 된다. 한 걸음 더 나아갈 생각이 있다면 다음을 보도록 하자.

(5) 가. 이 정도면 됐는데 왜 자꾸 연습만 (하레, 하래).

나. 입춘이 지났는데 왜 이리 (춥데, 춥대).

혹시 '왜 자꾸 연습만 하랴', '왜 이리 춥댜'라는 사투리를 들어 본 적이 있는가? '하랴'의 '랴', '춥댜'의 '댜'를 표준 어형으로 고치면 '레', '데'보다는 'ㅏ'가 살아 있는 '래'와 '대'가 나을 것이다. 이들이 앞의 **'간대요 글쎄'**류와 다른 점은 남에게 전달하는 방식이 아니라는 것이다. 여기에는 '화자가 놀라거나 못마땅하게 여기는 뜻'이 담겨 있다고 이해하면 된다.

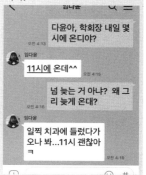

'그거 해'를 '그거 햐'라고 하는 지역이 있다. 거기에서는 '온대'를 '온댜'라고 할 것이다. '온다 햐'가 줄어서 '온댜'가 되는 것이다.

다윤아, 학회장 내일 몇 시에 온디야?
오전 4:13

임다윤
11시에 온데^^
오전 4:15

넘 늦는 거 아냐? 왜 그리 늦게 온대?
오전 4:16

임다윤
일찍 치과에 들렀다가 오나 봐...11시 괜찮아 ㅋ
오전 4:19

> ✈ **원리는?**
> '-대(요)'는 '-다고 해(요)'가 준 것이고(예쁘다고 해 →예쁘대), '-데(요)'는 '-더군(요)'가 준 것이다(예쁘더군→예쁘데). '해'의 'ㅐ'와 '더'의 'ㅓ'를 주목하면 '-대', '-데'의 구분이 가능해진다.

📖 심화 방언형과 맞춤법

김유정은 소설 '동백꽃'에서 '느 집에 이거 읎지'라고 방언형을 정확하게 기록했다. 김유정은 들리는 대로 쓴 것이다. 과연 우리는 들리는 대로 쓸 수 있을까? 보통 사람은 맞춤법에 이끌릴 수밖에 없다. 텔레비전을 시청하다 보면 '온다디', '한다디' 등의 음성형을 듣게 된다. '–디'라고 쓰면 된다. 그냥 들리는 대로 쓰면 되는 것이다.

사실 '온다디', '한다디'는 **'온다데'**, '한다데'에서 온 말이다. 마지막 음절의 '–데'가 '–디'로 변한 것이다. '그런데'를 '근디(사투리)'라 하고 '네가'를 '니가(사투리)'라 하는 것과 같은 맥락이다. 《표준국어대사전》에서 어미 '–디'를 가져와 보자.

> **–디** (용언의 어간이나 어미 '–으시–', '–었–', '–겠–' 뒤에 붙어)
> 해라할 자리에 쓰여, 과거 어느 때에 경험한 일에 대하여 물을 때 쓰는 종결 어미.
> ¶ 배가 그렇게 고프디?/동네 어른도 오셨디?/신랑감이 키가 작디?/김 과장이 그 일을 해내겠디?

'온다디', '한다디' 등은 위 용례에서는 찾을 수 없다. '온다고 하디', '왔다고 하디'가 줄어든 말로 보면 될 듯하다.

📖 심화 '–대'와 '–래' 《표준국어대사전》

우리는 (5)에 제시된 문장 '입춘이 지났는데 왜 이리 춥대'에 대해 살펴보았다. '화자가 놀라거나 못마땅하게 여기는 뜻'이 섞여 있다고 했다. 관련하여 《표준국어대사전》을 인용해 본다.

> **–대**
> [Ⅰ] 해할 자리에 쓰여, 어떤 사실을 주어진 것으로 치고 그 사실에 대한 의문을 나타내는 **종결 어미**. 놀라거나 못마땅하게 여기는 뜻이 섞여 있다.

'온다데〉온다디'와 같은 변화를 'ㅔ〉ㅣ' 고모음화라 한다.

네가〉니가, 메다〉미다, 베다〉비다, 그런데〉그런디, 제사〉지사, 게〉기, 세#개〉시#개…

'–으시'가 결합된 용례도 추가되는 것이 좋겠다. 몇 마리나 잡으시디?

종결 어미는 대개 다섯 가지로 분류한다.

• 평서형 (종결) 어미
• 의문형 (종결) 어미
• 명령형 (종결) 어미
• 청유형 (종결) 어미
• 감탄형 (종결) 어미
  cf. 약속형 (종결) 어미

종결 어미(문말 어미)는 청자높임법(상대높임법)의 등급도 결정한다[하십시오체: 합니다, 합니까, 하십시오, 합시다…]. 또한 종결 어미는 서법(Mood: 대상에 대한 화자의 태도)도 표현한다.

크군, 크네, 크지, 크다, 크구나…

이처럼 '크–' 활용형은 종결 어미에 따라 조금씩 뉘앙스가 달라진다. '크–'의 경우를 한자로 나타내면 大일 뿐이니 한시(漢詩) 같은 장르에 기댄다면 상대적으로 표현력이 감소될 수밖에 없다.

¶ 왜 이렇게 일이 많대?/신랑이 어쩜 이렇게 잘생겼대?/입춘이 지났
는데 왜 이렇게 춥대?

[Ⅱ] '-다고 해'가 줄어든 말.

¶ 사람이 아주 똑똑하대./철수도 오겠대?

※ '-대'는 직접 경험한 사실이 아니라 남이 말한 내용을 간접적으로
전달할 때 쓰이고, '-데'는 화자가 직접 경험한 사실을 나중에 보고하
듯이 말할 때 쓰이는 말로 '-더라'와 같은 의미를 전달하는 데 쓰인다.

-래

[Ⅰ] ('이다', **'아니다'**의 어간이나 어미 '-으시-', '-더-', '-으리-' 뒤에 붙
어) 해할 자리에 쓰여, 어떤 사실을 주어진 것으로 치고 그에 대한 의문
을 나타내는 종결 어미. 놀라거나 못마땅하게 여기는 뜻이 섞여 있다.

¶ 아니, 사람이 왜 저 모양이래?/이게 무슨 컴퓨터래?

[Ⅱ] '-라고 해'가 줄어든 말.

¶ 그 애가 자기가 반장이래./내일도 또 오래.

'아니다', '-으시-'가 결합된
용례를 추가해 보자.

• 아니-: 왜 아니래?
• -으시-: 왜 자꾸 먹으시래?

'-더-', '-으리-'가 결합된 용
례도 있을까?

3 가든 말든 / 가던 말던

지인과 톡을 하다 보면 많이 틀리는 것 중 하나가 '가든 말든/가던 말던' 유형이다. 관련하여 보다 쉽게 접근할 수 있는 '할는지/할런지/할른지'에 대해서 먼저 살펴보기로 하자.

(1) 걔가 그 일을 제대로 (할는지, 할런지, 할른지) 의문이다.

표기가 헷갈릴 때 사람들이 주로 하는 일은 일단 써 보고 눈에 익은 것이 무엇인가를 판단하는 것이다. 그런데 TV에서의 자막 표기, 영화에서의 자막 표기, 노래방 기기의 가사 표기 등은 믿을 만한 것이 못 된다. 따라서 일단 써 보고 알맞은 것을 판단하는 일은 위험하다고 할 수 있다. '갈는지/갈런지'도 후자로 표기되는 경우가 많으니 문제이다. 옳은 표기는 '갈는지'인데 이 또한 의외로 간단하게 해결될 수 있다. 아래에 제시된 세 경우를 잘 대비해 보자.

(2) 가. 내일 서울에 갈는지 모르겠다(미래 상황).
　　 나. 지금 서울에 가는지 모르겠다(현재 상황).
　　 다. 어제 서울에 갔는지 모르겠다(과거 상황).

(2가)에는 '내일', (2나)에는 '지금', (2다)에는 '어제'라는 단어가 있어 각각 미래, 현재, 과거 상황을 나타낸다. (2가)의 '갈는지', (2나)의 '가는지', (2다)의 '갔는지'에서 공통으로 발견되는 것이 '-는지'이기 때문에 **갈는지**가 맞는 표기라고 확정하면 된다. 우리가 '갈런지'라고 많이 쓰는 이유는 '통틀어/통털어(×)'처럼 두 번째 글자 이하에서 '으'가 '어'로 발화되는 경우가 있기 때문이다. (2)에서 공통적으로 확인되는 형태 '-는지'가 다시 강조될 필요가 있겠다.

'갈는지'에서 어두는 '갈' 비어두는 '는지' 어말은 '지', 비어말은 '갈는'이다.
비어두에서는 '-든지/-던지', '통틀어/통털어'처럼 '으/어'가 헷갈리기도 한다.

이와 유사한 것으로 '선택'의 상황과 관련된 '가든지 말든지'가 있다. 이 또한 '가던지 말던지'로 발화되는 경우가 많기 때문에 생긴 오류라 볼 수 있다. '-던지'라는 형태도 있지만 '선택'의 상황에서는 '가든(지) 말든(지)', '있든(지) 없든(지)'와 같이 '으' 계열로 쓰자. 다음 문제를 확인하도록 하자.

(3) 가. 제 시간에 서울에 (**도착할는지, 도착할런지**) 모르겠다.
　　 나. 거기에 가 (있든지, 있던지) 마음대로 해라.
　　 다. 가려고 하면 (어디든지, 어디던지) 갈 수 있다.
　　 라. 선물로 (무엇이든, 무엇이던) 가져가자.
　　 마. 거기에 (가든가 말든가, 가던가 말던가) 난 모르겠다.

> '도착할는지 모르겠다'에서 '도착할는지'를 '도착할지'로 바꾸어도 문장은 성립된다. '갈는지'도 '갈지'로 바꿀 수 있다.

모두 앞엣것이 옳다. (3다)는 '부산이든 서울이든'으로 바꿔치기가 가능하니 선택의 상황이라고 생각하면 된다. (3라) 또한 '인삼이든 홍삼이든'으로 바꿔치기가 가능하다. (3마)의 '-든가'도 '-든지'와 용법이 같다.

그런데 '-던지'는 없는 것인가? 물론 '던지다'에는 '던지'가 보인다. '가던지', '보던지', '웃던지'에서의 어미 '-던지'가 있는지를 묻는 것이다.

(4) 가. 얼마나 큰 피해를 봤던지 말로 표현할 수가 없다.
　　 나. 얼마나 되던지 몰라?
　　 다. 피해를 봤든지 안 봤든지 내 알 바 아니야.

(4가), (4나)에는 '-던지'가 보인다. 바로 과거의 상황을 회상하는 정도로 이해하면 된다. (4다)는 과거의 상황이지만 영어의 or와 관계되는 선택의 상황임에 유의해야 한다. 문맥에 맞게 잘 활용할 수 있어야 한다.

그런데 우리는 이와 비슷한 경우를 톡에서 많이 사용한다. 바로 (5)와 같은 표현이다. '-든'인지 '-던'인지 헷갈린다.

(5) 가. 여친이 생기니 그렇게 좋든?/어제 거기서 뭐하든?
　　 나. 아무리 생각해도 이상하거든/아니거든/맞거든.

(5가), (5나) 중에는 과거의 상황을 회상하는 '-더-'와 직접 관련되는 것이 있다. 바로 (5가)의 경우이다. '-더-'와 관련되어 있기에 '그렇게 좋던?', '거기서 뭐하던?'으로 수정해야 한다. '-든'을 써서 굳이 선택의 상황으로 몰아넣을 필요는 없다. (5나)는 상대방이 모르고 있을 내용을 가르쳐 주거나 상대방에게 핀잔을 주거나 하는 상황에서 요즘 활발하게 쓰이는 형태이다. 이것을 괜히 과거의 상황과 관련하여 '-거던'으로 쓰지 않도록 하자. 적어도 표준어에 한정한다면 '-거던'은 한국어에 없는 표현이다.

다음 문제를 풀어 보면서 마무리하도록 하자.

(6) 가. 해일 피해가 얼마나 (크든지, 크던지) 생각하기도 싫다.
　　 나. 값이 (얼마든지, 얼마던지) 다 지불하겠다.
　　 다. 적군이 100명이라고? (얼마든지, 얼마던지) 오너라.
　　 라. 하나도 안 (틀렸거든, 틀렸거던).

(6가)는 과거를 기억해야 하는 상황에 놓여 있다. 그러므로 '-던지'를 사용하는 것이 옳다. (6나)는 '1,000원이든 2,000원이든'으로 대치할 수 있는 선택의 상황이라 보면 된다. (6다)도 '100명이든 1000명이든'으로 대치할 수 있는 선택의 상황이다. 그러므로 두 경우 모두 '얼마든지'가 맞다. (6라)는 요즘 잘 쓰는 표현으로서 어조에 따라 상대방에게 핀잔을 줄 수도 있다. '-거던'은 틀린 표현임을 명심하자.

'갈는지'의 '-ㄹ'을 '갈 사람'과 관련지어 미래의 상황으로 이해하자고 했지만 '-ㄹ'이 항상 미래를 나타내는 것은 아니다. '지금 밖에는 눈이 올 확률이 높아'에서 '-ㄹ'은 미래 시제가 아니다. '지금'이라는 시간 부사가 있기에 가능성 정도로 볼 수 있다. '그 일을 했을 사람'에서도, '기차가 도착할 때부터 눈이 쌓였었다'에서도 '-ㄹ'은 미래 시제를 나타내는 것이 아니다.

> **원리는?**
> '갈런지'가 아니라 **갈는지**라고 써야 하는 이유는 '가는지', '갔는지'에서 잘 드러난다. 각각을 미래, 현재, 과거의 상황으로 이해하면 된다. 공통적으로 확인되는 '-는지'를 참고하여 앞으로는 '갈런지', '할런지'로 쓰지 않도록 하자. '-든지' 또한 선택의 상황으로 파악하여 '-던지'로 쓰는 일이 없도록 하자.

4 갈게 / 갈께, 갈걸 / 갈껄

'6시에 갈게/갈께', '내가 할게/할께'라는 표현을 쓰게 되는 경우가 있다. 이때 '갈게/할게'로 써야 하는지 '갈께/할께'로 써야 하는지 헷갈리는 사람이 많다. '6시에 갈걸/갈껄', '내가 할걸/할껄'이라는 표현을 할 때도 마찬가지이다. '갈걸/할걸'로 써야 할지 '갈껄/할껄'로 써야 할지 헷갈린다. 제대로 알아 두지 않으면 '줄게, 둘게, 가져올게, 일어날게', '줄걸, 둘걸, 가져올걸, 일어날걸' 등 엄청나게 많은 말들이 우리를 힘들게 할 수 있다. '-ㄹ게/을게', '-ㄹ걸/을걸'은 웬만한 동사에는 다 결합할 수 있는 표현이다. 하나를 알면 백 가지에 적용되는 매우 유용한 것이다.

서두가 꽤 길었다. 일단 아래 두 단어를 글자 그대로 읽어 보자. 글자 그대로 읽을 줄 알아야 맞춤법에 익숙해질 수 있다.

　(1) 눈동자, 산길

글자 '눈동자'와 **'눈똥자'는 발음**이 다르다. 마찬가지로 '산길'과 '산낄'도 발음이 다르다. (1)에 제시된 두 단어를 글자 그대로 읽으라고 하면 모두 전자와 같이 읽어야 한다. 평상시와 발음이 다르니 한 번 웃어 주면 되는 것이다.

글자 그대로 읽는 것에 신경을 쓰면서 다음 세 문제를 풀어 보자.

- 경음(된소리)
  ㄲ, ㄸ, ㅃ, ㅆ, ㅉ
- 격음(유기음, 거센소리)
  ㅋ, ㅌ, ㅊ, ㅍ

　(2) 가. 내가 (갈가, 갈까).
　　　나. 내가 (갈게, 갈께).
　　　다. 내가 (갈걸, 갈껄).

각각의 (　　) 안에 제시된 말을 글자 그대로 읽어 보자. 평상시와 다른 발음을 분명히 알 수 있을 것이다. 전자의 발음이 모두 이상하게 느껴진다. 알맞은 표기를 가려내는 것은 의외로 간단하다. (2)에 제시된 셋 중에서 문

물음표를 붙일 수 있는 그 밖의 것

• 많은 사람을 위해서 하는 일을 누가 그르다 하리까?/합니까?
• 어찌하오리까?/어찌하오니까?

장 끝에 '물음표'를 붙일 수 있는 것이 하나 있다. 세 가지 중 **물음표**를 붙일 수 있는 것만 소리대로 적으면 된다. 물음표를 붙일 수 있는 것이 '갈까?'이므로 '갈가'로 쓰지 말자는 뜻이다. '갈게'와 '갈걸'은 '누군가에게 물어 보는 말'이 아니기에, 즉 '물음표'를 붙일 수 있는 말이 아니기에 소리대로 쓰지 않는다. 즉 '갈게', '갈걸'로 적고 '갈께', '갈껄'로 발음하면 된다는 뜻이다.

(3) 가. 다윤이가 (갈수록, 갈쑤록)
    나. 다윤이가 (갈지라도, 갈찌라도)
    다. 다윤이가 (갈지, 갈찌) 시윤이가 (갈지, 갈찌)

(3가)의 '갈수록'은 '갈쑤록'으로 발음되더라도 '갈쑤록/갈수록?'처럼 물음표를 붙일 수 없기에 '갈수록'으로 적게 되는 것이다. (3나), (3다) 또한 경음(된소리)으로 발음되지만 물음표를 붙일 수 없기에 '갈찌라도', '갈찌'로 쓰지 않는 것이다.

고대가요 '공무도하가(公無渡河歌)'의 마지막 부분은 '가신 임을 어이할꼬/어이할고'로 한역(韓譯)되기도 한다. 이때는 당연히 '어이할꼬'로 써야 한다. 마지막에 **물음표**를 붙일 수 있기 때문이다. 조선 세종 때 재상을 지낸 '이직'의 시조도 생각난다.

다음은 방탄소년단의 노래 '봄날'의 일부분이다. 틀린 부분을 고쳐 보라.

솔직히 보고 싶은데 이만 너를 지울게
그게 널 원망하기보단 덜 아프니까

(4) 까마귀 검다 하고 백로야 웃지 마라.
    겉이 검은들 속조차 검을쏘냐/검을소냐?
    겉 희고 속 검은 이는 너뿐인가 하노라.

이 시조의 마지막 부분의 '검을쏘냐/검을소냐'에는 물음표를 붙일 수 있기에 소리대로 '검을쏘냐'로 적어야 한다. '가니?', '가냐?'의 경우는 물음표를 붙일 수 있더라도, 발음상 '가니', '가냐' 외에 달리 적을 방법이 없으니 소리대로 쓰면 된다.

다음 문제를 풀어 보면서 마무리하자.

(5) 가. 선생님께 (드릴게요, 드릴께요).

나. 다시는 **전화하지** (않을게, 않을께).

다. 운동을 좋아하지 (않을걸요, 않을껄요).

라. 그 뚜껑을 열지나 (말걸, 말껄).

- 전화하지 (않을게, 말게).
- 전화하지 (않을걸, 말걸).

첫 번째 예는 약속하는 상황이고 두 번째 예는 후회하는 상황이다.

모두 전자가 맞는 표현이다. 물음표를 붙일 수 없기에 된소리를 반영하지 않는다. '−을걸'에 대해 많은 사람들이 물음표를 붙여도 된다고 판단한다. 아래 (6)의 ≪표준국어대사전≫을 인용한 부분에서도 의문을 나타낸다는 기술은 없다. 밑줄 친 부분을 '−을걸'의 의미로 이해하자.

(6) −을걸 ≪표준국어대사전≫

「1」 ('ㄹ'을 제외한 받침 있는 **용언**의 어간이나 어미 '−었−' 뒤에 붙어) (구어체로) 해할 자리나 혼잣말처럼 쓰여, 화자의 추측이 상대편이 이미 알고 있는 바나 기대와는 다른 것임을 나타내는 종결 어미. <u>가벼운 반박이나 감탄의 뜻을 나타낸다.</u>(밑줄은 글쓴이)

¶ 그 사람은 벌써 떠났을걸./아마 지금쯤 동생은 제 방에서 빵을 먹을걸./그렇게 서두르다가는 피라미 한 마리도 못 낚을걸./그 집은 마당이 너무 좁을걸./내년이면 늦을걸./생각만큼 쉽지 않을걸.

「2」 ('ㄹ'을 제외한 받침 있는 동사 어간이나 어미 '−었−' 뒤에 붙어) (구어체로) 혼잣말에 쓰여, 그렇게 했으면 좋았을 것이나 하지 아니한 어떤 일에 대하여 <u>가벼운 뉘우침이나 아쉬움</u>을 나타내는 종결 어미.

¶ 밥을 먹으라고 할 때 먹을걸./하라고 할 때 그 일을 맡을걸./그들이 가까운 데에 살았으면 좀 더 잘해 줬을걸.

용언: 동사, 형용사
체언: 명사, 대명사, 수사
수식언: 부사, 관형사
관계언: 조사
독립언: 감탄사

🐝 **원리는?**

'갈까?', '갈꼬?', '갈쏘냐?'처럼 물음표를 붙일 수 있는 것은 발음과 표기가 일치한다. 다만 '갈걸'과 '갈게', '갈지라도' 등은 경음으로 발음되더라도 그것을 표기에 반영하지 않는다.

□ **심화** '–을수록', '–을지라도', '–을지'

한글 맞춤법은 '표준어를 소리대로 적되 어법에 맞도록 함을 원칙으로 한다'라고 규정되어 있다. 이 '소리대로 적되 어법에 맞도록 함'에 정면으로 배치되는 것이 '–**을수록**', '–을지라도', '–을지' 등이다. '소리대로 적되'가 강조되면 당연히 '–을쑤록', '–을찌라도', '–을찌'로 적어야 할 것이다. '–을수록', '–을지라도', '–을지'가 단순한 예외는 아니다. 고유어인 경우 형태소 내부에서 'ㄹ' 뒤 'ㄷ', 'ㅅ', 'ㅈ'을 그대로 발음하는 것은 거의 없다. '날씨', '날짜'처럼 'ㄹ' 다음에는 경음으로 적고 경음으로 발음하는 경우가 대부분이다. '–을수록', '–을지라도', '–을지'에서는 'ㄹ' 뒤 경음이 아니기 때문에 문제이다. 모두 경음으로 쓸 날이 올지도 모른다.

'–을수록'을 훗날 '–을쑤록'으로 써야 하는 이유와 관련해 '–을걸', '–을게'는 주의를 요한다. 이들에는 의존명사 '–거'와의 관련성이 대두된다. '먹을걸', '먹은걸', '먹는걸'과 대비해 '–을걸'은 '거'와 관련될 수도 있지만 '–을게'는 그 관련성을 포착하기 어렵다.

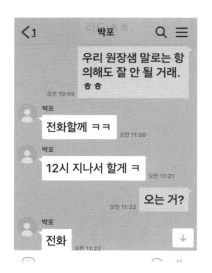

5 뒤풀이 / 뒷풀이, 순대국 / 순댓국

이번에는 아는 사람과 톡을 하다 보면 은근히 헷갈리는 사이시옷에 대해 알아보려 한다. 먼저 아래에 제시된 말들이 옳은 표기인지 생각해 보자.

　(1) 윗층, 뒷편, 윗면, 아랫층, 뒷뜰, 뒷꿈치

(1)에서는 '윗면'만이 옳은 표기이다. 바쁘게 톡을 할 때 획을 덜 적는 것은 바빠서 그렇다고 이해를 구할 수 있겠다. 바쁜데도 불구하고 쓸데없이 'ㅅ'을 하나 더 첨가하는 것은 '나는 잘 몰라요'라고 시인하는 꼴임에 틀림없다.

어렵다고 느낄 수 있지만 **사이시옷**은 의외로 간단하다. 집중해서 다음을 잘 읽어 보자. (1)에서의 '위층'은 '위+층'으로 표시할 수 있다. 이때 '+' 앞의 '위'를 제1요소(선행 성분)라 하고 '+' 뒤의 '층'을 제2요소(후행 성분)라 하자. 위층에서 '+'를 뺀 뒤, 남은 두 요소를 글자 그대로 읽어보자. '위층'이라고 발음된다. '+'를 뺀 글자 그대로의 발음이 실제 발음과 같은 경우도 있을 것이고 다른 경우도 있을 것이다. 다행히 '위층'은 전자에 해당한다. '+'를 뺀 글자 그대로의 발음이 실제 발음과 같은 경우에는 사이시옷을 쓰지 않는다. '피[血]'와 관련된 아래의 두 단어를 대비해 보면 그 차이가 확연히 드러난다.

　(2) 가. 피+멍
　　　나. 피+기

(2가) '피+멍'에서 '+'를 뺀 글자 그대로의 발음은 평상시 발음과 일치한다. 반면 (2나) '피+기'에서 '+'를 뺀 글자 그대로의 발음 '피기'는 '(꽃이) 피기 시작했다'에서의 '피기'를 연상하게 된다. '피기가 서려'로 발음하면 발

음이 이상하다고 핀잔을 들을 수도 있다. 우리의 현실 발음 '피끼'의 발음과 맞추어 주려면 사이시옷을 적어야 한다는 것이다. 아래의 예들을 통해 보충을 해 보자.

> (3) 가. 내+물 → 냇물, 위+사람 → 윗사람
> 나. 위+쪽 → 위쪽, 뒤+편 → 뒤편

(3가)의 '+'를 빼고 앞뒤의 글자를 연결한 '내물', '위사람'은 한국인에게 낯선 발음으로 들린다. 반면, (3나)의 '+'를 빼고 앞뒤의 글자를 연결한 '위쪽', '뒤편'은 정상적인 발음이기에 의사소통에 아무런 문제가 없다. 그러니 (3가)에는 사이시옷을 써서 현실 발음과 맞추어야 한다. (3나)에도 사이시옷을 쓰겠다고 하는 사람은 쓸데없이 발음을 어렵게 하는 사람, 세상을 어렵게 사는 사람이다.

그래도 이해가 되지 않는다면 기계적으로 외우면 된다. 후행하는 말이 강한 발음으로 시작되면 앞말에는 사이시옷을 쓰지 않는다고 말이다. 'ㅈ', 'ㅉ', 'ㅊ' 중 강한 발음 두 개를 찾는다면, 당연히 'ㅉ(된소리/경음)'과 'ㅊ(거센소리/격음)'일 것이다. 'ㅂ'에 비해 'ㅃ', 'ㅍ'도 강한 발음이다. 강한 발음과 관련하여 다음 문제를 풀어 보자.

> (4) 가. 아래층/아랫층
> 나. 아래쪽/아랫쪽
> 다. 뒤풀이/뒷풀이
> 라. 뒤통수/뒷통수
> 마. 뒤뜰/뒷뜰

'풀이'와 '통수'는 사전에 등재된 형태가 아니니 관점에 따라 비판을 받을 수 있다. 어떻든 표기 원칙상 그 앞말에는 'ㅅ'을 쓸 수 없다.

모두 전자가 옳은 표기이다. 제2요소 '층', '쪽', **'풀이'**, **'통수'**, '뜰'이 모두 강한 발음(ㅊ, ㅉ, ㅍ, ㅌ, ㄸ)으로 시작한다. 끝으로 다음과 같은 표기가 맞는지 검토하면서 마무리하기로 하자.

(5) 가. 북어국/북엇국

　　나. 순대국/순댓국

　　다. 최대값/최댓값

　　라. 최소값/최솟값

　　마. 절대값/절댓값

　　(5가)~(5마) 모두 후자가 맞는 표기이다. 앞에서 설명하였듯이 두 성분 (북어+국, 순대+국, 최대+값, 최소+값, 절대+값) 사이에 있는 '+'를 빼고 앞뒤의 글자를 연결한 '북어국', '순대국', **'최대갑'**, **'최소갑'**, '절대갑'은 한국 인에게 낯선 발음으로 들린다. 우리의 현실 발음에 맞도록 사이시옷을 표기 해야 하는 것이다.

> **✎ 원리는?**
>
> 사이시옷은 앞말과 뒷말이 연결된 글자 그대로의 발음이 실제 발음과 다른 경우에 한 하여 적는다. 앞말의 '위'와 뒷말의 '쪽'을 자연스럽게 이어서 그대로 발음하면 우리 의 평상시 발음이 되는데 이때는 'ㅅ'을 쓰지 않는다. 보다 쉬운 방식을 원한다면 뒷 말이 된소리(ㄲ, ㄸ, ㅃ, ㅆ, ㅉ)나 거센소리(ㅋ, ㅌ, ㅍ, ㅊ)로 시작하는 경우에는 앞 말에 사이시옷을 쓰지 않는다고 이해하자.

🔲 **심화** 횟수, 숫자, 개수

　　'개수(個數)', '초점(焦點)'과 같은 한자어는 '개쑤', '초쩜'과 같이 발음되더 라도 사이시옷을 쓰지 않는다. 다만 그 **예외 6가지**(횟수回數, 숫자數字, 셋방 貰房, 찻간車間, 곳간庫間, 툇간退間)가 있다는 것은 귀가 따갑도록 들었을 것 이다. 이들 중, '횟수(回數)'와 '숫자(數字)'는 외워 두어야 '개수(個數)'와 헷 갈리지 않는다. 이 세 단어에는 모두 '수(數)'가 포함되어 있어서 혼란이 야 기된다.

후행 성분이 고유어인 '절댓값' 과 달리 '절대치'에는 사이시옷 이 들어가지 않는다. 접사 値가 결합된 한자어이기 때문이다(絶 對値).

'최대갑', '최소갑'처럼 어말을 'ㅂ'으로 적은 이유는 종성 제 약 때문이다. 종성에는 7가지 자음(ㄱ, ㄴ, ㄷ, ㄹ, ㅁ, ㅂ, ㅇ)만 올 수 있다는 제약이 종 성 제약이다. 관련하여 다음 페이지의 '--짇'도 'ㅅ'이 종성 에 올 수 없다는 제약 때문에 'ㄷ'으로 적은 것이다.

6가지의 공통점은 무엇일까. 그나마 '회', '수', '세', '차', '고', '퇴'가 모두 단어의 자격 을 갖고 있음이 확인될 뿐이다. '갯수'의 '개'와는 구분된다.

심화 표준 발음과 사이시옷

'날개짓/날갯짓'은 사람에 따라 헷갈릴 수 있다. 후자가 맞는 표기이다. 사실 여기까지는 몰라도 된다. 우리가 서울 토박이의 말을 다 알 수는 없는 것이다. 표준 발음이 '날개짇'이 아니기에 사이시옷이 들어간 것이다. '**고개+짓**'의 표준 발음도 '고개짇'이 아니기에 '고갯짓'이라 적는다. '농사일'과 '농삿일'이 헷갈리는 것도 같은 이치이다. 표준 발음이 '농산닐'이라면 후자가 맞고 표준 발음이 '농사일'이라면 전자가 맞는 것이다(농삿일×, 농사일 O).

이와 관련해 '노랫말', '시쳇말', '존댓말', '혼잣말', '본딧말', '인사말', '반대말', '예사말', '나라말', '꼬리말', '머리말', '속내말'을 사전에서 확인해 보자.

> '짓'은 접미사가 아니다. '하는 짓', '짓이 난다'를 통해 명백히 명사임을 알 수 있다.

심화 파생어와 사이시옷

'**해님/햇님**'도 헷갈리는 사람이 있다. 아직도 성과 이름을 띄어 쓰는 사람이 있으니 '햇님'으로 쓰는 사람도 매우 많을 것이다. '홍 길동'이라고 쓰거나 '햇님'이라 쓰는 것은 1989년 이전의 맞춤법이다. 성과 이름은 붙여 쓰도록 되어 있다(고유명사이다). '해님'은 다소 다른 관점에서의 접근이 필요하다. 첫째, 표준 발음이 '해님'이면 'ㅅ'을 쓸 필요가 없는 것이다. 지방 출신들이 일일이 서울 토박이의 발음을 알 수는 없다. 둘째, '**-님**'은 **접미사**이다. 사실 사이시옷은 합성어에 쓰게 되어 있다. '-님'이 들어간 말은 파생어이므로 'ㅅ'을 쓰지 말아야 한다. 후자가 좀 더 설득력 있어 보인다.

> 한용운의 시집 《님의 침묵》에서의 '님'에 현행 맞춤법을 적용하면 '임'이다. 그러니 접미사 '-님'과는 다른 것이다.
> 또한 요즘 인터넷 댓글에서 확인되는 '님아'의 '님'은 2인칭을 뜻하는 신조어이다. 이 또한 접미사 '-님'과는 다른 것이다.

심화 외래어와 사이시옷

'페트병', '핑크빛'은 사실 '페트뼝', '핑크삗'으로 발음한다. 이상의 설명 방식이라면 사이시옷을 넣어 표기해야 한다. 그러나 사이시옷은 고유어와 한자어, 외래어 중 오로지 고유어와 고유어, 고유어와 한자어의 결합에만 쓰도록 규정되었다. 그러므로 '페트', '핑크'와 같은 외래어에는 사이시옷을 생각할 필요가 없다. '페틋병', '핑큿빛'으로 적지 않도록 하자. 물론 '장미+빛'은 우리의 현실 발음을 좇아서 '장밋빛'으로 적어야 한다.

심화 한자어에는 왜 사이시옷을 쓰지 않도록 했을까?

우리가 '초쩜'이라 발음하면 원칙상 **'촛점'**이라 써야 하고 '대꾸뻡'이라 발음하면 원칙상 **'댓굿법'**이라 써야 한다. 그런데 한자어에는 왜 사이시옷을 쓰지 않도록 했을까?

예를 들어 한국(韓國)이라는 한자어가 있다면 그 한자어의 첫 글자는 당연히 '한'이라는 음으로 받아들여진다. 그런데 '촛점(焦點)'이라 적으면 첫 글자의 음은 '촛'으로 받아들여질 수 있고, '댓굿법(對句法)'이라 적으면 앞 두 글자의 음은 '댓'과 '굿'으로 받아들여질 수 있다. 괄호 안의 음과 밖의 음이 다른 경우 '마름[舍音]', '서울[漢陽]'과 같이 대괄호를 활용하듯이 '촛점[焦點]', '댓굿법[對句法]'과 같이 적는 것이 원칙이다. 사실은 한자어에 사이시옷을 쓰지 않도록 하는 것에도 많은 고민이 담겨 있었던 것이다.

심화 '웃옷'과 '윗옷'

'위쪽:아래쪽'처럼 '위:아래' 구분이 있는 경우는 '위'로 쓰고, '위:아래' 구분이 없는 경우는 '위'로 쓰지 않고(웃어른:*아랫어른) '웃-'으로 쓴다. 이때 '웃-'은 '의붓어미'에서의 '의붓-'과 마찬가지로 접사로 처리되어 있다 (≪표준국어대사전≫). '웃옷', '웃국', '웃돈', '웃통', '웃돌다', '웃자라다' 등에서 '웃-'이 확인된다. '웃옷(겉에 입는 외투 따위)'과 '윗옷(아래 말고 웃통에 입는 옷)'은 의미가 다르다.

'초쩜', '대구뻡'이라고 적게 하니 젊은 세대의 발음이 기성세대와 달라지는 것이다. 기성세대는 일반적으로 '초쩜', '대꾸뻡'이라 발음하는 데 반해 젊은 세대는 '초쩜', '대구뻡'이라 발음하기도 한다. 이른바 표기가 현실 발음을 바꾸는 것이다.

6 다음 주에 '뵈요 / 봬요'

학생들이 선생님에게 톡이나 메일을 보낼 때가 있다. 그런데 그 끝부분에 '그럼 다음 주에 뵈요'라고 적는 경우가 많다. 수년 전 모 방송국 9시 뉴스에서 'ㅇㅇ 전자 신제품 선뵈'라는 자막이 떴었다. '뵈요/봬요', **'선뵈/선봬'** 중 어느 것이 맞는 것인가? 원리만 알면 쉽게 접근할 수 있다. 일단 한 걸음부터 디뎌 보자. (1)에 제시된 문제를 풀어 보고자 한다.

> '(아래) 봬도'는 '선뵈+어도→ 선봬도'와 같은 유형이지만 '뵈기 싫다'는 다른 유형이다. '보기 싫다〉뵈기 싫다〉베기 싫다〉비기 싫다'는 '벗기다〉벳기다〉빗기다'와 같은 유형(움라우트)이다.

(1) 가. 얼마 안 (되서, 되어서, 돼서) 떠났다.
　　나. 바람을 (쐬도, 쐬어도, 쐐도) 답답할 뿐이다.
　　다. 불을 계속 (쬈다, 쬐었다, 쬈다).

위 세 문제에서 첫 번째 형태는 잘못된 표기이다. '뵈요/봬요'보다 자주 접하게 되는 '되-'를 활용해 설명하기로 하겠다. '뵈-/봬-'가 헷갈리는 것처럼 '되-/돼-'도 헷갈리기 때문이다.

(2) 가. 되고, 되니, 되어서, 되었다
　　나. 주고, 주니, 주어서, 주었다

(2가)에 제시된 형태 중 첫 글자는 모두 '되'로 고정되어 있다. 줄여 쓰지 않는다면 틀릴 이유가 없다. 다만, 바이트 수에 신경 쓰면서 '되어서', '되어도', '되었다'를 줄여 쓸 때 문제가 발생된다. (2나)의 '주어서', '주어도', '주었다'를 줄여서 써 보자. '줘서', '줘도', '줬다'처럼 형태가 바뀌게 된다. '되어서', '되어도', '되었다'도 줄여 쓰면 '돼서', '돼도', '됐다'로 바뀌게 된다. (1)의 '쐬어도', '쬐었다'도 줄여 쓰면 '쐐도', '쬈다'로 되는 것이다. 마찬가지로 '되+어요'가 결합할 때 '되요'로 적어서는 안 된다. '어'를 이유 없이 탈락시켜서는 안 되기 때문이다. '되요'로 쓰고 싶다면 '주+어요', '먹+어요'

또한 '어'를 탈락시켜 '주요', '먹요'라고 해야 한다. 그래야 통일성이 있지 않겠는가? 앞으로는 톡이나 메일 끝 부분에 "내일 봬요(←뵈+어요)"라고 당당하게 써 보자. '뵈어요'의 준말이 바로 '봬요'인 것이다. 그렇다고 '내일 뵐게요'까지 '내일 뵐게요'로 써서는 안 된다. '봴게요'가 성립하려면 '뵈얼게요'라는 말이 있어야 할 텐데 국어에 '뵈얼게요'라는 말은 없으니 헷갈릴 이유가 없는 것이다.

혹시 위에 제시된 몇몇 단어 '뵈-', '되-', '쐬-', '쬐-' 등에는 맞춤법과 관련지을 공통점이 없을까? 모두 'ㅚ'가 확인된다. 'ㅚ'가 보인다면 앞서 제시한 준말의 원리에 의해 접근하면 된다. 그러면 다음 형태들 정도야 '식은 죽 먹기'일 것이다.

(3) 가. 선뵈어도;선봬도, 선뵈었다;선뵀다, 선뵈어;선봬, 선뵈어라;(선봬라)
　　 나. 아뢰어도;아뢔도, 아뢰었다;아뢨다, 아뢰어;아뢔, 아뢰어라;(아뢔라)
　　 다. 외어도;왜도, 외었다;왰다, 외어;왜, 외어라;(왜라)
　　 라. 괴어도;괘도, 괴었다;괬다, 괴어;괘, 괴어라;(　　)
　　 마. 쇠어도;쇄도, 쇠었다;쇘다, 쇠어;쇄, 쇠어라;(　　)
　　 바. 쬐어도;쫴도, 쬐었다;쬈다, 쬐어;쫴, 쬐어라;(　　)

(3)에서 확인한 대로 '선뵈다', '아뢰다', '외다', '괴다', '쇠다', '쬐다' 등 의외로 관련되는 단어들이 많다. 공통점은 모두 'ㅚ'가 개재되어 있다는 것이다. 'ㅚ+어'는 'ㅙ'로 변동된다는 것을 알아 두자. '아뢰+어라'에 'ㅚ+어'가 확인된다. 이것이 'ㅙ'로 줄어드는 것이니 '아뢔라'로 표기되는 것이다. '선보이다'가 줄면 '선뵈다'가 된다. 여기에 '-어'가 결합되면 '선봬'가 된다. '선보이+어'는 당연히 '선보여'가 되니 결국 '선봬'와 '선보여'는 같은 의미이다. '외+어도', '외+었다'에서도 'ㅚ+어'가 확인된다. '학생 이름을 아무리 왜도', '아주 잘 왰다'와 같이 쓸 수 있다. (3)의 빈칸은 당연히 '괘라', '쇄라', '쫴라'로 채워야 할 것이다.

이와 관련하여 '이래 봬도 전부 근육질이야'라는 표현을 살펴보자. '이래

기저형(≒기본형)으로 '뵙-' 외에 '뵈-'도 생각할 수 있어야 한다.

뵙다, 뵙고, 뵙지//뵈니까, 뵈면서도, 뵈어도…

이와 비슷한 예로 '여쭙-'을 들 수 있다.

여쭙다, 여쭙고, 여쭙지, 여쭈우니까, 여쭈우면서, 여쭈워도…

그런데 '여쭈다', '여쭈고', '여쭈지', '여쭈니까', '여쭈면서', '여쭈어도(여쭤도)' 등도 가능하다. 이런 점에서 '여쭙-', '여쭈-'는 '뵙다/뵈다'와는 다르다. '뵙다, 뵙고, 뵙지'를 '뵈다, 뵈고, 뵈지'라 할 수 없기 때문이다.
사전에 '뵙-', '뵈-', '여쭙-', '여쭈-'는 등재되어 있으나 '여쭈우-'는 등재되어 있지 않다. 그 이유를 '덥-'과 관련해서 이해해 보자. '덥고, 더우니, 더워'의 기본형은 '덥-'이다. '더우-'는 사전에 없다.

'외-'를 기본형으로 하지 않고 '외우-'를 기본형으로 하면 '학생 이름을 아무리 외워도', '아주 잘 외웠다'와 같이 된다.

봬도', '저래 봬도'의 본말은 무엇일까? '이래(←이러해) 보이어도', '저래(←
저러해) 보이어도'가 본말이다. 앞에서 '선보이어=선보여=선뵈어=선봬'의
관계를 알아보았다. 같은 방식으로 '(이래) 보이어도=보여도=뵈어도=봬도'
의 관계를 확인할 수 있다. '이래 봬도'를 '이래 뵈도'로 쓰고 싶다면 그 본
말을 '이래 보이도'로 생각하면 된다. 또 '(추석 잘) 쉈습니까'는 '쇠었습니
까'를 본말로 생각할 수 있지만 '(추석 잘) 쇄십시오'는 '쇠어십시오'라는 본
말을 상정할 수 없으니 틀린 말이다. '쇠십시오'로 써야 한다.

준말과 본말의 관계가 만만치 않다면 다음과 같은 기교를 발휘해 볼 수
있다. '저래 봬도/뵈도'에서 '봬도'와 '뵈도' 중 무엇이 맞는지 알아보기 위
해서 두 형태를 'X도'로 두고 접근해 보자. X 자리에 do의 의미를 가진 '해'
나 '하'[해도/하도]를 대치시켜 말이 되는지 알아보는 편리한 방법이 있다.
'봬도'의 경우는 '-도'로 끝나 있기 때문에 '하도'에 대응되는 것이 아니라
'해도'에 대응되는 것이다. 평상시 '하도 된다'라 하지 않고 '해도 된다'라 하
니까 말이다. 즉 '하'를 대치하는 것이 아니라 '해'를 대치해야 하므로 당연
히 '봬'로 써야 한다는 것이다. 문자 'ㅐ'를 공통적으로 추출하자는 뜻이다.
'뵈는'이 맞는지 '봬는'이 맞는지를 알아보기 위해서도 'X는 (사람)'의 X 자
리에 들어갈 형태를 생각하면 된다. '-는'과 결합되므로 '해는 (사람)'이 아
니라 '하는 (사람)'이 옳다. 그러니 'ㅐ'가 있는 '봬는'으로 적어서는 안 된다.

'주요'와 관련하여 전라도 일부
와 경상도 일부에서 확인되는
사투리 '하요(爲)', '오요(來)' 등
에 대해 알아보자. 이들을 '잡
으요'와 대비해 보면 어간에 통
합된 어미가 무엇인지 쉽게 알
수 있다. 그 어미는 바로 '-(으)
요'인 것이다. '오메 여그서 뭐
하요, 잠이 오요'와 같은 전라
도 방언을 들어 보았을 것이다.
소설 ≪태백산맥≫에서도 그런
쓰임이 확인된다(죽으나 사나
한 덩어리로 똘똘 뭉쳐야 쓰요).

> ### 원리는?
> '뵈+어요'가 결합할 때 '뵈요'로 적어서는 안 된다. '어'를 이유 없이 탈락시켜서는 안
> 되기 때문이다. '뵈요'로 쓰고 싶다면 '주+어요' 또한 '어'를 탈락시켜 **주요**라 해야
> 한다. '뵈어요'의 준말은 당연히 '봬요'인 것이다.

🔲 심화 모음 10개

혀의 전후 위치 입술 모양 혀의 높이	전 설		후 설	
	비원순	원 순	비원순	원 순
고 모 음	ㅣ i	ㅟ ü	ㅡ ï	ㅜ u
중 모 음	ㅔ e	ㅚ ö	ㅓ ə	ㅗ o
저 모 음	ㅐ ɛ		ㅏ a	

표준어 화자들(대략 대대로 100년 이상 서울 거주)이 '되어요'에서의 '되'는 단모음 'ㅚ'로 발화하고, '돼요'에서의 '돼'는 이중모음으로 발화한다. 단모음은 발음하는 동안 **입술 모양**(혀의 위치 포함)이 변하지 않는 모음이고, 이중모음은 발음하는 동안 입술 모양이 변하는 모음이다. '되'를 단모음으로 발음하려면 거울을 보고 5초간 입술 모양이 바뀌지 않도록 '도'를 발음해 보는 끈기(?)가 있어야 한다. '도'를 발음하던 그 모양 그대로 '되'를 발음하면 되는데 이때도 5초간 입술 모양이 동그랗게 고정되길 바란다. 평상시처럼 '되'를 발음하면 입술모양이 동그랗게 되지 않고 풀어지게 된다. 그게 바로 이중모음 '돼'를 발음한 것이다.

입술이 동그랗게 되지 않는 모음을 비원순모음이라 한다. '붓나모'가 '벚나무'로 변하였는데 '벚-'으로의 변화를 비원순모음화라 한다. 방언형 '보리(麥)〉버리', '본뜨다(本)〉번뜨다' 등을 그 예로 들 수 있다.

7 처먹는다 / 쳐먹는다

'처먹-'과 '쳐먹-'은 발음이 같으니 쓸 때마다 헷갈릴 수밖에 없다. 근간에 무심코 인터넷을 뒤지다가 '처먹-', '쳐들-'은 무조건 외워야 하는 것으로 가르치는 블로그를 보았다. 깜짝 놀랐다. 이런 사람들이 국어는 어렵다고 이상한 소리들을 한다. 하기야 글쓴이가 몇 년 전 이들 유형을 공무원 시험에 최초로 출제했으니 아직 많은 사람이 알기에는 역부족일 것이다. 공무원 수험서에도 해당 단어가 잘 설명되어 있는지 의문이다. 사정이 이렇다 보니 대중 매체의 자막은 물론 톡에서도 맞는 표기보다 틀린 것이 더 많을 정도이다.

우선 다음 말들 중 무엇이 맞는지 판단해 보자. 만만치 않을 것이다. 그런데도 우리는 관련되는 말들을 매우 많이 사용한다.

(1) 가. 곰탕을 (처먹는데, 쳐먹는데)
　　나. 차를 (처박고, 쳐박고)
　　다. 국제적 감각이 (뒤처진, 뒤쳐진) 후보
　　라. 믿음을 (저버린, 져버린) 사람

'져 버리다'에서 보조 용언을 붙여 쓰면 '져버리다'가 될 텐데 이 관계는 '이겨 버리다/이겨버리다'와 같다. '이기고', '지고'와 '이겨', '져'를 대비해 보면 'ㅣ'와 'ㅕ'의 관계를 알 수 있다. 'ㅣ[i]'가 모음 'ㅓ[ə]'와 결합하여 'ㅕ[yə]'로 되었다. i가 y로 바뀐 반모음화이다.

묵도 쳐서 먹는다고 하니 '(묵을) 쳐 먹는다'라고 쓰면 된다. 이때는 띄어 써야 한다. 이때 '치-'는 '(후추를) 쳐 먹는다'의 '치-'와 동음이의 관계이다.

옳은 표현을 가려내려면 첫 글자 '처/쳐', **'저/져'**가 '치-' 또는 '지-'와 관련이 있는지 생각해 보아야 한다. '쳐' 또는 '져'로 쓸 때에는 반드시 '치-', '지-'와 관련되는 경우라야 한다. '설렁탕에 후추를 **쳐서 먹는 것**'은 '쳐 먹는 것'이고, 며칠 굶은 사람이 설렁탕을 허겁지겁 먹는 것은 '처먹는 것'이다. 전자는 '후추를 치고', '후추를 치니'처럼 '치-'와 관련시킬 수 있다. '공을 치고', '공을 쳐서', '장구를 치고', '장구를 쳐서' 등을 생각해 보면 'ㅣ'와 'ㅕ'의 관계를 이해할 수 있다. '(적의 진지로) 쳐들어가다'를 '처들어가다'로 적지 않는 이유는 '진지를 치고', '진지를 쳐서'처럼 표현하기 때문이다. 차를 '처박고'를 '쳐박고'로 적지 않는 이유는 '차를 치고', '차를 쳐서'라는 말이 '처박고'의 의미와 관련되지 않기 때문이다. '뒤처진'을 '뒤쳐진'으로 쓸 수 없는 이유 또한 '**뒤치**-'와의 관련성으로 해결할 수 있다. '치-'와 마찬가지로 '지-', '찌-'도 동일한 유형으로 생각하면 된다. '신의를 저버리다'의 '저'를 '져'로 쓸 수 없는 이유도 '신의를 지-'는 것과 관계없기 때문이다. '뒤처져서'에서의 '져'는 '뒤처지고', '뒤처지니'라는 말이 있기에 '지-'와 관련되는 것이다.

'뒤치다'를 사전에서 찾아보자. '뒤처진 기술'에서의 '뒤처진'과는 관계없는 뜻이 보인다(아기가 몸을 이리 뒤치고 저리 뒤친다).

(2) 가. 물에 젖어서 종이가 자꾸 (처져요, 쳐져요).
　　나. 오늘따라 피아노가 잘 안 (처져요, 쳐져요).

(2가)의 '물에 젖은 종이'는 '치-'와 관계없다. 사실 위에서 살펴본 '뒤처지다'에서 '뒤'만 빼면 '처지다'가 되는 것이다. 일반적으로 '뒤쳐지다'는 없다고 보면 된다. 우리는 사실 '뒤처져서', '뒤처졌다'와 같은 형태를 많이 보면서 살아왔다. 그러다 보면 그것이 머릿속에서 하나의 이미지로 박히게 되어 착각을 불러일으키는 것이다. 바로 '뒤처져서', '뒤처졌다'와 같이 'ㅕ'가 어딘가에 있었다고 생각하기 때문에 'ㅕ'가 없는 '뒤처진'보다 'ㅕ'가 있는 '뒤쳐진'을 상당히 안정적이라 생각한다. 사실 'ㅕ'는 '뒤쳐'에 있었던 것이 아니라 '뒤처져'의 '져'에 있었던 것이다. 피아노는 '치-'와 관련된다. 그러니 피아노를 '쳐서', '쳐도', '쳤다'처럼 쓸 수 **있을뿐더러** '-어지다'가 결합한 '피아노가 잘 **쳐져요**'와 같은 형태로도 쓸 수 있는 것이다. '치+어+지+다→쳐지다', '치+어+지+어+요→쳐져요'와 같은 과정으로 설명할 수 있다. 다음 문제를 풀어보자.

'-을뿐더러'는 어미이다. 반면, '할 뿐만 아니라'에서의 '뿐'은 의존명사이다. '-만'이라는 조사가 붙은 것이다. '-을뿐더러'의 '더러'가 조사라면 '잡을 뿐더러'로 쓸 것인데 '더러'는 조사가 아니기 때문에 '-을뿐더러'를 하나의 어미로 보아야 한다.

'(풀이 흥건하게) 먹여져', '(씨가 잔뜩) 뿌려져', 두 형태가 익숙지 않을 수 있다. 이들도 '-어지다' 결합형이다. '먹+이+어+지+어', '뿌리+어+지+어'로 분석될 수 있다. 아래 두 문형을 대비해 보면 그 뜻을 짐작할 수 있다.

• 풀을 먹이다: 풀이 먹여지다
• 씨를 뿌리다: 씨가 뿌려지다

(3) 가. 가방에 책을 자꾸 (처넣으면, 쳐넣으면) 안 된다.
　　나. 이익 없이 돈만 자꾸 (처들인다, 쳐들인다).
　　다. 그 모자, 만 원 (처줄게, 쳐줄게). 내게 팔아라.

(3가), (3나)는 앞 형태가, (3다)는 뒤 형태가 옳은 표현이다. '책을 치다',

'돈만 치다/돈을 치다'라는 말은 문맥과 관련이 없다. 반면 '가방은 만 원 치고, 펜은 천 원 쳐서 합이 만천 원이다'라는 말은 우리가 자연스럽게 쓸 수 있다. 이 경우에는 '쳐'로 써야 한다.

> ⟨ 원리는?
> '처먹는다', '쳐먹는다' 중 어느 형태가 맞는지 헷갈린다면 '치다'와의 관련성을 검토하면 된다. 허겁지겁 먹는 것은 '치다'와 관계없으니 '처'로 쓰고, 후추를 넣어서 먹는 것은 '(후추를) 치다'와 관계되니 '쳐'로 써야 한다.

심화 처들다/쳐들다, 처박히다/쳐박히다

틀린 것이 둘이다. 꼼꼼하게 생각하면서 찾아보자.

① 화장을 너무 처발랐어.
② 가방에 책을 처넣고 있다.
③ 망치가 없으면 돌로라도 쳐 박아야지.
④ 이제껏 저 작은 홀에 공을 쳐 넣은 사람은 아무도 없었다.
⑤ 첩을 도대체 몇 명 처들이고 있느냐?
⑥ 장작을 처땠더니 방이 절절 끓는다.
⑦ 붕대를 다리에 처매고 있다.
⑧ 사기가 너무 떨어졌다. 사기를 **쳐올릴** 방안을 생각하자.
⑨ 높이 쳐들린 지붕 위로 햇살이 비친다.
⑩ 고개를 쳐들고 하늘을 보라.
⑪ 거름을 밖으로 처내고 있다.
⑫ 가방에 장난감을 처담고 있다.
⑬ 낙엽을 불에 쳐댄다.
⑭ 가망 없는 사업에 돈을 처댄다.

⑧의 '쳐올리다'는 구체적인 것에서 추상적인 것으로 의미가 확대되었다. '쌓인 눈을 쳐낸다', '잔가지를 쳐낸다'에서 '불순한 생각을 쳐낸다'로 추상화되는 것과 같은 이치이다. '주가가 너무 처박혔다. 작전을 써서라도 좀 쳐올려야겠다'와 같은 표현도 충분히 추상화된 것이다.

⑮ 점심으로는 간편하게 묵을 쳐 먹자.

⑯ 군불을 처질러 온 방이 잘잘 끓는다.

⑰ 어깨를 처뜨리고 맥없이 아래를 주시한다.

⑱ 쌓인 눈을 3소대 쪽으로 쳐올리자.

⑲ 주가가 처박혔다.

☞ '거름을 치-', '낙엽을 치-', 둘 다 가능해 보이지만 후자는 '낙엽을 막대기로 친다'라는 뜻이 되어야 하는데 ⑬은 문맥상 그런 뜻이 아니니 '처댄다'로 써야 한다. 참고로 ⑨, ⑩의 '쳐'는 '치솟다'의 '치-'와 관련된다. '위로 향하여' 정도의 의미로 파악하면 된다. '(눈을) **치뜨다**', '**치보다**'와 관련시키면 된다.

한편, ⑤와 관련하여 "이익 없이 돈만 자꾸 처들어 간다"와 같은 표현도 가능해 보이지만 사전에는 '처들-'이 등재되어 있지 않다. ①의 '처바르다' 또한 등재되어 있지 않다. 등재되어 있지 않다는 것은 원칙적으로 서울 사람들이 쓰지 않는다는 뜻이다. 실제로 안 쓴다고 생각하는 것이 정신 건강에는 좋다. 사실 '처/쳐'에 익숙하면 사전에 없는 형태도 찾아낼 수 있다.

누이의 마음아 나를 보아라
김영랑

"오-매 단풍 들것네"
장광에 골불은 감닙 날러오아
누이는 놀란 듯이 <u>치어다</u>보며
"오-매 단풍 들것네"

추석이 내일모레 기둘니리
바람이 자지어서 걱정이리
누이의 마음아 나를 보아라
"오-매 단풍 들것네"

cf. 정례 모녀는 얼굴을 빤히 <u>치어다</u>보곤 하였다(염상섭, '두 파산').

8 익숙지 / 익숙치, 생각건대 / 생각컨대

'폭발'과 '폭팔', '어짜피'와 '어차피', **'송두리째'**와 '송두리채', '바뀌'와 '바퀴', '일찌감치'와 '일치감치'처럼 사람에 따라 발음을 달리하는 단어가 있다. 편차는 있겠지만 한두 개는 톡을 할 때 헷갈릴 수 있겠다. 이처럼 단어의 첫머리가 아닌 경우에는 된소리(ㄲ, ㄸ, ㅃ, ㅆ, ㅉ)로 써야 할지 거센소리(ㅋ, ㅌ, ㅍ, ㅊ)로 써야 할지 혼동되기도 한다. 마찬가지로 여기에서 다루게 될 '익숙지/익숙치'의 발음도 헷갈릴 수 있다. 다음 문제를 풀어 보도록 하자.

> '–채'는 사투리이고 '–째(접사)'가 표준어이다.
>
> 송두리채(×), 이것째(○), 껍질째(○), 뿌리째(○), 통째(○)…

　(1) 가. (납득지, 납득치) 못할 사안이에요.
　　　나. (깨끗지, 깨끗치) 않구나.
　　　다. 그 일은 (적당지, 적당치) 않다.
　　　라. (생각건대, 생각컨대), 부정적인 전망이 이어질 것입니다.
　　　마. 그 사람에게 그 내용을 (요약도록, 요약토록) 해라.

　5문항 중 (1다)만이 후자가 답이다. 원리를 모르고 있으면 위 다섯 문제 중 두 문제를 맞히는 것도 어렵다. 아마 3번째 (1다) '적당치'는 맞힐 것이다. 자신의 발음대로 '적당치'라고 쓰면 된다. 문제는 나머지 네 문제이다. '납득지', '생각건대' 등이 맞는 표현인데 앞에서 말한 것처럼 그 발음 **'납득찌'**가 **'납득치'**와 혼동된다.

> 편의상 '납뜩찌'와 '익쑥찌'를 '납득찌', '익숙찌'로 표시한다. 셋째 음절만 소리대로 적는다는 뜻이다.

　이상과 같이 '하'는 줄여서 쓰기도 하는데, '하' 앞말에 받침 있느냐 없느냐를 살펴보아야 한다. 받침이 있다면 그 받침이 무엇인지를 살피는 것이 중요하다.

> 단어 '중요하다'는 '어근(중요)'과 '접사(–하다)'로 분석할 수도 있고, '어간(중요하–)'과 '어미(–다)'로 분석할 수도 있다. 전자는 '단어를 만드는 관점(단어형성론)'이고 후자는 '단어를 일상에서 활용하는 관점(굴절론)'이다.

　먼저 **'중요하다'**류와 '생각하다'류를 통해 기본에 충실해 보자.

　(2) Q: '중요하다'와 '생각하다'에서 '–하다' 앞에 붙은 말이 뭐지?

A: '중요'와 '생각'이지.

Q: 그래, 맞았어. 그럼, 그중 받침이 있는 말로 끝나는 것은 뭐지?

A: '생각'이지.

Q: 그럼, '생각'의 마지막 글자가 뭐지?

A: '각'이지.

Q: 응, 그 받침이 뭐지?

A: 'ㄱ'이지.

아주 초보적인 문답을 거쳐 '중요-하다'는 받침이 없는 부류, '생각-하다'는 받침이 'ㄱ'인 부류라는 것을 알 수 있었다. 그러면 (3)에 제시된 예들에서도 '하지' 바로 앞 글자에 주목해 보자.

(3) 가. 신음하지, 단순하지, 감당하지, 발달하지
    나. 용납하지, 깨끗하지, 익숙하지

(3가)에서는 '하지' 앞 받침으로 'ㅁ', 'ㄴ', 'ㅇ', 'ㄹ'이 확인되며, (3나)에서는 'ㅂ', 'ㅅ', 'ㄱ'이 확인된다. 이제 본격적으로 들어가 보자.

(4) 가. 신음하지 → 신음치   단순하지 → 단순치
       감당하지 → 감당치   발달하지 → 발달치
    나. 용납하지 → 용납치(×)   산뜻하지 → 산뜻치(×)
       익숙하지 → 익숙치(×)

받침이 'ㅁ', 'ㄴ', 'ㅇ', 'ㄹ'인 경우(컴퓨터 자판의 **왼손 글쇠**)는 '신음치', '단순치'처럼 우리의 발음대로 적으면 되지만, 받침이 'ㅂ', 'ㄷ(ㅅ)', 'ㄱ'인 경우에는 주의를 요한다. 우리의 일반적인 발음은 '용납치', '산뜻치('ㅅ'은 글자 끝에서 'ㄷ'으로 발음됨)', '익숙치'이겠지만, 사실은 '용납찌', **'산뜻찌'**, '익숙찌'로 발음하고 '용납지', '산뜻지', '익숙지'로 적어야 한다.

(5)의 '필요하다', '숭배하다' 등에는 '-하다' 앞부분에 받침이 없다.

컴 자판의 '왼손 글쇠'를 생각해 보자.

ㅂ, ㅈ, ㄷ, ㄱ
ㅁ, ㄴ, ㅇ, ㄹ
——————————
ㅋ, ㅌ, ㅊ, ㅍ

맨 위와 맨 아래를 대비할 때, 아래가 'ㅍ', 'ㅊ', 'ㅌ', 'ㅋ'순이면 보다 체계적이다. 중간에 외기 좋게 'ㅁ', 'ㄴ', 'ㅇ', 'ㄹ'이 배열되어 있다. 중학교 때 이 네 자음을 기억하기 위해 '노란무우', '노란양말' 등을 활용해 본 사람도 있을 것이다.

발음 '산뜻'과 관련하여 영단어 gas를 발음해 보자. '옷'의 'ㅅ' 발음을 gas의 s식으로 한다면 이상해진다. '옷/산뜻'의 발음이 '옷/산뜻'이 아니라 '옫/산뜯'이라는 것이다. 'ㅅ'은 마찰성을 지니고 있는데 그 'ㅅ'이 음절말에 위치하면 마찰성을 포함하여 여러 가지 특성을 잃어 버린다. 바로 그 음이 'ㄷ'이라 생각하면 된다. 그래서 중등 과정에서 배운 음절의 끝소리 7가지(ㄱ, ㄴ, ㄷ, ㄹ, ㅁ, ㅂ, ㅇ)에 'ㅅ'은 포함되지 않는 것이다.

(5) 필요하지 → (　　　)　　　중요하지 → 중요치

관여하지 → 관여치　　　중대하지 → 중대치

숭배하지 → 숭배치

cf. 가하다부하다 → 가타부타

그러면 어떻게 줄일 수 있는가? '-하다' 앞말에 받침이 없다면 우리의 발음대로 줄이면 된다. **'필요하지'**를 '석 자'로 줄이는데, '필요지'라고는 하지 않을 것이다. 우리의 발음 '필요치'와 표기가 너무 동떨어지게 된다.

글쓴이는 고등학교 때 이 원리를 쉽게 이해하기 위해 다음과 같은 문장을 만들어 왼 적이 있다.

이때는 '하' 전체가 없어지는 것이 아니라 'ㅏ'만 없어진다. '필요ㅎ지', '가ㅎ다'에서 'ㅎ'과 자음이 만나서 거센소리로 변동하는 것이다. '놓+다→노타'에서 'ㅎ'과 'ㄷ'이 만나서 'ㅌ'으로 변동하는 것과 같다 (격음화=유기음화).

(6) TV <u>보다가</u> 브라운관이 <u>파열</u>되었다.

(6)의 '보다가'에는 자음 'ㅂ', 'ㄷ', 'ㄱ'이 다 보인다. 이들이 바로 파열음이다. 'ㅂ', 'ㄷ', 'ㄱ' 셋을 한 부류로 외우고 그 나머지를 또 다른 부류로 외우는 것이 경제적이다. (3)~(5)를 통해 다른 부류는 '**ㅁ**', '**ㄴ**', '**ㅇ**', '**ㄹ**'과 **모든 모음**이라는 것을 알게 되었다. 외우기에 다소 복잡해 보인다.

'-하지'만 줄이는 것이 아니라 '하-'로 시작하는 말은 다 줄일 수 있다. 괄호를 채워 보자.

'ㅁ', 'ㄴ', 'ㅇ', 'ㄹ'과 모든 모음, 이를 공명음이라 한다. 학교문법(규범문법)에서는 이들을 유성음(올림소리)이라 한다. 'ㅂ', 'ㄷ', 'ㄱ' 등도 유성음이 될 수 있다는 것이 문제이다. '바보(pabo)', '바다(pada)', '바구니(baguni)', '바지(baʤi)' 등의 둘째 음절 자음은 첫 음절 자음과 달리 모두 성대를 울리는 유성음으로 실현된다.

(7)의 정답은 '깨끗도록, 복잡다고, 요약건대, 짐작건대, 짐작게, 무색게'이다. 특히 '-하다' 앞말이 'ㄱ'으로 끝나는 단어가 많으니 주의하기 바란다 (요약지, 허락지, 수락지, 짐작지, 복잡지, 애석지, 통곡지, 하락지, 하직지, 탐탁지…).

(7) 근접하도록 → 근접도록　　　**깨끗하도록** → (　　　　)

번식하도록 → 번식토록(×), 번식도록

복잡하다고 → (　　　　)　　　　따뜻하다고 → 따뜻다고

야속하다고 → 야속타고(×), 야속다고

생각하건대 → 생각컨대(×), 생각건대

요약하건대 → (　　　)　　　　짐작하건대 → (　　　　)

cf. 짐작하게 한다 → (　　　) 한다

무색하게 한다 → (　　　) 한다

'깨끗도록', '복잡다고' 등이 맞는 표기인데 자판에서 굳이 가획을 터치하

면서까지 '깨끗토록', '복잡타고' 등으로 쓸 필요는 없다.

　이 원리를 다른 형태에 확대하여 적용해 보자.

　　(8) 가. 여기에 주차를 삼가하십시오.
　　　　나. 그는 불의를 보면 서슴치 않고 달려들었다.

　(8가)의 '삼가하십시오', (8나)의 '서슴치'가 맞는 말인지 확인해 보자. '삼가하지'를 줄여 쓴 '삼가치'는 한국인에게서 들을 수 없다. '삼가치'가 틀린 표현이니 '삼가하지'도 틀린 것으로 간주하면 된다. '삼가하십시오', '삼가하고', '삼가해라' 등도 표준어가 아닌 것이다. 기본형이 '삼가하다'가 아니라 '삼가다'이니 '삼가고', '삼가니', '삼가도', '삼가라', '삼가십시오' 등으로 실현된다. '서슴치'라는 발화 또한 한국인에게서 쉽게 접할 수 있다. 그런데 '서슴하지'가 줄어서 '서슴치'가 되었다고 하면 문제가 생긴다. '서슴하지'라는 말은 없기 때문이다. 기본형이 **서슴다**이니, 'ㅁ'을 말음으로 하는 어간, '다듬다, 다듬지', '더듬다, 더듬지'와 대비할 수 있다.

> '서슴-'의 활용형은 매우 제한되어 있다(서슴지, 서슴을, *서슴어, *서슴고, *서슴으면). 이런 유형을 불완전동사라 한다['더불-(더불어)', '데리-(데리고, 데리러, 데려)', '가로-(가로되, 가론)', '달-(달라, 다오)', '다그-(다가, 다그면, 다갔다, 다그치다' 등].

> **✎ 원리는?**
> '익숙하지'류는 줄여 쓸 수 있는데 '-하지' 앞 명사의 받침이 'ㅁ', 'ㄴ', 'ㅇ', 'ㄹ'인 경우('관여', '중요' 등과 같이 모음으로 끝난 경우 포함)에는 우리의 발음 그대로 적으면 되지만, 받침이 'ㅂ', 'ㄷ(ㅅ)', 'ㄱ'으로 끝나는 경우에는 '하' 전체를 삭제해야 한다. '적당치'와 '익숙지'를 구분하자.

▣ 심화 발음 [익숙치]와 [익숙찌]

　대학생들은 90% 이상 '익숙하지'를 줄여 [익숙치]라 발음한다. 글쓴이도 예전에 [익숙치]라고 발음했었다. 그런데 '생각다 못해'에 대해서는 [생각타(모태)]라 발음하는 학생이 50%밖에 안 된다. 이는 무엇을 말하는 것인가? 관련되는 단어의 수를 따질 때 'ㅁ', 'ㄴ', 'ㅇ', 'ㄹ' 부류가 월등히 많으니 — '중요하다'처럼 '-하다' 앞말에 받침이 없는 부류도 많으니 — 숫자 싸움이 되지 않는다. 많은 쪽이 'ㅂ', 'ㄷ(ㅅ)', 'ㄱ' 쪽을 오염시킨 것으로 이해하면 된다. 오염되었다고 해도 관용어적 성격을 보이는 '생각다 못해[窮餘之策 궁여지책]', '(그에) 못잖다(←못하지 않다)' 등에는 옛날 규칙의 흔적이 남아 있는 것이다. 이러한 전통은 정철의 '관동별곡'에도 나타난다.

(9) 강호애 병이 깁퍼 듁림의 누엇더니 관동 팔빅니에 방면을 맛디시니 …
경회 남문 브라보며 하딕고 믈러나니 옥절이 알픠 셧다. …

밑줄 친 부분 '하딕고'는 '하딕(下直)ᄒ고'가 줄어든 것이다. 마찬가지로 '-ᄒ다' 앞말의 받침을 보아야 한다. '하딕'에서는 받침으로 'ㄱ'이 보인다. 지금도 연세 드신 분들은 대부분 '깨끗찌/복잡따/익숙찌'로 발음한다. 현행 맞춤법이 잘못된 것은 아니다.

중세국어의 'ᄒ다'는 지금의 '하다'에 대응되고 당시의 '하다'는 지금의 '많다, 크다'에 대응된다. 후자는 현대국어에 그 흔적을 남기고 있다.

• 하고 많은: 많고 많은
• 하도 많아서: 몹시 많아서

가수 현철의 노래도 생각난다. 밑줄 친 부분이 맞는 표기인지 생각해 보자.

(10) … 야속타 생각을 말자 해도 이제는 너를 너를 못 잊어 운다. 울지 마라 나는 간다. 부디 행복하여라.

'야속데요'와 '야속대요'를 구분해 보자. '야속데요'는 '야속하더군요'가 준 것이고, '야속대요'는 '야속하다고 해요'가 준 것이다. 마찬가지로 '적당테요'는 '적당하더군요'가 준 것이고 '적당태요'는 '적당하다고 해요'가 준 것이다.

'**야속하다**'가 줄면 어떻게 될까. '야속'에는 받침 'ㄱ'이 보이므로 '야속타'가 될 수 없다. '야속다 생각을 말자 해도 …'로 적어야 한다.

조금 더 들어가 보자. '귀찮-'은 '귀하지 않-', '괜찮-'은 '공연하지 않-'에서 온 말이다. 다음을 보면서 그 과정을 이해할 수 있겠다. '-하다' 앞이 'ㅂ', 'ㄷ(ㅅ)', 'ㄱ'이 아님에 유의하자.

(11) 가. 얌전하지 않다 → 얌전치 않다 → 얌전찮다
나. 깨끗하지 않다 → 깨끗지 않다 → 깨끗잖다
다. 귀(貴)하지 않다 → 귀치 않다 → 귀찮다
라. 공연하지 않다(〉괜하지 않다) → 괜치 않다 → 괜찮다
cf. 공연히, 괜히

'괜찮다(괜치 않다←괜하지 않다)'를 이해하기 위해서 '얌전찮다(얌전치 않다←얌전하지 않다)'와 대비해 보자. '−하지' 앞말의 받침이 'ㄴ'이다. 'ㅂ', 'ㄷ(ㅅ)', 'ㄱ' 계열이 아니니 '하' 전체가 탈락할 수는 없다. 바로 'ㅏ'가 탈락하여 뒤의 'ㅈ'과 결합하면서 '괜치', '얌전치'로 발화되는 것이다. **귀하지 않다** 또한 '중요하지 않다→중요치 않다'를 생각해 보면 이해할 수 있다. '−하지' 앞말에 받침이 없으므로, 즉 'ㅂ', 'ㄷ(ㅅ)', 'ㄱ' 계열이 아니므로 'ㅏ'만을 날려서 '귀치 않다'를 도출하는 것이다. 이것이 다시 석 자 '귀찮다'로 준 것이다. 반면 '깨끗잖다(깨끗하지 않다)'는 '−하지' 앞 받침이 'ㅅ'이므로 '하' 전체를 날려서 '깨끗지 않다'를 이끌어 낼 수 있다. 그러면 '깨끗잖다'는 자연히 설명될 수 있다.

'하'의 생략과는 관계없지만 '귀찮다'와 같이 뜻이 많이 달라진 '점잖다'에 대해 설명해 보자. '점잖다'는 '젊지 않다'에서 나온 말이다. 그렇다고 '늙었다'는 말은 아니다. '젊지'의 표준 발음은 '점찌'이다. 그런데도 우리는 '점잖−'을 [점짢−]으로 발음하지 않는다. 단어마다 역사가 있다고 한다. [점짢−]으로 발음하지 않는 대한민국 사람들을 보면서 예전에는 '젊지'를 [점지]라고 발음했을 것이라 추측할 수 있다. 경남의 많은 지역과 제주 지역, 함경도 일부 지역의 어르신들은 아직도 '신발을 [신고], [신지]', '머리를 [감고], [감지]', '나이에 비해서 [점고], [점지]'라 발음하기도 한다.

'귀하다', '귀찮다'와 관련하여 한용운의 ≪님의 침묵≫ 군말을 보자.

님만 님이 아니라 긔룬 것은 다 님이다 … 도려가는 길을 일코 헤매는 어린 양이 긔루어서 이 시를 쓴다.

'기룹다/긔룹다'는 충청도 지역 및 경북 서부 지역 등에서 사용되는 말로 '긴요하다', '필수 불가결하다'라는 뜻이다. 나에게 '기룹다/긔룹다/기립다'라고 하면 '꼭 필요하다'라는 뜻이다. '그립다(戀)'와는 뜻이 다르다.

9 백분율 / 백분률, 취업율 / 취업률

아래 (1)에 적힌 말들은 한자와 관련되어 있다. 원리는 생각보다 쉬우니 한자가 보인다고 해서 뛰어넘지 않길 바란다.

(1) 백분률, 출산율, 할인율, 취업률, 취직률, 이율, **환율**, **선율**, 선열, 선동열

위에 적힌 말 중에서는 '백분률'과 '선동열'만이 잘못되었다. '백분율'로 적어야 하는데 이를 두고 왜 이리 어렵냐고 할지도 모른다. 원리는 간단하다. '이율(利率)'과 '선율(旋律)'을 예로 들어보자. 두 단어를 옥편에 제시된 한자 본음대로 표기하면 '이률', '선률'이 된다. 옥편에 '率'은 '비율 률', '律'은 '법칙 률'로 제시되어 있기 때문이다. 그런데 '이률', '선률'로 적고 '이율', '서뉼'로 발음하라고 하면 합리적이라 할 수 없다. 옥편에 반해 '이율', '선율'이라고 적는 것은 바로 우리 한국인의 현실음을 고려한 조치이다. 한글 맞춤법은 표준어를 소리대로 적되 어법에 맞도록 함을 원칙으로 한다. 바로 '소리대로 적되'가 우선적인 기준이 된다. '旋律'을 '선률'로 적게 되면 '설률'로 읽을 수밖에 없다. '순국선열' 또한 '순국선렬'로 적으면 '순국설렬'로 읽어야 한다. 'ㄴ−ㄹ'이 연속되면 특별한 경우가 아니라면 'ㄹ−ㄹ'로 읽어야 하기 때문이다. 같은 환경 즉 'ㄴ−ㄹ'이 연속된 '신라', '인류'를 생각해 보면 금세 그 원리를 이해할 수 있다. '신나의 통일', '인뉴의 기원'이라고 발음한다면 외국인으로 오해받기 십상이다.

이상은 한자 '列', '烈', '裂', '劣', '律', '率', '慄' 등에 한하는데, 이들 한자 바로 앞 글자에 받침이 없거나 그 **받침이** 'ㄴ'이면 '렬', '률'로 적지 않고 '열', '율'로 적어야 한다는 규정과 관계된다. '렬', '률' 등의 앞말이 모음으로 끝나는 경우는 틀리게 적을 사람이 별로 없다. 즉 '비열', '효율' 등을 '비렬', '효률' 등으로 적지 않는다는 뜻이다. '렬', '률' 등의 앞말이 'ㄴ'으로

'환율', '선율', '운율', '선열', '분열', '진열'의 표준 발음은 '화뉼', '서뉼', '우뉼', '서녈', '부녈', '지녈'이다. '환뉼', '선뉼' 등이 아니다.

다만 모음이나 'ㄴ' 받침 뒤에 이어지는 '렬, 률'은 '열, 율'로 적는다. − 한글 맞춤법 제11항 [붙임 1] 참조.

끝나는 경우만 주의하면 된다. '백분+율/률'에서 '백분'이 'ㄴ'으로 끝나기 때문에 '백분율'로 적어야 한다는 것이고 '백분률'로 적으면 '백불률'로 발음해야 한다는 것이다. '선동열/선동렬', '차상열/차상렬', '김정열/김정렬'에서는 '열/렬'의 앞 받침이 'ㄴ'이 아니므로 '선동렬', '차상렬', '김정렬'로 적어야 한다. 출생 신고를 할 때 유용하게 쓰이니 반드시 알아 둘 필요가 있다. 그러지 않으면 '선동렬', '차상렬', '김정렬' 자신도 어떻게 써야 할지 난감해질 것이다. '김성율/김성률', '강종율/강종률'도 모두 후자처럼 적어야 한다. '율/률'의 앞 받침이 'ㄴ'이 아니기 때문이다. 다만 '류준열', '조한열', '박헌율', '정민율'은 '류준렬', '조한렬', '박헌률', '정민률'로 적어서는 안 된다. '열/렬 ; 율/률' 앞의 받침이 'ㄴ'이기 때문이다.

한편 力, 龍은 뒤에 놓이더라도 '력', '룡'으로 적는바 이 또한 우리의 현실 발음과 관계된다. '시력/동력', '비룡/계룡' 등을 보면 우리의 현실 발음과 표기의 관계를 잘 알 수 있다.

다음 문제를 풀어보면서 마무리하기로 한다.

    (2) 가. (이익률, 이익율)
        나. (정답률, 정답율)
        다. (불문률, 불문율)
        라. (참가률, 참가율)

(2가)와 (2나)는 전자가, (2다)와 (2라)는 후자가 옳은 표기이다. (2다)와 (2라)의 경우, '율/률' 앞의 말이 'ㄴ'이나 모음으로 끝나기 때문이다.

다음은 '율/률' 앞이 'ㄴ'으로 끝나는 예이다.

운율, 환율, 백분율, 산란율, 생존율, 출산율, 할인율…

다만, 비어두의 '력(力)', '룡(龍)'과 같이 '론(論)', '료(料)', '령(嶺)' 등은 비어두에서 특별한 경우가 아니라면 옥편의 음대로 적으면 된다(자본론/이론, 출연료/원고료, 대관령/조령). 오로지 '렬', '률'의 경우만 주의하면 된다. 이름에 '열'이 들어가는 경우가 있다. 文錫悅에서의 悅은 '기쁠 열'이니 '문석열'로 적는다.

> ✑ **원리는?**
> 일반적으로 '율/률'을 제외한 앞말이 'ㄴ'이나 모음으로 끝나는 경우만을 주의하면 된다. 특히 'ㄴ'인 경우 '불문율'로 적지 않고 '불문률'로 적으면 '불물률'로 읽어야 함을 염두에 두자.

🔲 심화 제약과 규칙의 관계

'ㄴ-ㄹ'이 연이어 놓일 수 없는 것을 음소 배열 제약이라 한다. 어떠한 경우라도 'ㄴ-ㄹ'이 연속으로 발음될 수 없다는 제약이다. 이 제약 때문에 파생되는 규칙이 있다. 앞의 'ㄴ'이 'ㄹ'로 바뀌는 규칙(유음화), 뒤의 'ㄹ'이 'ㄴ'으로 바뀌는 규칙(비음화), 둘로 나뉜다. 그래서 '신라면', '원룸'은 사람에 따라 '실라면~신나면', '월룸~원눔', 두 가지 중 하나로 발음되는 것이다. 바로 'ㄴ-ㄹ'이 연이어 놓일 수 없는 **제약** 때문에 어떠한 경우라도 '신라면', '원룸'을 글자 그대로 발음해서는 안 된다. 그런데 이제 '원룸', '신라'를 글자 그대로 발음하려는 젊은 세대도 확인된다. 소위 'ㄴ' 다음 r 발음을 하는 듯하다.

'ㄹ-ㄴ'도 연이어 놓일 수 없다. 이 또한 음소 배열 제약이다. 이에 따라 파생되는 규칙이 유음탈락 규칙(딸+님, 따님)과 유음화 규칙(달+님, 달림)이다.

10 '예 / 아니오, 예 / 아니요'로 답하시오

전북 방언의 대표적인 형태 중 하나를 들라고 하면 '안녕하셔요', '잘 가셔요'에서의 '-셔요'일 것이다. 물론 청장년층은 '안녕하세요', '가세요'를 많이 쓴다. 역사적으로 볼 때 '-셔요'가 먼저 생긴 말이고, '-세요'는 나중에 생긴 특이한 형태이다. 일단 '-셔요'에서 확인되는 '-요'의 정체에 대해 알아보기로 한다.

(1) TV 프로그램에서요 한국 가요사는요 조용필하고요 서태지하고요 방탄
    소년단이요 큰 획을요 그었대요.

위 각 덩어리의 마지막에 붙은 '-요'를 모두 떼어 버리면 어떤 말이 될까? 아래에서 확인할 수 있다.

(2) TV 프로그램에서 한국 가요사는 조용필하고 서태지하고 방탄소년단이
    큰 획을 그었대.

(1)은 윗사람에게 쓰는 말이고 (2)는 동년배 혹은 아랫사람에게 쓰는 말이다. 다시 말해 (1)은 높임말 유형이고 (2)는 반말 유형인 셈이다. (1), (2)의 대비를 통해 알 수 있듯이, 사실 '-요'의 용법은 간단하다. '-요'를 뺀 형태 또한 일상생활에서 쓰는 말이어야 한다. (2)에서의 각 덩어리는 **평상시** 친구에게 사용하는 말인 것이다.

음식점에 가면 다음과 같은 유형의 표기를 쉽게 접할 수 있다. 어떤 것이 옳은지 헷갈릴 수 있으나 위에서의 설명을 참고하면 의외로 쉽게 해결될 수 있다.

> '평상시'에서의 후행성분 '시'는 명사이다. '운동할 시', '문의할 시'처럼 '시' 앞에는 'ㄹ'로 끝나는 관형어가 놓일 수 있기 때문이다. 따라서 '시'는 앞말과 띄어 쓴다. 다만, '평상시'는 합성어로 간주되어 붙여 쓴다.
> cf. 참가 시, 타이핑 시

(3) 가. 어서 (오십시오, 오십시요).
    나. 안녕히 (가십시오, 가십시요).

앞말 ≪표준국어대사전≫
「1」앞에서 한 말.
¶ 그 문제는 앞말에서 이미 이
야기된 바다./앞말과 뒷말이 맞
지 않으니 둘 중 한 사람은 거
짓말을 하고 있는 거야.
「2」바로 앞에 오는 말.
¶ 조사는 앞말에 붙여 쓴다.
「3」앞으로 할 말.
¶ "그래서 어떻게 되었소?" 하
고 앞말을 재촉한다.

'아니-'의 특이점은 반말체(학
교문법의 해체)가 '아니라', '아
니야'라는 것이다. 이는 중세국
어의 '아니(명사)+이라', '아니+
이야'의 구성으로 이해하면 되
는데 여기에서의 '-이-'는 서술
격 조사이다. '이름은 길동이
라', '이름은 길동이야'를 참고
할 수 있다. '아니-'는 이전 시
기에 명사로 쓰였음을 상기할
수 있다. 일반적인 형용사의 활
용형, '시다', '셔', '많다', '많
아' 등과 대비된다.

'예, 아니요'와 '응, 아니'가 대
응된다.

'-요'를 뺀 **앞말**은 단독으로 쓰인다고 했다. '-요'를 뺀 형태 '오십시'가 평상시 쓰는 말인지 쓰지 않는 말인지를 따져 보면 된다. '오십시'는 평상시 쓰는 말이 아니므로 '오십시오'로 써야 한다. '십시' 뒤에는 '-요'가 아니라 무조건 '오'가 놓인다고 생각하면 된다. (3나)의 '가십시오'도 마찬가지이다. '가십시오', '오십시오', '드십시오', '남기지 마십시오'에서처럼 무조건 '-십시오'로 쓸 수 있도록 하자.

아래에 제시된 '**아니오/아니요**', '**답하시오/답하시요**'에 대해서도 동일한 방식으로 접근할 수 있다.

> (4) 가. 다음 몇 가지 물음에 '예', '아니오'로 답하시오.
> 나. 다음 몇 가지 물음에 '예', '아니요'로 답하시오.
> 다. 다음 몇 가지 물음에 '예', '아니오'로 답하시요.
> 라. 다음 몇 가지 물음에 '예', '아니요'로 답하시요.

'아니요'에서 '-요'를 뺀 '아니'는 단독으로 쓰일 수 있다. 친구와 대화할 때 '**응/아니**'라고 한다. '답하시요'는 틀린 말이다. '-요'를 뺀 나머지 말, '답하시'를 평상시에 쓰는 말인지 쓰지 않는 말인지 생각해 보자. '답하시'를 평상시에 쓰지 않으니 '답하시오'로 써야 할 것이다. 그러니 정답은 (4나)이다.

모두(冒頭): 첫머리, 서두

'-ㄹ지라도', '-ㄹ수록' 등을 더
이상 분석할 수 없듯이 '-세요'
도 더 이상 분석할 수 없다. 더
이상 '세'에 '-요'가 결합된 말
로 보기 어려워졌다. '-에요'
또한 더 이상 분석할 수 없다.
이렇듯 더 이상 분석할 수 없
는 단위는 어휘부(lexicon)에
등재된다. 사람마다 저장된 어
휘부가 다르다. 그래서 알고 있
는 단어도 사람마다 차이가 있
다. 이러한 어휘부를 표준화하
려고 애쓴 것이 ≪표준국어대
사전≫이다. 2023년 8월 현재
'-세요', '-에요'가 표제항으로
올라 있다.

글쓴이는 **모두(冒頭)**에서 '안녕하셔요/잘 가셔요'라는 전북 북부 지방의 인사말을 소개하였다. 이쪽 사람들은 오히려 원칙적인 형태를 구사하며 살아간다. 자부심을 가질 만하다. '하셔요/가셔요'는 훌륭한 말이다. '바쁘면 얼른 하셔/바쁘면 얼른 가셔'와 같은 문장이 말이 된다. '하셔/가셔'가 현재 쓰이는 말이므로 거기에 '-요'를 붙인 '하셔요/가셔요'는 옳은 표현이다. 서울 사람들이 굉장히 자주 쓰는 말 '**하세요/가세요**'는 나중에 생긴 형태라 했다. 물론 '-셔요', '-세요', 두 형태 모두 표준어로 인정받았다. '-세요'처럼 서울 사람들이 두루 쓰게 되면서 그것이 위력을 발휘한 것이다. '-셔요'가 변해서 '-세요'가 된 것이므로 '-세요'가 오히려 얄미운 놈이다. 이렇듯 일반 독자에게 설명하기 복잡한 얄미운 놈으로 '하셔요~하세요' 이외에 '아니어요~아니에요’, ‘무엇이어요~무엇이에요’를 들 수 있다. ‘하세요’, ‘아니에요’, ‘무엇이에요’에서 ‘–요’를 뺀 형태 ‘하세’, ‘아니에’, ‘무엇이에’가 일상 발화에서 나타나지 않기 때문이다. ‘–에요’는 ‘–어요’가 변한 말이다. ‘무엇이어요’가 변해서 ‘무엇이에요’가 된 것처럼 ‘아니에요’는 ‘아니어요’가 변한 말이다. 그래서 설명하기 어려워진 것이다. 원리를 적용해 본다는 측면에서 다음 세 문제를 풀어 보자.

(5) Q: 어디 가니?
　　 A: (**도서관이요**, 도서관요).

(6) Q: 어디 가니?
　　 A: (도서관이, 도서관).

(7) Q: 영수야 몇 층이 더 시원하다고?
　　 A: (삼층이요, 삼층요).

‘도서관이요’가 잘못되었다는 것은 아래에서도 확인된다.

A: 고마워.
B: 별말씀을(요).

‘별말씀을이요’는 들어 본 적이 없을 것이다. 또 ‘웬걸요’는 들어 봤어도 ‘웬걸이요’는 들어 보지 못했을 것이다.

(5)의 ‘도서관이요’에서 ‘–요’를 뺀 앞말, ‘도서관이’는 ‘도서관이 넓다’, ‘도서관이 **아름답다**’ 등과 같은 문맥에 쓰이는 것이다. 그래서 ‘도서관요’가 맞는 것이다. (6)과 같이 대화 상대자가 친구인 경우라면 ‘어디 가니’에 대한 대답으로는 ‘도서관’, ‘도서관에’ 등이 적절할 것이다. ‘도서관이’라고는 절대 하지 않는다. (7)에서는 둘 다 맞다. 대화 상대자가 친구라면 ‘몇 층이 더 시원하지’에 대한 응답으로 ‘삼층이 (더 시원해요)’ 혹은 ‘삼층’으로 대답할 것이다. 이런 원리에도 불구하고 2020년 하반기, 조사 ‘–이요’가 ≪표준국어대사전≫에 등재되었다. 그래서 (5)의 괄호 속 두 형태는 복수 표준어가 되었다. (7)도 굳이 나누어 설명할 필요가 없어졌다. 다음도 같은 복수 표준어 유형이다.

‘아름답다’에서의 ‘아름’, ‘착하다’의 ‘착–’이야말로 전형적인 유일형태소(cranberry morpheme)이다. 유일형태소를 형태소로 인정하지 않는다면 위 예들은 단일어로 처리된다.

(8) 잊지 (말아요, 마요).

친구에게 쓰는 반말이 무엇인지 떠올린다면 답이 나올 것이다. '잊지 말아'라 하는 사람보다는 '잊지 마'라 하는 사람이 많을 것이다. '잊지 마요'가 정상적인 말이다. 그런데 2015년 12월에 '**잊지 말아**'도 표준어가 되었다. 그러니 '잊지 마요', '잊지 말아요', 둘 다 맞는 표현이 되었다. '잊지 말아라'와 '잊지 마라'도 복수 표준어이다.

원리는?

일반적으로 '-요'를 뺀 앞말은 단독으로 쓰일 수 있다. '아니요'에서 '-요'를 뺀 '아니'는 평상시 쓰는 말이기에 '예/아니요'가 맞다.

☐ 심화 하오체 '아니오'

'아니오'라는 형태도 있다. 충청도 사투리에 '아니우'도 있고 '아니유'도 있다. 각각 '아니오'와 '아니요'에 대응하는 말이다. 전자는 '하오체', 후자는 '해요체'라고 생각하면 된다. '그게 아니라우'의 표준어는 '그게 아니라오'일 텐데 전자는 '하우체', 후자는 '하오체'로 명명된다.

☐ 심화 간접 명령 '말라', '보라'

'잊지 마(해체) / 잊지 마라(해라체) / 잊지 말아라(해라체)'는 직접 명령이고 '잊지 말라'는 인쇄 지면에서 볼 수 있는 간접 명령이다. 다음에서 간접 명령의 형태를 찾아가 보자.

보라 우리 눈앞에 나타나는 그의 모습
거북선 거느리고 호령하던 그의 위풍 … '충무공의 노래'

보라 동해에 떠오르는 태양
누구의 머리 위에 이글거리나 … '내 나라 내 겨레'

11 새해 복 많이 '받으십시오 / 받으십시요'

앞 강에서 살펴본 '-오', '-요'와 관련해 재미있는 일화를 소개하려 한다. 이번 강은 그냥 쉬어가는 코너라 생각하자. 어떤 군인이 새해에 포상 휴가를 나왔다. 설날 부모님께 자식들이 차례로 인사를 드린다. 그런데 모두 '새해 복 많이 받으십시오'라 하는 것이다. 이 병사에게는 '받으십시오'가 '받으십시요'로 들리는 것이다. 순간 병사는 당황하게 되었다. 군대에서는 말을 할 때 '-요'로 끝맺지 말고, '-다'나 '-까'로 끝맺으라고 교육받았기 때문이다. 군기가 들 대로 든 이 병사의 새해 인사말은 무엇이었을까?

군대에서 흔히 듣는 이상한 형태의 말이 있다. 바로 **'말입니다'**가 덧붙는 것이다. '그런데요 오늘은요'가 '그런데 말입니다 오늘은 말입니다'로 둔갑한다. '-요'로 끝맺음하면 안 되니 어쩔 수 없는 셈이다. 사회에서의 '-요'가 군대에서는 '말입니다'인 것이다. 복학생 중에는 전역 후에도 이런 말투를 유지하는 사람도 있다. 사실 이런 말투를 들을 때마다 군대에서의 추억이 새록새록 돌아나기도 한다.

글쓴이도 이와 관련해 비슷한 경험을 한 적이 있다. 30년 전이다. 1985년 3월에 고등학교 입학식이 있었다. 교련 선생님 앞에서 선서 지도를 받다가 혼쭐이 날 뻔했다. '어제 농구하다가 팔을 다쳐 오른손이 잘 안 올라가는데요'라 했다가 그 섬뜩한 눈초리에 식겁하는 줄 알았다. 중학생을 갓 벗어난 놈이라 판단하셨는지 '주먹떡'이란 별명의 그 무시무시한 선생님께서는 더 이상의 물리적 행위는 가하지 않으셨다. 장교로 전역하신 분이시니 당연히 '-다'나 '-까'로 끝맺길 바라셨던 것이다. "어제 농구하다가 팔을 다쳐 오른손이 잘 안 올라갑니다"라고 했으면 큰 문제가 없었을 텐데 말이다.

우리가 평상시 쓰는 말을 군대식 말투로 바꾸면 어떻게 될까? 군대에서는 '-요'를 쓰지 말라니 그것이 문제인 셈이다. '했어요'가 아닌 '했습니다' 또

부대마다 차이가 있겠지만 '해요체'가 군대에서도 급격히 확산되는 듯하다. 몇 년 전에 비해 '말입니다'도 잘 안 쓰는 듯하다. 인기 드라마 '태양의 후예' 방영 이후 훈련소에서 교육을 받는다고 한다. 비정상적인 말이니 사용하지 않도록 한 듯하다.

는 '했습니까'를 사용하라는 말이다. 여기까지는 괜찮다. 명령을 하는 상황이 문제이다. 군대 밖에서 쓰는 말은 '이거 해요' 혹은 '이거 하십시오'이다. 이를 '-다', '-까'로 끝맺으면 어떻게 될까? 사실 '(이거) 해요'의 군대 말이 '(이거) 하십시오'이다. 그런데 '하십시오'를 발음하다 보면 '하십시요'와 구분이 잘 되지 않는다. 그래서 군대에서는 '하십시오'가 '-요'로 끝난 말이라고 생각하고 이 말을 사용하지 않으려 한다. 사실 '새해 복 많이 받으십시오'는 군대에서 통용될 만한 훌륭한 말이다. 그런데 '받으십시오'가 '받으십시요'로 들리면서 금기시되어 버렸다.

다시 처음으로 돌아가자. 휴가를 나온 병사가 부모님께 건넨 인사말은 바로 '새해 복 많이 받으시란 말입니다'이다. 병사 나름대로는 '-요'로 끝날 것을 '-다'로 끝맺었으니 흐뭇했을 수 있다. 그런데 듣는 부모님은 참 황당하셨으리라 생각된다. 애처롭게 여기셔서 눈물이 쏟아졌을지도 모를 일이다.

군대에서 '-요'가 아닌 '-다'나 '-까'로 끝맺으라는 말은 '하십시오체(=합쇼체)'를 쓰라는 말이다. '새해 복 많이 받으십시오'는 훌륭한 '합쇼체'이지만 이를 '-요'로 발음했다고 생각하는 선임병이 문제(?)이다. 그 선임병을 가르치려 들면 더 험한 꼴을 당할 수 있다. 순응할 수밖에 다른 도리가 없다. 수백 년 전 이맘때 갈릴레이는 종교재판 후 법정을 나서면서 '그래도 지구는 돈다'라는 명언을 남겼다고 한다. '받으십시오, 하십시오 등도 합쇼체인데' 하면서 씩 웃어 주자.

'합쇼체'를 우리가 쓰는 '해요체'와 대비해 보자. '해요체'는 어떤 상황이든 즉 **평서형이든 명령형이든** 청유형이든 의문형이든 감탄형이든 일반적으로 '해요'로 실현된다. 간략하게나마 (1)을 통해서 해요체의 용법을, (2)를 통해서 그에 대응하는 '합쇼체'의 용법을 확인할 수 있다.

(1) 가. 저는 열심히 공부해요. – 평서형

우리가 영어를 배울 때 가장 먼저 접한 문장 유형부터 생각해 보라. 그럼 다섯 가지의 문장 유형과 종결어미를 무리 없이 이끌어 낼 수 있다.

• I am a boy.
• Are you a boy?
• Open the window.
• Let's go.
• How beautiful!

평서문(평서형 어미), 의문문(의문형 어미), 명령문(명령형 어미), 청유문(청유형 어미), 감탄문(감탄형 어미)
cf. 약속문(약속형 어미: 갈게, 가마)

나. 그 사람은 열심히 공부해요/공부하나요? - 의문형

다. 어서 공부해요. - 명령형

라. 1시간만 같이 공부해요. - 청유형

(2) 가. 저는 열심히 공부합니다. - 평서형

나. 그 사람은 열심히 공부합니까? - 의문형

다. 어서 공부하십시오. - 명령형

라. 1시간만 같이 공부합시다. - 청유형

원리는?

일반적으로 '-요'를 뺀 앞말은 단독으로 쓰일 수 있다. '-요'를 뺀 '받으십시'가 단독으로 쓰일 수 없기 때문에 반드시 '받으십시오'로 써야 한다.

심화 해요체

학교문법에서는 '잡아', '공부해'를 '해체(반말체)', '잡아요', '공부해요'를 '해요체'라고 한다. 다만 보조사 '-요'를 붙인다고 모두 '해요체'가 되는 것은 아니다. '했습니까요', '합니다요', 심지어 '한다요'까지, 이들 형태 끝에 '-요'가 붙어 있다고 해도 '해요체'로 볼 수 없다는 것이다.

가수 백설희(서울 출생)의 '물새 우는 강 언덕'에서는 종결형 '가자'에 '-요'가 붙은 형태를 확인할 수 있다.

… 흘러가는 저 강물 가는 곳이 그 어데요, 조각배에 사랑 싣고 행복 찾아 가자요 …

12 집게 / 집개, 세배 / 새배 –'ㅔ / ㅐ'발음을 못 하니

언어마다 자음의 수는 다르다. 한국 사람이라면 한국어의 여러 자음을 구별해 낼 수 있는 능력이 있다. 다만 한국어를 배우고자 하는 중국 사람에게 '불/뿔/풀', '빈다/삔다/핀다', '달/딸/탈', '단다/딴다/탄다' 등을 발음 그대로 적으라고 하면 갈피를 잡지 못한다. 중국 사람이 한국어의 'ㅂ/ㅃ/ㅍ', 'ㄷ/ㄸ/ㅌ'을 구분해 내기란 여간 어려운 일이 아니다. 중급 정도의 한국어 실력을 갖춘 사람에게도 어렵기는 매한가지이다.

언어마다 모음의 수 또한 다르다. 한국어의 모음은 10개라고 한다. 'ㅏ, ㅐ, ㅓ, ㅔ, ㅗ, ㅚ, ㅜ, ㅟ, ㅡ, ㅣ'가 그것이다. 이러한 모음 10개는 주로 노년층에서만 확인된다. 앞서 한국인이라면 한국어의 여러 자음을 구별할 수 있는 능력이 있다고 했는데 모음인 경우에는 **10개의 모음 중 몇 가지는 구분하지 못한다.** 거칠게 말한다면 온전히 구분할 수 있는 모음은 'ㅏ, ㅓ, ㅗ, ㅜ, ㅡ, ㅣ', 6개뿐이다. 나머지 ㅐ, ㅔ, ㅚ, ㅟ가 문제이다. 앞의 두 모음이 개재된 '개', '게'의 발음을 구분하지 못한다. 이로 말미암아 '괘도(掛圖)/궤도(軌道)'의 첫 글자의 발음 또한 구분하지 못한다. 또 'ㅚ'가 있는 '되[ㅚ]'와 이중모음이 포함된 '돼[化, 되어]' 또한 구분하지 못한다. 'ㅔ/ㅐ'와는 달리 'ㅟ'의 경우는 잘못 적을 리는 없지만 제대로 발음하기란 쉽지 않다. 독일의 '뮌헨', '뒤셀도르프'를 발음할 때 '뮌', '뒤'의 발음은 지금 여기를 읽고 있는 여러분의 발음과는 대체적으로 다를 수밖에 없다. '뮌'이나 '뒤'를 발음하는 동안 입술 모양이 바뀌어서는 안 된다. 모음이란 입술 모양이 바뀌지 않는 것을 말한다. 앞서 말한 10모음은 모두 입술 모양을 바꾸지 않고 발음해야 한다. 우리가 발음하는 'ㅟ'는 with의 wi에 가까운 반면 표준 발음은 ü에 가까운 것이다. ü는 'ㅜ' 발음을 할 때와 마찬가지로 입술을 둥글게 고정한 상태에서 발음하는 것이다. 동그랗게 고정한 상태를 끝까지 유지하는 것

거칠게 이야기 하면 60세 이하는 7개의 모음만 발음하고 산다. 'ㅏ, ㅓ, ㅗ, ㅜ, ㅡ, ㅣ, E('ㅔ/ㅐ'의 중간 발음)'가 그것이다. 경북의 북부를 제외한 많은 경상도 사람들은 'ㅡ'와 'ㅓ'를 제대로 변별하지 못하므로 모음 6개만 발음하고 산다. 'ㅏ, ㅗ, ㅜ, ㅣ, E('ㅔ/ㅐ'의 중간 발음), Ǝ('ㅡ/ㅓ'의 중간 발음)'가 그것이다.

이 중요하다.

모음은 입술 모양이 변하지 않는 것이라고 했다. 사실 우리 일반 사람은 실제로 모음 7개만 발음하고 산다. 'ㅏ, ㅓ, ㅗ, ㅜ, ㅡ, ㅣ, E('ㅐ/ㅔ'의 중간 발음)'가 그것이다. 일곱 개만 발음할 수 있기에 표기에서 많은 것이 헷갈리게 된다. 다음 4문제를 풀어보자.

(1) 가. 베게 / 베개 / 배게 / 배개
    나. 집게 / 집개

(2) 가. 뵀습니다 / 뵀습니다
    나. 뵙겠습니다 / 뵙겠습니다

아마 이 글을 읽는 사람이 노년층이 아니라면 (1가)에서부터 (2나)까지 각 문항별로 제시된 형태의 발음이 모두 같을 것이다. 이것이 문제이다. 맞는 표기는 '베개', '집게', '뵀습니다', '뵙겠습니다'이다. 결국은 외워야 한다는 뜻이다. '베개', '집게'에서의 마지막 '-개/게'에 이르러서는 뾰족한 수가 없다. '김치찌개', '병따개', '연탄집게', '족집게', '집게벌레', '집게손가락' 등 적절히 외는 법이 있어야 할 것이다. 우리 할머니, 할아버지 세대처럼 'ㅔ'와 'ㅐ'가 구분이 된다면 발음대로 쓰면 되는 것이니 얼마나 행복하겠는가?

비교적 설명하기 쉬운 예를 아래에 제시하기로 한다.

> 접사 '-개'와 '-게'는 헷갈린다. '(족)집게', '지게' 이외에는 무조건 '-개'로 적으면 된다.

(3) 가. 요컨대, 청컨대
    나. 돼도, 돼서, 됐다, 됐습니다, 됐습니까 // 쫴도, 쫴서, 쬈다, 쬈습니다, 쬈습니까 // **봬도, 봬서, 뵀다**, 뵀습니다, 뵀습니까 // 괘도, 괘서, 괬다, 괬습니다, 괬습니까 // 쇄도, 쇄서, 쇘다, 쇘습니다, 쇘습니까 // 쐐도, 쐐서, 쐤다, 쐤습니다, 쐤습니까 // 아래도, 아래서, 아랬다, 아랬습니다, 아랬습니까

> 신제품을 (선보이었다, 선뵈었다, 선뵀다).
>
> 위의 세 형태는 글자 수의 관점에서 하나씩이 줄어들고 있다. 모두 맞는 표현이다. '선보이어→선뵈어→선봬'도 같은 방식으로 이해할 수 있다.

(3가)는 무조건 외울 수밖에 없다. (3나)는 그래도 방법이 있다. (3나)에

제시된 동사의 기본형은 '되-', '죄-', '뵈-' 등이다. 'ㅚ'가 개재된 경우, '되어도', '되어서', '되었다', '되었습니다', '되었습니까' 등은 줄여 쓸 수 있는데 이것이 바로 '돼도', '돼서', '됐다', '됐습니다', '됐습니까' 등이다. '되어도', '되어서', '되었다'의 '되'는 입술 모양을 변동시키지 않고 발음해야 하며 '돼도', '돼서', '됐다'의 '돼'는 평소 발음하는 대로 하면 된다. 평소 발음이라면 입술 모양이 당연히 변할 것이다.

'돼서'는 '되어서'가 줄어든 것인데 이를 '되서'로 쓴다면 '먹어서'도 '먹서'로 써야 그 나름의 통일성을 인정받을 수 있다. '먹어서'를 '먹서'로 쓰는 사람은 없다. 마찬가지로 '되어서'도 '되서'로 쓰지 않도록 해야겠다. 이유 없이 '어'를 탈락시켜서는 안 되기 때문이다.

사실 이들은 웬만하면 머릿속에 이미지화되어 있다. 어떤 사람은 틀린 표기를 보고 이미지화한 것이고 어떤 사람들은 옳은 표기를 보고 이미지화한 것이다. 특히 (3나)는 TV 프로그램의 자막 표기에서도 제대로 고쳐지지 않고 있다. TV 시청을 하다 보면 잠시도 앉아 있을 수 없다. 틀린 부분을 달력에 적는 습관이 있기 때문이다. 틀린 표기가 나타나면 벽에 걸린 달력에 메모를 하고 앉는다. 앉기가 무섭게 또 틀린 표기가 나타난다. 다음은 당시에 메모해 둔 **자막 표기 오류** 중 일부이다.

(4) 가. 2014년 1월 25일 A 방송국(오전 1시), 금요일엔 수다다
- 사가셔야 <u>되요</u> → 돼요   • 언제부터 <u>유명해졌데요</u> → -대요
나. 2014년 2월 11일 A 방송국(오후 10시), 올림픽 중계 방송
- 그렇게 <u>되서</u> → 돼서
다. 2014년 2월 11일 B 방송국(오전 1시 20분), 공부의 왕도
- <u>한국사라던가</u> 공부하려고 해요 → 한국사라든가
라. 2014년 2월 11일 C 방송국(오후 9시 30분). 여기는 소치
- 남자 <u>선수들에</u> 뒤지지 않는 이상화 → 선수들에게
마. 2014년 2월 16일 B 방송국(오후 10시), 수학의 위대한 여정
- 규칙성을 찾는 <u>여정이여서</u> → 여정이어서
바. 2014년 4월 19일 D 방송국(오전 10시), 뉴스 특보

초고를 쓸 당시가 2014년이었다. 잠깐 TV를 보는 동안에도 틀린 표기가 쉽게 눈에 들어온다. 조금씩 나아지고는 있지만 또 프로그램마다 사정이 다르지만 종편보다 못한 자막 오류도 꽤 확인된다. (4)에 대해서는 '-에게'만을 점검하기로 한다. 움직이는 대상에는 '-에'를 쓰지 않고 '-에게'를 쓴다. '선수'는 움직일 수 있으니 '-에게'를 쓴다. '나무'는 움직일 수 없으니 '나무에게 물 준다'라고 하면 안 된다.

아래에 2023년 자막 표기 오류를 몇 개 제시한다.

- 23년 7/7(11:40분), A 방송국 '집에 있을걸 그랬어', 어찌 됐던 간에
- 23년 8/5(22:21분), B 방송국 '귀하신 몸', 포만감을 늘려 <u>버린다던가</u>
- 23년 7/19(00:15분), C 방송국 '아이러브 스포츠', 금메달 <u>따는데</u> 도움이 되는
- 23년 7/13(00:31분), D 방송국 '나 혼자 산다(재방)', 물건이 <u>없어졌다던가</u>

● 확인 안 한다는 얘기에요 → 얘기예요(문맥상 서술어)

언중이 잘못 이미지화하지 않도록 대책이 필요해 보인다. 마지막으로 한 문제를 풀어 보고 끝내도록 하자.

(5) 다음 주 (세배, 새배) 모임에서 (봬요, 뵈요).

둘 다 전자가 맞다. '세배(歲拜)'는 한자어이다. '歲'는 '해 세'이다. '새로 드리는 절'이 아니다.

> **원리는?**
> 우리가 발음할 수 있는 모음은 'ㅏ, ㅓ, ㅗ, ㅜ, ㅡ, ㅣ, E('ㅐ/ㅔ'의 중간 발음)', 7가지이다. 이들 외에 'ㅐ/ㅔ'나 'ㅚ'와 관련된 표기는 쓸 때마다 헷갈린다. 'ㅚ'의 경우는 그 나름의 규칙을 이해할 필요가 있다(뵈어→봬, 쐬었지→쐤지…).

심화 곡용에서의 반모음화

'금새/금세', '요새/요세', '밤새/밤세', '어느새/어느세' 또한 모음 발음을 못 하니 헷갈릴 수밖에 없다. 전자는 후자에 이끌려서 '금새'로 쓰이기도 하는데, '금시초문(今時初聞, 今始初聞)'을 생각해 보면 금세 알 수 있다. '금시(今時)+에'가 '금세'로 나타나는 것이다. 그 결합을 굳이 '금새'로 적을 필요는 없다.

'금시+에→금셰→금세'에서 첫 번째 과정이 바로 반모음화 과정이다. '기+어→겨'와 같은 활용에서의 반모음화는 활발하게 나타나지만 곡용에서의 반모음화는, '금시+에→금셰→금세' 외에는 찾기가 만만치 않다. 다만 전국 방언을 대상으로 한다면 이러한 곡용에서의 반모음화는 동해안 지역은 물론, 북한의 육진 지역에서도 쉽게 접할 수 있다. '머리+에→머례→머레', '꼭대기+에→꼭대계→꼭대게', '세 시+에→세셰→세세', '(내가) 보기+에는→보게는' 등을 그 예로 들 수 있다. '금세' 이외에는 표준어가 아니다.

'금시+에→금셰→금세'에는 차례대로 반모음화 규칙과 반모음 탈락 규칙이 적용되어 있다.

13 조에족/조예족 - 비어두의 '에 / 예'는 구분이 어려워

'처먹-', '쳐먹-'과 같이 발음 구분이 어려운 것은 적을 때마다 헷갈리게 된다. '하얘지-'를 제대로 적는 학생이 많지 않은 것도 발음과 관계되어 있기 때문이다. '하얘지-'를 제대로 적는 이도 있지만 '하애지-', '하에지-', '하예지-'로 적는 이도 많다. '허예지-'의 경우도 마찬가지이다. '허예지-', '허애지-', '허애지-', '허에지-', 다양하게 나타난다. 이런 현상이 나타나는 이유는 무엇인가? '하얘지-'를 '하예지-'로 쓰는 것은 '요컨대'를 '요컨데', '간대요'를 '간데요'로 쓰는 것과 같은 유형이다. 바로 'ㅔ'와 'ㅐ', 두 모음을 변별하지 못하기 때문이다.

다만 '하얘-'를 '하애-', '허예-'를 '허에-'로 쓰는 것은 그와는 다른 관점으로 접근해야 한다. 국어에서는 비어두(첫째 음절 이외의 위치)에 '에'나 '애'가 놓일 때 그 발음이 '예'나 '얘'와 구분되지 않기도 한다. 물론 의식적인 발화에서는 구분이 될 것이다. 자연스러운 발화에서는 구분되지 않는 경우가 많다는 뜻이다.

몇 년 전, A 방송국에서 '조에족(Zoe, 아마존 원시 부족)'에 관한 다큐멘터리를 방영한 적이 있었다. 시청자 게시판에 '조예족'이라는 오기(誤記)가 등장하는 것은 말릴 권한이 없다. '청자에 조예가 깊다'에서 '조예'를 '조에'로 적는 사람도 보았다. '조예'에 대한 한자 지식이 없다면 어떻게 써야 할지 헷갈릴 수 있다. 바로 비어두에서 '에'와 '예'의 발음이 비슷하게 들리기 때문이다. 이것이 바로 '허에지다'와 '허예지다'가 헷갈리고 '하애지다'와 '하얘지다'가 헷갈리는 이유이다. 사실 '*아에~아예'도 헷갈릴 수 있다. 또, '누에(맞는 표기)'를 '*누예'로 써도 할 말이 없는 것이다. 우리가 어려서부터 '누에'로 써왔고 그것이 이미지화되었기에 큰 문제가 발생하지 않는 것이다. '누에'에 대해 잘 모르는 사람이라면 해당 발음을 듣고 '누에'로 써도

'아예'를 '아에'로 적는 것(반모음 y 탈락 관련)은 '보안이 취약하다'를 '보완이 취약하다'로 적는 것(반모음 w 첨가 관련)과 관련지을 수 있다. 이런 오기는 의외로 많다. 반모음이 탈락되고 첨가되는 과정에서 발음이 헷갈리게 되는바 그것이 표기에도 나타나는 것이다.

무방하고 '누예'로 써도 무방하다. 많이들 틀리는 '*노트에요'와 '노트예요(맞는 표기, 명사에 받침이 없으면 '-예요', 받침이 있으면 '-이에요')'와 '공책이에요(맞는 표기)'와 '*공책이예요'도 같은 방식으로 접근할 수 있겠다. 첫 음절이 아닌 경우의 '에', '예'는 헷갈릴 수밖에 없다는 것이다. 심지어 '자동차+에→자동차예', '근자+에→근자예' 등과 같이 발음하면서 무조건 '-에'로 적는 것도 좋은 예이다. 한국어를 배우는 외국인도 마찬가지이다. 바로 '-에'가 머릿속에 철저하게 자리 잡혀 있기 때문이다.

한편 비어두에서의 '에'와는 다른 관점으로 접근해야 하는 것이 있다. 요구르트 중에 '이오 요구르트'가 있다. 시청자가 아니라 귀로만 듣는 청취자의 입장에서는 '이요 요구르트'라 쓸 가능성도 높다. 이는 다음에서도 잘 드러난다. '이엉~이영', '이앙기~이양기', '기아~기야', '죄암죄암~죄얌죄얌', '쉬엄쉬엄~쉬염쉬염', '되었다~되였다', '뛰었다~뛰였다' 등도 어느 것이 맞는지 생각해 보자. 어두에 있는 모음 'ㅣ', 'ㅚ', 'ㅟ' 등은 혀끝이 앞으로 전진해서 발음되는 이른바 전설모음이다. 이들 모음 뒤에서 반모음이 첨가되면 '이영', '이양기', '기야', '죄얌죄얌', '쉬염쉬염', '되였다', '뛰였다' 등으로 발화될 수 있는 것이다. 전설모음에는 또 무엇이 더 있을까? 바로 'ㅐ'와 'ㅔ'가 남아 있다. 몇 년 전 시청률이 매우 높았던 드라마 '뿌리 깊은 나무(한석규-세종 역)'를 기억하는 사람이 있을지 모르겠다. 거기에서는 여주인공 신세경이 곤경에 처해서 남주인공 장혁에게 **'끝말잇기'놀이 장소**란 뜻의 '繼言山(이을 계, 말씀 언, 뫼 산)'을 암호로 남겼었다. 두 주인공이 어렸을 적 끝말잇기 놀이를 하면서 뛰놀던 추억의 장소를 암호로 제시한 것이다. 출연진이 말하는 '계언산'은 우리 시청자들에게 과연 무슨 산으로 명명될 것인가. 시청자 게시판에는 온통 '계연산' 또는 '개연산'으로 적혀 있었다. '계언산'을 '계연산'이라고 적는 이유는 무엇인가? 첫 번째 음절은 우리 현대인을 매우 힘들게 한다. 잘못 쓸 가능성이 높다. 한국 사람이라면 그것도 대학생이라면 '계'와 '걔', '게', '개'를 구분해서 발음하기란 쉬운 일이

요즘도 모 프로그램에서 외국인을 대상으로 끝말잇기 놀이를 하는 듯하다.

대통령-영감-감시-시기-기슭-슭곰발(?)

≪표준국어대사전≫에 '슭곰'은 '큰곰'의 옛말로 등재되어 있으나 '슭곰발'은 등재되어 있지 않다.

아니다. 그러니 '계'를 '개'로 쓰는 것은 그리 특이한 경우가 아니다. 두 번째 '언'을 '연'으로 쓴 것이 특이하다. 바로 'ㅐ'나 'ㅔ' 뒤에 '아', '어', '오', '우' 등이 이어질 때 더러는 '야', '여', '요', '유'로 발음될 수 있다는 것이다. 이러한 부류로 군산의 '대아동~대야동', 완주의 '대아수목원~대야수목원' 등을 들 수 있다. 고유명사인 '대아수목원', '대야동' 등을 어떻게 써야 할지 글쓴이도 계속 헷갈린다. 그곳과 가까이 사는 사람들은 유리할 수 있다. 이정표를 자주 보게 되면 머릿속에 박히기 때문이다. 그런데 글쓴이처럼 이따금 방문하는 사람이라면 헷갈릴 수밖에 없을 것이다.

💿 심화 구개음화와 그 역현상

음운 현상이 역으로 적용될 수 있다는 것은 그 음운 현상의 적용이 지금도 활발하거나 과거에 활발했다는 뜻이다. **'길'**을 **'질'**, **'기름'**을 **'지름'**, **'김밥'**을 **'짐밥'**이라 하니 '진지, 이건 혹시 원래 긴지가 아니었을까'라고 생각한 선각자(?)도 있었을 것이다. '밥이 질어'도 '밥이 길어'라고 하는 사람이 있다. 특정 음운 현상을 역으로 적용한 결과이다. 이를 구개음화와 대비하여 역구개음화라고 부르기도 한다. 반모음이 첨가되는 음운 현상으로는 '누에→누예'를 생각할 수 있다. 그 역현상(반모음 탈락)이 바로 '아예→아에', '하얘→하애'인 것이다.

'길〉질', '기름〉지름' 등을 'ㄱ(k)' 구개음화라 하는데 역구개음화를 통해 구개음화가 활발했었다고 말할 수도 있다. 지금도 반모음 첨가와 관련해서는 그 표기가 계속 헷갈린다. 이는 바로 반모음 첨가가 현재 활발히 나타나는 음운 현상이라는 뜻이기도 하다.

14 하얘지다 / 하예지다 / 하애지다 / 하에지다

앞 강에서 언급한 바와 같이 학생들에게 '하얘지–'를 쓰라고 하면, '하애지–'는 물론, '하에지–', '하예지–', 몇 가지로 나타난다. '허예지–'의 경우도 마찬가지이다. '허예지–', '허얘지–', '허애지–', '허에지–'와 같이 다양하게 확인된다. **'하얘지–'**를 '하예지–'로 쓰는 것은 '요컨대'를 '요컨데', '간대요'를 '간데요'로 쓰는 것과 같다. 제대로 적지 못하는 이유는 무엇인가?

반복하여 강조하자면, 일단은 'ㅔ'와 'ㅐ', 두 발음 차이를 인식하지 못하기 때문이다. 노년층을 제외하고는 이제 'ㅔ'와 'ㅐ'를 제대로 발음하는 사람은 거의 없다. 두 발음을 구분하지 못하기에 해당 발음이 나올 때마다 각각을 외울 수밖에 없다. '게재'와 '개재', '제적'과 '재적'은 물론 '세배', '금세', '결재' 등을 제대로 적지 못하는 이유가 여기에 있다. 그런데 'ㅔ'와 'ㅐ'를 변별하지 못한다면 '하얘지–'에 대한 오기 '하예지–'만이 납득될 뿐이다. 또 다른 오기 '하애(지–)'는 어떻게 설명할 수 있을까? 그것은 바로 앞서 살펴본 '조에족'과 '조예족'에서 힌트를 얻을 수 있다. 두 번째 글자 이후에 '에'나 '애'가 나타나면 그것이 '예'나 '얘'와 헷갈리게 된다는 것이다. 그래서 '하얘'와 '하애'가 헷갈릴 수밖에 없는 것이다. '하에'와 '하예'가 헷갈리는 것도 같은 식으로 이해하면 된다. 물론 '하애'와 '하에'가 헷갈리는 이유는 'ㅔ/ㅐ'가 변별되지 않기 때문이다.

이와 관련된 모든 경우를 다 살필 수는 없지만 그래도 규칙적인 몇몇 부류들은 익혀 두면 도움이 된다. 아래의 문제를 풀어보자.

> • 하야ㅎ다/허여ㅎ다
> • 볼가ㅎ다/벌거ㅎ다
>
> 중세국어 어형 'ㅎ다'와 관련을 짓는다면 '하얘', '허예'로 적는 것이 합리적이다. 패러다임 '하다, 하고, 하니, 해'에서의 모음어미 결합형은 '해'이다. 바로 '해'의 모음 'ㅐ'를 반영하자는 의견도 있다. 그러면 '허예', '벌게', '꺼메'는 '허얘', '벌개', '꺼매'로 적힐 수 있다.

(1) 가. 얼굴이 금세 (하얘진다, 하예진다, 하애진다, 하에진다).
　　 나. 하늘이 금세 (허얘졌네, 허예졌네, 허애졌네, 허에졌네).
　　 다. 얼굴이 금세 (발개진다, 발게진다).
　　 라. 얼굴이 금세 (벌개진다, 벌게진다).
　　 마. 얼굴이 왜 그리 (빨개, 빨게)?
　　 바. 얼굴이 왜 그리 (뻘개, 뻘게)?

각각의 문제에서 '하얘진다', '허예졌네', '발개진다', '벌게진다', '빨개', '뻘게'가 정답이다. 원리는 의외로 간단하다. '하얘지다', '허예지다'는 '하얗다', '허옇다'에서 나온 말이다. '하얗다', '허옇다'의 두 번째 글자 '얗/옇'이 힌트이다. '야/여'가 표기에 반영된 형태를 고르면 된다. '하얘진다'의 두 번째 글자에서 '얘'가 확인되는데, '얘'는 '야'와 관련된다. '야[얗]'에 '이'가 결합되어 만든 글자를 '얘'라고 생각하면 된다. 마찬가지로 '허예졌네'의 두 번째 글자 '예'가 확인되는데, '예'는 '여'와 관련된다. '여[옇]'에 '이'가 결합되어 만든 글자를 '예'라고 생각하면 된다. (1다)~(1바)는 기본형 '발갛다', '벌겋다', '빨갛다', '뻘겋다'의 두 번째 글자에 개재된 모음 'ㅏ', 'ㅓ'가 힌트이다. 두 번째 글자에서 'ㅏ', 'ㅓ'가 보이는 형태, '발개진다', '벌게진다', '빨개', '뻘게'를 고르면 된다. 'ㅏ'에 'ㅣ'가 결합되어 만든 글자를 'ㅐ'로, 'ㅓ'에 'ㅣ'가 결합되어 만든 글자를 'ㅔ'로 간주하면 되는 것이다. (2)에 제시된 문제도 동일한 원리로 접근하면 된다.

(2) 가. 하늘이 금세 (파래진다, 파레진다).
　　나. 하늘이 금세 (퍼래진다, 퍼레진다).
　　다. 안개가 끼어 하늘이 (뽀얘, 뽀예, 뽀애, 뽀에).
　　라. 안개가 끼어 하늘이 (뿌얘, 뿌예, 뿌애, 뿌에).
　　마. 냇물이 금세 (말개진다, 말게진다).
　　바. 냇물이 금세 (멀개진다, 멀게진다).
　　사. 그 비보를 접하자 눈이 (동그래졌다, 동그레졌다).
　　아. 그 비보를 접하자 눈이 (둥그래졌다, 둥그레졌다).

'파래진다', '퍼레진다', **'뽀얘'**, **'뿌예'**, '말개진다', '멀게진다', '동그래졌다', '둥그레졌다'가 정답이다. 각각은 '파랗다', '퍼렇다', '뽀얗다', '뿌옇다', '말갛다', '멀겋다', '동그랗다', '둥그렇다'에서 출발한 형태들임에 유의하자. 관련 설명은 위를 참조할 수 있다.

• 하늘이 (보얘, 보예)
• 하늘이 (부얘, 부예)

'보얗다', '부옇다'를 생각하면 쉽게 이해할 수 있다. '보얘'와 '부예'가 정답이다.
'조그매서', '굵다래서', '새까매서', '새카매서', '시꺼메서', '시커메서'의 기본형도 확인하자.

> 🔖 원리는?
> '하얗다', '허옇다'의 두 번째 글자 '얗/옇'이 힌트이다. '야/여'가 표기에 반영된 형
> 태를 고르면 된다. '하얘', '허예'로 적는 것이 맞다. '하예', '하애', '하에' // '허예',
> '허애', '허에'로 적지 않도록 하자.

🔲 심화 발음 교육

몇 해 전 연말에 어떤 분으로부터 메일을 받았다. 다음과 같은 내용이다.

　늘 바른 한글과 우리말을 위해 노력하시고, 명쾌한 글들로 오류들을 밝혀
주셔서 감사합니다. ≪우리말글≫에 게재하신 논문들과 ≪원대신문≫의 기
사들에서 볼 수 있는 선생님의 설명은 정말 과학적이고 이해하기도 쉽습니
다. 저는 지난 호의 '모음 발음을 못하니 쓸 때도 헷갈린다'라는 '사랑해요 한
글'의 의견에 완전히 공감합니다. 하지만, 우리말 사용자들이 '돼'와 '되'의
발음을 일상의 말하기와 듣기에서 구분하지 못할 것 같습니다. '되서'가 맞는
지 '돼서'가 맞는지를 묻는 똑같은 질문이 '네이버 지식인'에 10년째 올라오
고 있습니다. 발음도 안 되고 듣기도 안 되니 '돼'와 '되'의 경우 구어에서는
완전히 같은 것이 되어 버렸습니다. 이러한 문제들은 현실을 고려해서 복수
표준을 인정하면 어떨까요? 또 모음 발음을 구분하지 못하여 쓸 때마다 헷갈
리는 '금세', '가데요', '간대요'에 개재된 'ㅔ'와 'ㅐ' 발음을 국가적 차원에서
전략적으로 교육하는 것이 어떨까요?(하략)

　　　　　　　　　　　　　　서울 ○○○ 자락에서 ○○○ 드림

* 금세-금시에
* 가데요-가더군요
* 간대요-간다(고) 해요

다음은 위 메일에 대한 글쓴이의 답변 중 일부이다.

선생님의 질문을 두 가지로 요약하겠습니다. 선생님의 의도와 맞아떨어
지는지 모르겠군요.

첫째, '돼서'와 '되서'를 모두 맞는 표기로 인정하자.
둘째, 'ㅔ'와 'ㅐ'의 발음을 국가적 차원에서 교육하자.

첫 번째 질문과 관련하여 말씀드립니다. 아직도 '되'에서의 모음 'ㅚ'를 제대로 발음하는 언중이 대한민국에서 10% 이상(60대 이상의 노년층 일부) 됩니다. 그분들은 '되고'와 '돼도'의 첫 음절 '되/돼'의 발음을 기막히게 잘합니다. '되'의 경우는 입 모양이 변하지 않는 단모음으로 발음하고, '돼서'의 '돼'는 입 모양이 변하는 이른바 이중모음으로 발음합니다. 결론적으로 '돼도'와 '되도'의 발음은 많이 다르다는 것이지요(**모음 'ㅚ'**를 제대로 발음하는 표준어 화자의 경우). 또한 맞춤법 규정이 형태를 고려하니 그 또한 무시할 수 없겠지요. 형태와 관련해서 '되+어도→되도'와 같이 모음 '어'가 탈락한다는 근거를 찾기는 만만치 않습니다. 그러니 '되어도'라고 쓰든지 그것을 줄인 '돼도'라고 써야 하겠지요. 한편, 표준어 화자는 서울 토박이를 가리키는데 서울 토박이라는 조건에 주의할 필요가 있겠습니다. 대략 대대로 3대째 이상은 서울에서 거주하고 있는 화자라고 해 둘까요? 일반적인 논리에 비추어서 할머니가 전라도 사람, 어머니가 경상도 사람인데, 당사자가 서울에서 60년 살았다고 해서 그 사람을 서울 토박이라고 할 수 없겠지요. 요즈음은 많이 흐트러졌지만, 사실 3대째 이상이라는 암묵적 조건은 무시할 수 없습니다. 서울에 사는 청장년층의 발음이 아니라 대대로 3대째 이상 서울에서 거주한 사람의 발음이 중요할 것입니다.

두 번째 질문으로 넘어가겠습니다. 'ㅔ'와 'ㅐ'의 발음이 더 이상 구분되지 않으니 강제적으로 교육시키자. 글쎄요. 전 잘 모르겠습니다. 다만 아나운서들도 이제는 'ㅔ'와 'ㅐ'를 변별하지 못합니다. 교육을 시켜도 잘 안 된다는 이야기를 들었습니다. 아나운서의 발음 또한 그러한데 일반인의 발음이야 오죽하겠습니까(제가 확인한 바로는 'ㅔ'와 'ㅐ'가 대립되는 마지막 세대 아나운서는 손○○ 님, 엄○○ 님 정도입니다).

'ㅚ'의 입술 모양은 'ㅗ'를 발음할 때와 같게 한다.

심화 사투리를 많이 알면 맞춤법에 도움이 된다.

'세배', '헤매다', '요컨대', '글쎄', '(목이) 메다', '**(실을, 밭을) 매다**' 등의 'ㅔ/ㅐ'가 헷갈릴 수 있다. '시배', '히매다', '글씨', '(목이) 미다' 정도를 들어본 경우, 그 표준어를 '세배', '헤매다', '글쎄', '(목이) 메다'로 쓴다면 99% 맞게 된다. '네가'를 '니가'라 하고, '게'를 '기', '세 개'를 '시 개', '네 개'를 '니 개'라고 하는 것을 통해 규칙 'ㅔ〉ㅣ'의 일면을 엿볼 수 있다. 한편 '청컨대'와 '그런데'의 경우를 대비해 볼 필요가 있다. '청컨디'라고 하는 사람은 거의 없는 반면 '그런디'라고 하는 사람은 꽤 많다. 이렇듯 'ㅔ/ㅐ'의 차이는 사투리 대응형에서도 잘 확인된다.

'(실을, 밭을) 매다'에 대응하는 '미다'라는 사투리는 확인되지 않는다.

15 문을 '잠궈라 / 잠가라'

이번에는 사투리와 표준어의 구별을 요하는 몇 단어를 점검해 보기로 한다. 우선 다음 문제를 풀어 보면서 시작하자.

(1) 가. 문을 안 (잠궈, 잠가) 도둑이 들었다. (**잠O장치**)
　　나. 김치를 (담궈, 담가) 먹는 횟수가 늘었다. (**담O질**)
　　다. 식욕을 (돋구는, 돋우는) 음식이 없을까? (**발돋O한다**)

'암탉', '살코기' 등의 복합어 계열에는 옛말의 흔적을 엿볼 수 있는 경우가 많다. 그러니 '잠금장치', '담금질', '발돋움' 등을 참고하여 기본형을 이끌어 내는 방식은 의미가 있다.

'서랍'을 '빼닫이'라 하는 것은 표준어와 사투리의 문제이고 '서랍'이라고 발음하는 표준어를 '설압'이라고 쓸 것인지 '서랍'이라고 쓸 것인지 '설합'이라고 쓸 것인지 고민하는 것은 맞춤법의 문제이다. 사투리도 맞춤법에 맞게 쓰는 것이 좋다. 한글 맞춤법이 표준어를 대상으로 한다 해도 그 원리는 사투리의 전사에도 활용될 수 있어야 한다. 그러면 '빼다지'는 '빼닫이'로 적힐 텐데, 그것이 바로 맞춤법의 원리일 것이다(cf. 빼고 닫아라). 김유정의 '동백꽃'에 나타나는 '느 집에 이거 없지'와 같은 사투리 표기 방식을 본받자.

위 문제에서의 정답은 모두 후자이다. TV 자막에서도 '밸브 안 잠궈 참변'이라는 기사 제목을 볼 수 있다. 우리나라에서 '잠궈'라는 **사투리**가 워낙 광범위하게 퍼져 있어 표준어 '잠가'보다는 '잠궈'라고 표기하는 것을 쉽게 접할 수 있다. '잠궈'라는 말을 쓰려면 기본형(으뜸꼴)을 '잠구다'로 이해해야 한다. '잠궈', '잠궈라'에서 '-어', '-어라'를 뺀 나머지가 '잠구-'이기 때문이다.

기본형에 대해 쉽게 알 수 있는 방법 중 하나가 관련되는 단어를 생각해 보는 것이다. 위 (1)에서 진한 글씨로 된 부분이 관련 단어이다. '잠굼장치'라고 하는지, '담굼질'이라고 하는지, '발돋굼한다'라고 하는지를 생각해 보면 '잠구-', '담구-', '돋구-' 등이 틀렸다는 것을 쉽게 알 수 있다. 기본형이 '잠구-'라면 '잠구고', '잠구니', '잠구면', '잠구어라' 등도 옳은 표기일 것이다. '잠그고', '잠그니', '잠그면' 등으로 쓰다가 '-어(라)'가 붙은 경우에만 '잠궈(라)'로 적는 것은 있을 수 없는 일이다. '잠그-'와 '-아(라)'가 결합하면 당연히 '잠가(라)'가 될 것이다. '따르+아(라)'를 '따라(라)'로 표기하는 것과 같은 유형이다.

(1나)의 '담궈/담가' 또한 같은 방식으로 설명된다. '담궈'를 옳은 표기라고 한다면 기본형이 '담구다'가 되어 '담구고', '담구니', '담구면' 등으로 써야 한다. 동요 하나를 생각해 보자. '초록빛 바닷물에 두 손을 (담구면/담그

면) …'에서 전자가 어색하다는 것을 느낄 수 있다. 혹시 전자가 어색하지 않다고 느끼는 사람이 있다면 그동안 잘못된 표기에 그만큼 많이 노출되었기 때문이다. 앞으로는 '담그다'를 기본형으로 하여 '담그+고'는 '담그고'로 적고 '담그+아(라)'는 '담가(라)'로 쓸 수 있도록 하자.

한편, (1다)의 **'돋구–'**는 '돋우–'로 적어야 옳지만 여기에 대해 알고 있는 사람은 의외로 적다. 그만큼 잘못된 말에 무수히 노출되어 왔다는 것을 알 수 있다. '돋우–'는 의외로 많이 쓰인다. '화'를 돋우는 것은 물론 '지면'을 돋우고, '식욕'을 돋우고, '사기'를 돋우고, '싹'을 돋우고 등 여러 단어와 결합되어 쓰인다. 다음 문제를 풀어 보면서 마무리하기로 하자.

> '돋구다'가 《표준국어대사전》에 등재되어 있는지 확인해 보자.
>
> 안경 도수를 ~.

(2) 가. 단무지는 식초에 오래 (담궈, 담가) 놓으면 안 된다.
　　나. 삼촌 댁에 꼭 (들려라, 들러라).
　　　　삼촌 댁에 (들리고, 들르고) 나면 꼭 좋은 일이 생긴다.
　　　　삼촌 댁에 (들린, 들른) 후에 집으로 가거라.
　　다. 시험을 잘 (치뤄서, 치러서) 기분이 좋다.
　　　　시험을 잘 (치룬, 치른) 후에 만나자.
　　　　시험을 잘 (치루고, 치르고) 만나자.

(2)에 제시된 여러 문제에서 정답은 모두 후자이다. (2나), (2다)에 제시된 말은 '잠금장치', '발돋움' 등과 같이 관련된 단어를 찾을 수 없다. 외우는 수밖에 없다. '들르다', '치르다'가 기본형이다. '따르+아→따라'에서와 같이 '들르+어→들러', '치르+어→치러'를 이해하면 된다.

> ✎ 원리는?
> '잠금장치', '담금질', '발돋움'을 통해 기본형을 '잠그–', '담그–', '돋우–'라 기억하고 '잠가', '담가', '돋우고' 등으로 정확하게 적을 수 있도록 하자. '잠궈', '담궈', '돋구고'는 표준어가 아니라 사투리이다.

□ 심화 으 탈락 규칙

(3) 가. 따르+아→따라

나. 들르+어→들러

다. 치르+어→치러

모음 '으'는 다른 모음을 만나면 항상 탈락한다. 항상 탈락하니 규칙인 셈이다. 반면 'ㅜ' 탈락은 규칙이 아니다. (4가)와 (4나)는 전혀 다른 과정을 보이고 있다. (4가)는 표면상 'ㅜ'가 탈락된 것이다. 다만 (4나)에서는 탈락되지 않았음을 확인할 수 있다.

(4) 가. 푸+어→퍼

나. 두+어→둬

'두+어→둬'에서는 반모음화 과정을 확인할 수 있다. 국제음성 기호로 나타낸 'tu+ə→twə'에서 u가 w로 변동되었음을 확인할 수 있다. 그러니 이를 w화라 할 수 있다. w가 반모음이므로 그 규칙은 반모음화라 하면 된다.

그런데 '꾸+어→꿔', '주+어→줘' 등을 고려하면 (4가)는 정상적이지 않다. 그러므로 (4가)를 'ㅜ' 불규칙이라 부르는 것이다.

16 왠일인지 / 웬일인지

나이가 지긋한 어르신들을 제외하면 'ㅐ'와 'ㅔ'의 발음이 구분되지 않는다. 'ㅐ'는 입을 크게 벌려서 발음하고 'ㅔ'는 입을 작게 벌려서 발음하면 흉내 정도는 낼 수 있다. 두 모음의 발음이 구분되지 않는다는 것은 사실 여러 번 말한 바 있다. 두 모음의 발음이 구분되지 않기에 관련된 표기를 다 왜야 하는 부담이 생긴다. '(영덕) 대게', '대개(大槪)' 또한 외우고 있어야 제대로 적을 수 있다.

몇 년 전 어느 고등학생에게 물어 본 적이 있다. 설명하기 좋은 것이 제시되길 바라면서 말이다. 맞춤법과 관련하여 가장 헷갈리는 것이 뭐냐고 하니까 '매개체'라고 답을 하였다. 깜짝 놀랐다. '매개체' 정도는 약간의 한자 지식만 있다면 알 수 있는 단어이기 때문이었다. 아니, 한자 지식이 없더라도 '중매', '중개인', '유기체'와 같은 단어를 알고 있다면 쉽게 이해할 수 있는 단어이기 때문이었다. 한자 지식이 없고 관련된 단어들을 적용할 수 없는 형편이라면 '매개체'를 어떻게 써야 할지 매우 난감할 수밖에 없다. 바로 'ㅐ'와 'ㅔ'의 발음을 구분하지 못하기 때문에 '매개체'는 다음 7가지의 경우와 발음이 같게 된다. 모두 나열해 보기로 하자.

　　(1) 매개체: 매개채, 매게체, 매게채, 메개체, 메개채, 메게체, 메게채

글쓴이의 말이 믿기지 않는다면 '매개체'를 포함하여 8가지를 차례로 발음해 보라. 웬만한 사람이라면 모두 똑같이 발음할 수밖에 없다. 경상도의 많은 사람들이 '미더덕'과 '미더득', '미드덕', '미드득'을 똑같이 발음하는 것과 같다. 'ㅡ'와 'ㅓ'를 구분하지 못하니 생기는 현상이다. 두 모음이 구분되는 사람의 입장에서는 실로 안타까울 수밖에 없다.

잡설이 꽤 길어졌다. 'ㅐ'와 'ㅔ' 발음을 구별하지 못하면 '왜'와 '웨'의 발

	전설모음		후설모음	
고모음	ㅣ	ㅟ	ㅡ	ㅜ
중모음	ㅔ	ㅚ	ㅓ	ㅗ
저모음	ㅐ			ㅏ

음도 구별하지 못한다. '왜'는 입을 크게 벌려 발음하고 '웨'는 입을 조금 작게 벌려 발음하는 것인데 우리들은 그런 차이를 인식하지 못한다. 그래서 아래에 제시된 몇 가지가 헷갈릴 수밖에 없다.

> (2) 가. (왜, 웬) 쪽지?
> 나. (왜, 웬) 떡이냐?
> 다. 교통비 인상이 (왜, 웬) 말이냐?
> 라. (왠일인지, 웬일인지) 형만 좋아하네.
> 마. (왠만큼, 웬만큼) 먹었으니 이젠 가자.
> 바. 오늘은 (왠지, 웬지) 파전을 먹고 싶다.

위 문제를 보고서 갈피를 못 잡겠다고 하는 학생이 있다. 그래서 국어는 어렵다고 푸념을 하는 경우도 있다. 그러나 조금만 생각을 해 보면 의외의 묘수가 떠오를 수 있다. 위 6문항 중 '왜(why)'와 관련된 하나만을 찾아보자 ('왜 오니'를 '웨 오니'로 적는 사람은 없겠지요). 바로 (2바)만이 '왜'와 관련되어 있음을 알 수 있다. '왜'를 넣어 짧은 문장을 만든다고 생각해 보라. (2가)~(2마)에서처럼 '왜' 뒤에 'ㄴ'이 붙는 경우는 거의 없다. '왜' 뒤에 'ㄴ'이 붙는 하나의 예가 바로 '왠지'이다. 사실 그조차도 '왜'에 '인지'가 붙어서 '왜인지'가 되었고 그것이 다시 **'왠지'**로 줄어든 것이다. 어떻든 '왜'와 관련된 '왠지'를 제외하고는 무조건 '웬'으로 적으면 된다('웬일인지', '웬만큼' 등). 의외로 간단하게 해결되었다.

위 문제에 제시된 '웬일인지', '웬만큼'은 자주 사용하는 말이다. 또한 (2가)~(2다)에서의 '웬'이라는 말도 자주 쓴다(웬 **리포트**, 웬 메시지, 웬 반지, 웬 톡, 웬 선물, 웬 족발…). 자주 사용하는 만큼 이번 기회에 바르게 익혀 두는 것이 좋겠다.

다음 문제를 풀어 보면서 마무리하도록 하자.

왜인지 → 왠지
왜인 줄 → 왠 줄
cf. 표준어인지 → 표준언지, 표
    준어인 줄 → 표준언 줄

'레포트'가 아니다. '리포트'임에 유의하자. '메세지'가 아니다. '메시지'이다.

(3) 가. 쟤는 (왠만하면, 웬만하면) 포기 안 한다.

　　나. 걔는 (왠만한, 웬만한) 일로 화를 안 낸다.

　　다. (왠걸, 웬걸) 30분이나 늦더라.

　　　　(왠걸요, 웬걸요) 30분이나 늦던데요.

　　라. (왠, 웬) 놈이냐?

　모두 후자가 정답이다. '왠지'를 제외하고는 모두 '웬'으로 적도록 하자 (그렇다고 '왼손'을 '웬손'으로 적는 일은 없겠지요). 방언에 따라 '우에~어에', '우엔일~어엔일', '언만하면'으로 발음하는 경우도 있다. '웬'으로 적을 수 있는 일종의 힌트이다. '웬'을 분해하면 '우엔'이 되니까 말이다. '언만하면'에도 'ㅓ' 계열이 보이니 '왠' 말고 '웬'으로 적는 것이 좋겠다.

> 🖐 **원리는?**
> '왠지'를 제외하고는 모두 '웬'으로 적는다(웬만큼, **웬일인지** 등). '왠지'만이 '왜'와 관련되어 있다. 바로 '왜+인지'가 줄어서 '왠지'로 된 것이다.

'웬일'은 한 단어로 인식된 것이니 붙여 쓴 것이다(합성어). '웬 놈'에서의 '웬'은 관형사이다. '웬 놈'은 한 단어로 인정받지 못한 것이다.

17 '한 번 / 한번' 봐야지, '한 잔 / 한잔' 어때

'한잔'은 명사이고 '-하다'는 접사이다.
'-구만'은 2023년 8월 현재 표준어가 아니다. '없구만'의 표준어는 '없구먼'이다.

친구끼리 '한잔할래', '다음에 **한잔하자**'라는 표현을 많이 쓴다. 이때 한잔을 띄어 써야 하는지 붙여 써야 하는지 헷갈릴 때가 많다. 이는 다음에도 적용된다.

(1) 가. 다음에 (한 번, 한번) 만나 한잔하자.
　　나. (한 번, 한번)이지만 볼링장에도 가 봤구먼.

일단 (1)에 제시된 '한 번/한번'을 가지고 설명하기로 한다. '한 번/한번'이 헷갈린다면 그것을 '두 번', '세 번' 내지 '여러 번'으로 대치할 수 있는지 파악하자. 즉 '번'이 차례나 일의 횟수를 나타내는 경우에는 '한 번', '두 번', '세 번'과 같이 띄어 쓰면 된다. '한 번/한번'을 '두 번', '세 번'으로 바꾸어 뜻이 통하면 '한 번'으로 띄어 쓰고 그렇지 않으면 '한 번'으로 붙여 쓴다는 것이다. 완벽하게 대치가 되지 않더라도 문장의 의미가 1회, 2회, 3회 등 횟수와 관계되면 띄어 써야 한다. 그 밖의 경우라면 붙여 쓴다. (1나)가 바로 0회가 아닌 딱 1회를 뜻하는 것이니 반드시 띄어 써야 한다. 구체적으로 살펴보자. '실패하든 성공하든 한번 해 보자'는 '두 번'으로 바꾸면 뜻이 통하지 않으므로 '한번'으로 붙여 써야 하지만, '한 번 실패하더라도 여러 번 다시 도전하자'는 '두 번'으로 바꾸어도 뜻이 통하므로 '한 번'으로 띄어 쓴다. 붙여 쓰는 경우는 어떤 의미로 쓰이는지 ≪표준국어대사전≫을 인용해 보기로 한다.

(2) 한번
① 주로 '-어 보다' 구성과 함께 쓰여 어떤 일을 시험 삼아 시도함을 나타내는 말.
　　제가 일단 한번 해 보겠습니다./이 문제를 한번 잘 생각해 봐./이

가죽이 얼마나 질긴가 한번 시험해 보자./심심한데 노래나 한번 불러 볼까?/얼마인지 가격이나 한번 물어봐.

② 기회 있는 어떤 때.

우리 집에 한번 놀러 오세요./시간 날 때 낚시나 한번 갑시다./언제 한번 찾아가 뵙고 싶습니다./큰 병원에 한번 가서 진찰을 받아 보자.

③ 주로 '한번은' 꼴로 쓰여 지난 어느 때나 기회.

언젠가 한번은 길에서 그 사람과 우연히 마주친 일이 있었어./한번은 네거리에서 큰 사고를 낼 뻔했다.

④ 명사 바로 뒤에 쓰여 어떤 행동이나 상태를 강조하는 뜻을 나타내는 말.

춤 한번 잘 춘다. 너, 말 한번 잘했다./고 녀석, 울음소리 한번 크구나./동네 인심 한번 고약하구나.

(1가)는 ②의 '기회 있는 어떤 때'를 의미하므로 붙여 써야 한다. '한번'으로 붙여 쓰는 경우는 톡에서 등장하는 '함'으로 대치가 가능해 보인다. 반면 그 역은 성립되지 않는 듯하다. 띄어 쓰는 '한 번'은 상황에 따라 '함'으로 바꾸어 쓰기 어려울 때가 있다. '한 번 정도는 눈 감아 줄 거야'를 '함 정도는 눈 감아 줄 거야'라고는 하지 않을 듯하다.

'얼른 한술 뜨고 가자 / 뭇국에 밥 한술 말아 먹고 급히 일어섰다'에서의 **'한술'**도 같은 방식으로 이해하면 된다. 숟가락 뜨는 횟수가 단 한 번인지 아닌지를 판단하면 된다. 두 예문 모두 '한 숟가락만 먹고 가자'라는 뜻이 아니라 '급하게나마 배를 채운다'라는 뜻이다.

이와 관련해 수관형사 '한'의 의미를 짚어보자. 역시 ≪표준국어대사전≫의 내용을 가져온다.

(3) 한 「관형사」 ≪표준국어대사전≫

「1」 (일부 단위를 나타내는 말 앞에 쓰여) 그 수량이 하나임을 나타내는 말.

¶ **한 사람**/책 한 권/말 한 마리/노래 한 곡/국 한 그릇/한 가닥 빛도 없는 지하실/한 가지만 더 물어보자./그는 한 달 월급을 모두

'한술'은 한 번 뜬 음식이라는 뜻으로, 적은 음식을 이르는 말이다. 이전 시기에 이 '술'과 '가락'이 결합되어 '숟가락'이 도출된 것이다. '이틀'과 '날'이 결합되어 '이튿날'이 된 것과 같다.

붙여 쓰는 '한술'과 관련해 '한 수 배웠다', '한입 먹고 싶다', '한대 맞아야 해'에서의 '한수', '한입', '한대' 등의 뜻도 사전에서 확인해 보자.

• 한 사람이: 관형사+명사+조사
• 사람 하나가: 명사+수사+조사

도박에 탕진했다.

「2」 '어떤'의 뜻을 나타내는 말.

¶ 옛날 강원도의 한 마을에 효자가 살고 있었다./이번 사건에 대해 검찰의 한 고위 관리는 다음과 같이 말했다.

「3」 '같은'의 뜻을 나타내는 말.

¶ 한 경기장/전교생이 한 교실에 모여 특강을 들었다./동생과 나는 한 이불을 덮고 잔다.

「4」 (수량을 나타내는 말 앞에 쓰여) '대략'의 뜻을 나타내는 말.

¶ 한 20분쯤 걸었다./한 30명의 학생들이 앉아 있다./초봉은 한 100만 원 정도 된다.

그러면 '한더위'에서 '한-', '한눈'에서 '한-'은 어떤 의미로 파악할 수 있을까? 《표준국어대사전》에서 힌트를 얻을 수 있다.

(4) 한「접사」《표준국어대사전》

(일부 명사 앞에 붙어)

「1」 **'큰'의 뜻을 더하는 접두사.**

¶ 한걱정/한길/한시름.

「2」 '정확한' 또는 '한창인'의 뜻을 더하는 접두사.

¶ 한가운데/한겨울/한낮/한밤중/한복판/한잠.

(5) 한「접사」《표준국어대사전》

(일부 명사 앞에 붙어)

「1」 '바깥'의 뜻을 더하는 접두사.

¶ 한데.

「2」 '끼니때 밖'의 뜻을 더하는 접두사.

¶ 한동자/한음식/한저녁/한점심.

'한더위'에서의 '한-'은 (4)의 '한창인'이란 뜻으로, '한눈'에서의 '한-'은 (5)의 '바깥'이란 뜻으로 파악할 수 있다.

(6)에서 띄어쓰기가 잘못된 것 둘을 골라 보면서 이번 강을 마무리하고자 한다.

'한'이 '큰'의 의미로 쓰인 것은?

• 한눈 붙여라.
• 한비가 내린다.
• 한눈판다.
• 한데나 다름없는 대합실.
• 분산된 자금을 한데 합쳐라.
• 우리는 한동네에서 자랐다.

'무뢰한', '악한', '파렴치한', '호색한'에서의 '-한(漢)'은 접미사이다.

'한노래', '한춤', '한탁구' 등에서의 '한-'은 大의 의미일까? 《표준국어대사전》에는 명시적으로 제시되어 있지 않다. 글쓴이가 몇 년 전에는 《표준국어대사전》에서 확인한 듯한데 어쨌든 현재는 등재되어 있지 않다. '돌아이'도 분명히 등재되어 있었던 듯한데 지금은 찾을 수 없다. 글쓴이의 기억력이 문제이리라.

(6) 가. 오랜만에 막걸리 한잔 어때?
　　 나. 낮부터 이미 한잔한 얼굴이군.
　　 다. 오늘 일 끝나고 한잔하러 갈까?
　　 라. 뭇국에 밥 한술 말아 먹고 일어섰다.
　　 마. 한번 봤을 뿐인데 가슴이 아려온다.
　　 바. 한눈에 반하다.
　　 사. 한데서 잠을 자면 몸이 말이 아니지.
　　 아. 한번쯤 말을 걸겠지.

(6마), (6아)는 띄어 써야 한다. (6마)는 딱 1회 봤는데 마음이 아프다는 뜻이다. (6아)는 1회 정도는 말을 걸어올 것이라 추측하고 있다. 모바일 메신저상에 자주 등장하는 '함'으로도 대치가 불가능해 보인다.

정철의 '**장진주사(將進酒辭)**'의 첫 부분이 생각난다.

(7) 흔 잔(盞) 먹새근여 쏘 흔 잔 먹새근여
　　 곳 것거 산(算) 노코 무진무진(無盡無盡) 먹새근여

'1잔 먹세, 또 1잔 먹세, 꽃 꺾어 계산해 가면서 무진장 먹세'라는 뜻이다. 그러므로 '흔 잔'은 모두(冒頭)의 표현, '한잔하자'와 달리 반드시 띄어 써야 하는 것이다.

어떤 인터넷 방송에서 들은 것이다. 친구와 뽀뽀를 두 번 했다가 뺨을 맞았다고 한다. 뺨 맞기 전의 대화는 '우리 뽀뽀 한 번 …'이었다.

> 정철의 '장진주사(將進酒辭)'
>
> 흔 잔(盞) 먹새근여 쏘 흔 잔 먹새근여
> 곳 것거 산(算) 노코 무진무진(無盡無盡) 먹새근여. 이 몸 죽은 후면 지게 우히 거적 덥허 주리혀 미여 가나 유소보장(流蘇寶帳)의 만인(萬人)이 우러녜나, 어욱새 속새 덥가나모 백양(白楊) 속애 가기곳 가면, 누론 히, 흰 둘, ᄀᄂ비, 굴근 눈, 쇼쇼리 ᄇ람 불 제 뉘 흔잔 먹쟈 홀고.
> 흐믈며 무덤 우히 진납이 프람 불 제야 뉘우츤들 엇디리.

> 🔖 **원리는?**
> '두 번', '세 번' 내지 '여러 번'으로 바꾸어 뜻이 통하면 '한 번'으로 띄어 쓰고 그렇지 않으면 '한번'으로 붙여 쓴다는 것이다(후자는 우리가 요즘 쓰는 '함'으로 대치가 가능하다). '한 잔'과 '한잔'도 마찬가지이다.

18 바람이 '안 붋 / 안 붐'

우리는 노트 필기를 할 때나 메모를 할 때 다음과 같은 표현을 많이 쓴다.

(1) 가. 역사를 바라보는 관점을 확립함
 나. 시를 이해하는 본질적인 요소임
 다. 억압된 민중의 삶을 적나라하게 표현함
 라. 다른 관점으로 세상을 봄
 마. 성곽 규모가 비교적 작음
 바. 이런 방식으로 매듭을 풂

각 예문의 마지막 단어를 보자. 주의를 하지 않고도 위와 같은 표현은 웬만하면 잘 적어 낸다. 다만 (1바)에서는 주의를 요한다. 일단, 마지막 단어의 기본형을 써 보자. '확립하다(1가)', **요소이다(1나)**, '표현하다(1다)', '보다(1라)', '작다(1마)', '풀다(1바)'가 각각의 기본형이다. (1가)~(1라)까지는 받침이 없는 경우이며, (1마)~(1바)는 받침이 있는 경우이다. 각각의 마지막 단어는 어간에 무조건 '-ㅁ'을 붙인 것이라 가정해 보자. 즉 '-다' 대신 '-ㅁ'을 붙인다고 가정하자는 것이다. 그러면 '확립함', '요소임', '표현함', '봄', '잚', '풂'과 같이 되어 표현 (1)과 대체로 일치하게 된다. 문제는 **'잚'**이다. 자음이 연이어질 때 제약이 존재하는 언어가 많다. 국어에서도 'ㄱ'으로 끝나는 어간에 '-ㅁ'이 바로 연결될 수 없다. 아무리 찾아도 확인이 안 된다. 그러한 연결 제약을 어기지 않기 위해 우리는 '으'를 넣어 발화하게 된다. 그것이 바로 '작음'인 것이다. 반면 'ㄹ' 받침 뒤에는 'ㅁ'이 놓일 수 있다. '삶-', '닮-' 등을 보더라도 'ㄻ' 겹받침이 존재한다는 것을 알 수 있다. 아울러 '살면', '달면'과 같이 'ㄹ' 다음에 'ㅁ'은 자유롭게 연결될 수 있다. 그래서 '잚'은 불가능한 것이고 '풂'은 가능한 것이다. 다음 문제를 풀어 보면서 마무리해 보자.

'요소임'의 기본형을 적어 보라니 의아할 수도 있다. 서술격 조사 '-이고', '-이면', '-이어서', '-이라서' 등의 기본형을 무엇이라고 해야 하나?
사전에 '이다'로 등재되어 있음을 상기하자.

용언 어간이 아닌 경우, '국민'에서처럼 글자로서 'ㄱ-ㅁ'의 연쇄는 가능하다. 다만 발음으로의 연쇄는 불가능하다. '국민'의 발음은 '궁민'이기 때문이다.

(2) 가. 자비를 (베풂, 베품)

　　나. 바람이 안 (붊, 붐)

　　다. 입술을 (다묾, 다뭄)

　　라. 어린아이처럼 (굶, 굼)

(2)에서는 모두 전자가 옳은 표기이다. 어간이 모두 'ㄹ'로 끝나기에 겹받침 'ㄻ'을 써야 한다.

> ✎ 원리는?
> 명사형은 '-다' 대신 '-ㅁ'을 붙이는 것으로 충분하다. '삶-', '닮-' 등을 통해 'ㄹ' 받침 뒤에서는 '-ㅁ'이 나란히 놓일 수 있음을 알 수 있다. 그러니 '불-', '풀-'의 명사형은 '-ㅁ'만 붙이면 된다. '붊', '풂'이 그것이다.

☐ **심화** '으'로 시작하는 어미('으'계 어미/매개모음어미)

앞 동사의 환경에 따라 명사형 어미는 '-음'으로 나타나기도 하고 '-ㅁ'으로 나타나기도 한다. 이들을 우리는 '-(으)ㅁ'으로 적어 왔다.

(3) 가. 잡으면, 잡을까, 잡음, 잡을걸, 잡을게, 잡을래, 잡을쏘냐, 잡으니
　　　　까, 잡으시고

　　나. 보면, 볼까, 봄, 볼걸, 볼게, 볼래, 볼쏘냐, 보니까, 보시고

　　다. 불면, 불까, 붊, 불걸, 불게, 불래, 불쏘냐, 부니까, 부시고

(3가)와 (3나)를 대비해 보면 (3가)와 달리 (3나)에서는 '으'가 개재되어 있지 않음을 알 수 있다. '보면', '볼까'에서는 '으'가 나타나지 않고 '잡으면', '잡을까'에서는 '으'가 나타나는 것을 확인할 수 있는데 이때 '-면/으면', '-ㄹ까/을까'로 교체된다고 생각하면 된다. 이러한 교체를 보이는 어미를 '으'계 어미 혹은 '매개모음'으로 시작하는 어미라고 한다. 특이한 것은 (3다)의 'ㄹ' 말음 어간 '불-'은 (3나)의 모음으로 끝난 어간과 동일한 패턴을 보인다는 것이다. **'ㄹ'이 모음성**을 보이는 경우라고 이해하면 된다.

'손으로', '다리로', '발로'에서도 '손'에서만 '으'가 나타난다. '발'에서의 'ㄹ'이 'ㄴ'과 한편을 이루는 것이 아니라 모음과 한편을 이룬다.

어미에는 매개모음으로 시작하는 어미, 자음으로 시작하는 어미, 모음으로 시작하는 어미, 세 부류가 있다. (4)는 자음으로 시작하는 어미가 통합된 것이고 (5)는 모음으로 시작하는 어미가 통합된 것이다.

'-게', '-겠-', '-더라', '-아' 등은 모든 어간과 통합한다(작게, 작겠다, 작더라, 작아…). 그런데 '-이'와 '-히'는 그렇지 않다(*작이, *작히). 전자는 어미고 후자는 접사이다.

(4) 가. 잡고, 잡지, **잡게, 잡겠다, 잡더라**
     나. 보고, 보지, 보게, 보겠다, 보더라
     다. 불고, 불지, 불게, 불겠다, 불더라

(5) 가. 잡아, 잡아서, 잡아도, 잡았다, 잡아라
     나. 보아, 보아서, 보아도, 보았다, 보아라
     다. 불어, 불어서, 불어도, 불었다, 불어라

(3), (4), (5)에 제시된 어간은 '잡-', '보-', '불-'이다. 이들 어간의 형태가 (4), (5)에서는 그대로 확인되는 데 반해 (3)에서는, 특히 (3다)에서는 어간의 형태가 그대로 실현되지 않는 경우도 있다. 즉, (3다)는 **'불-'로 나타나기도 하고 '부-'로 나타나기도** 한다. '부니까', '부시고'에서 'ㄹ'이 탈락한 형태가 확인된다. 이러한 것이 화자에 따라서는 부담으로 작용될 수 있다.

'ㄹ' 말음 어간의 활용형 전체를 대상으로 할 때에는 'ㄹ' 불규칙 용언이라 하는 것이 바람직하다. '부오니', '부옵니다'에서 'ㄹ' 탈락을 설명할 수 없다. 모음이 앞 자음을 탈락시키는 경우는 없다.

활용 패러다임(paradigm)이란 어간에 어미가 결합하는 전체 활용형의 집합을 말한다. 활용형은 헤아릴 수 없을 만큼 많다.

먹고, 먹으니, 먹어, 먹었고, 먹었으니, 먹었어, 먹었겠고…

'먹고'에서 '-고' 대신 들어갈 수 있는 형태 '-어', '-지' 등을 계열 관계(paradigmatic relation)에 있다고 말한다. 마찬가지로 '사과를 먹다'에서 '사과' 자리를 대체할 수 있는 '배', '감' 등도 계열 관계에 있다고 이해하면 된다.
cf. 곡용 패러다임: 산이, 산을, 산도, 산처럼, 산만큼, 산이다…

이러한 어간의 불일치를 피하는 방법이 바로 (6나)와 같은 발화이다. 대비를 위해 (3다)를 가져와 (6가)에 제시한다.

(6) 가. 불면, 불까, 붊, 불걸, 불게, 불래, 불쏘냐, 부니까, 부시고
     나. 불으면, 불을까, 불음, 불을걸, 불을게, 불을래, 불을쏘냐, 불으니까, 불으시고

(6나)는 어간말 'ㄹ' 용언 **패러다임**을 어간말 'ㅂ' 용언 패러다임 (3가)류에 통일시킨 것이다. 즉 자음으로 끝난 어간 유형에 통일시킨 것이다. 바로 'ㄹ'의 자음성이 강조된 패러다임으로 이해하면 된다. (6나)는 주로 서울 사투리라고 생각하면 된다. 서울을 포함해 중부지방에 퍼져 있는 비표준어형인 것이다. 대중매체의 발달로 이제는 남부지방까지 퍼져 나가는 듯하다.

□ **심화** 교체의 유형

① 음소 배열과 관련된 교체

자동적 교체	비자동적 교체
먹꼬/가고	잡아, 먹어
멍는/먹어	양이, 개가

　　자동적 교체는 음소 배열 제약을 어기지 않아야 하는데 이를 달리 말하면 그렇게 발음할 수밖에 없는 교체라 생각하면 된다. '먹고'는 항상 '먹꼬'로 만 발음된다. 즉 폐쇄음 다음에 평음이 발음될 수 없다는 제약과 관련되는 교체이다. 반면 비자동적 교체는 반드시 그렇게 발음될 필요는 없는 경우이다. '잡아[자바]'라고 발음해도 되고 '잡어[자버]'라고 발음해도 된다. '잡아[자바]' 이외로는 발음되지 않아야 **자동적 교체** 유형에 속하는 것이다.

② 언어 단위와 관련된 교체

음운론적 교체	비음운론적 교체
먹꼬/가고	**영수에게** 항의함, 미국에 항의함
양이, 개가	먹어라, 오너라

　　음운론적 이유, 주로 자음 때문에 혹은 모음 때문에 발음이 바뀌는 것이 음운론적 교체이고 '자음', '모음'과 관계없는 교체가 비음운론적 교체이다. 주격 결합형 '양이'는 종성 때문에 '양가'가 되지 않고 '양이'가 되었으므로 음운론적 교체이고, '–에게/에'와 관련된 [ANIMATE]는 의미 자질이기에 당연히 음운론적 교체가 아니다.

③ 규칙화 여부에 따른 교체

규칙적 교체	불규칙적 교체
양이, 개가	먹어라, 오너라
영수에게 항의함, 미국에 항의함	마르고, 말라(말르+아)

자동적 교체는 모두 음운론적 교체이며 규칙적 교체이다. 그 역은 성립하지 않는다. '양이', '개가'는 음운론적 교체이지만 '양가', '개이'로도 발음할 수 있다. 그러니 비자동적 교체이다.

움직이는 대상에는 '–에'를 쓰지 않고 '–에게'를 쓴다. '영수[+animate]'는 움직일 수 있으니 '–에게'를 쓴다. '미국[–animate]'은 움직일 수 없으니 '미국에게 항의한다'라고 하면 안 된다. '달/별'은 [–animate]이지만 '달님/별님[+animate]'과 같이 의인화되면 '달님/별님에게 물어 봐'처럼 쓸 수 있다. '경찰에게 잡히다'도 말이 되고 '경찰에 잡히다'도 말이 된다. 전자는 경찰관을 뜻하고 후자는 경찰 조직을 뜻한다.

일반화를 할 수 있으면 규칙적 교체이고 일반화를 할 수 없으면 불규칙적 교체이다. [+animate]인 명사에는 조사 '-에게'가 결합된다고 일반화(규칙화)할 수 있으므로 이는 규칙적 교체에 해당한다. '마르고', '말라'의 경우, 어간 두 형태 **'마르-'와 '말르-'의 교체**는 규칙화를 할 수 없는 특별한 유형이다. '따르고', '따라(따르+아)'를 생각해 보면 그 차이를 알 수 있을 것이다 [따르고, 딸라(×)].

'마르-'와 '말르-'의 교체를 규칙화할 수 없기에 이를 우리는 '르' 불규칙 용언이라 칭한다.

19 '내노라는 / 내로라는' 선수들

"이번에는 '오지 않는다'라고 말했다"에서처럼 직접 인용 시에는 '−라고'라는 형식을 취해야 한다. 따옴표 안에서 한 말을 직접 제시하고 따옴표 뒤에서 바로 '−라고'를 써야 한다는 것이다. 이유는 간단하다.

    (1) 가. "모든 것은 오로지 마음먹기에 달려 있다"라고 원효는 깨달았지.
        나. 주인이 "어서 오십시오"라고 말한다.
        다. 그중 하나가 "왜 그러십니까"라고 말했다.

'−라고' 대신 '−고'를 쓰는 경우, 우리 입에 익은 것이 바로 '있다고', '한다고' 등인데 그것이 바로 (2가)에서 확인된다.

    (2) 가. … 달려 있다고 원효는 깨달았지.
        나. * … 어서 오십시오고 말한다.
        다. * … 왜 그러십니까고 말한다.

반면, (2나), (2다)에서는 '오십시오고', '그러십니까고'라고 말할 수 없으므로 불편하더라도 따옴표 뒤에서는 무조건 '−**라고**'라 써야 한다. 다음의 '−라는'은 '−라고 하는'이 줄어진 것이므로 같은 방식이 적용된다. 따옴표를 하기 싫으면 '지구가 둥글다는 견해는 …'처럼 간접 인용 방식을 취하자.

    (3) '지구가 둥글다'라는 견해는 처음에는 지지되지 못했다.

이제 '−라는'과 관련된 '내로라는'과 '내노라는' 중, 무엇이 맞는지 검토해 보자. 일단 (4)에 제시된 황진이의 유명한 시조 한 수를 읊어 보자.

    (4) 산은 녯산이로되 물은 녯물이 안이로다.

그런데 말을 할 때에도 '−라고'를 넣어 표현하는 경우가 있다.

모든 것은 오로지 마음먹기에 달려 있다라고 원효는 깨달았지. 바로 일체유심조(一切唯心造)지.

말을 할 때에는 따옴표가 없으니 '있다라고', '온다라고', '가자라고', '고개를 들어라라고' 등은 바람직하지 않다.

주야(晝夜)에 흘은이 넷물이 이실쏜야.

인걸(人傑)도 물과 ᄀᆞᄐᆞ여 가고 안이 오노ᄆᆡ라.

　　바로 위 시조의 초장, '산은 옛산이로되 물은 옛물이 아니로다.(현대어 역은 글쓴이)'에는 '−이로되'와 '아니로다'가 눈에 띈다. 바로 '−이되', '아니도다'의 고풍스러운 표현이다. '−이다'는 '−이로되', '−**이로다/이로라**', '−이라고', '−이라는' 등으로 교체되었고 '아니다'는 '아니로되', '아니로다/아니로라', '아니라고', '아니라는' 등으로 교체되었다.

　　그러면 '내로라는'은 무슨 뜻인가? '내로라는'은 다름 아닌 '나이다/내다'를 인용하는 방식이다. '노래로 말하자면 나이다. 바로 내가 최고지'라는 문맥의 '나이다/내다'를 들어 보았을 것이다. '나이다/내다'와 '내가 아니다'의 고풍스러운 표현이 바로 '내로다 → 내로라', '내가 아니로다 → 아니로라'이다. 여기에 더하여 '둥근 건 지구다'의 **간접 인용**은 '(둥근 건) 지구라고 하는' 정도가 될 것이고 이것이 줄어서 '(둥근 건) 지구라는'이 되는 것이다.

(5) 가. 지구다 → 지구라는

　　나. 내로다 → X

　　(5가)에서 '−다'가 '−라는'으로 교체되었음을 알 수 있다. 같은 방식이라면 X 자리에는 어떤 형태가 와야 할까? '−다'를 교체하기만 하면 된다. 정답은 바로 '**내로라는**'이다. '내노라는'이야말로 정체불명의 형태인 셈이다.

　　이상은 다음과 같은 과정으로 요약될 수 있다.

(6) '내로다'라는('나이다'라고 하는) → 내로라는

어형 '내로라는'은 역사적인 변화와 관계되는데, 감탄형 '내도다/아니도다'는 '내로다/아니로다'로 실현되며, 평서형 '내다/아니다'는 '내로라/아니로라'로 실현된다. 특히 후자를 통해 현재도 쓰이는 예스러운 표현(그게 최고라.)를 떠올릴 수 있다. 감탄형이든 평서형이든 간접 인용 표현은 '내로라는/아니로라는'이다.

따옴표 없이 인용되는 것이 간접 인용이다. '"오지 마라'라는 말을 남겼다"를 간접 인용하면 '오지 말라는 말을 남겼다'가 된다. '오란 말이야'에서처럼 '−란' 또는 '−라는'은 어간 '오−', '말−'에 결합됨을 알 수 있다.

'내로라 하는'은 '내로라 말하는'에서 '말'이 생략되었다고 생각하면 된다. 물론 맞는 표현이다. '내노라는(×) / 내로라는'은 '희노애락(×, 喜怒哀樂) / 대노(×, 大怒)'를 '희로애락 / 대로'라고 부드럽게 발음하는 것[활음조]과는 차원이 다르다.

20 날짜 / 일자, 글씨 / 글자

'ㄹ' 뒤에서 'ㄷ', 'ㅅ', 'ㅈ'은 경음으로 발음되는 경우가 많다. '일자', '글자'가 그러하다. 그러면 **'날짜'와 '글씨'**는 왜 '날자', '글시'로 적으면 안 되는가?

한 단어 안에서 받침 'ㄹ' 다음에 'ㄱ', 'ㄷ', 'ㅂ', 'ㅅ', 'ㅈ'와 같은 평음을 다음 글자의 첫 자음으로 쓰는 경우가 있을까? (1)에 제시된 바와 같이 'ㄹ' 뒤 'ㄱ', 'ㅂ'은 그 용례가 쉬 확인된다.

이 20강을 공부하면 '달작지근하다'가 맞는지 '달짝지근하다', '달착지근하다'가 맞는지 감을 잡을 수 있다.

(1) 가. 살구, 왈가닥, 갈비, 굴비
　　나. 달+고→달고, 불+게끔→불게끔
　　다. 발견(發見), 멸균(滅菌), 달변(達辯), 절벽(絶壁)

(1)에 제시된 '살구', '왈가닥', '달고', '불게끔', '발견', '달변' 등은 웬만하면 글자와 발음이 일치한다고 보아야 할 것이다. 문제는 아래와 같은 경우이다.

(2) 가. 발단, 절정, 발산, 제1과 제1장
　　나. 갈지라도, 갈게, 갈걸

우리는 '발단', '절정', '발산', **제1과 제1장**'이라 적고, '발딴', '절쩡', '발싼', '제일과 제일짱'이라 읽어야 한다. 한자어인 경우 'ㄹ' 뒤에서 'ㄷ', 'ㅅ', 'ㅈ'은 거의 모든 단어에서 경음화가 일어난다. 또 '갈지라도', '갈게', '갈걸'로 적고 '갈찌라도', '갈께', '갈껄'로 읽어야 한다.

'이무영'의 농촌 소설 제목이 '제1과 제1장'이다. 한국인이라면 자연스럽게 '제일짱'으로 발음한다.

문제는 다음과 같은 경우도 있다는 것이다. (2가), (2나)와는 달리 경음으로 쓰고 경음으로 발음하는 경우이다.

(3) 가. 날짜, 말짱, 깔딱, 펄떡, 벌써, 훨씬
　　나. 할까, 할쏘냐, (어이) 할꼬

'ㄹ' 뒤 전설자음(설정성 자음, [+coronal]) 연쇄라고 하면 'ㄹ-ㄷ' 연쇄, 'ㄹ-ㅅ' 연쇄, 'ㄹ-ㅈ' 연쇄 등이 포함된다.

(3가)와 (3나)에 제시된 예는 고유어이다. 고유어인 경우 'ㄹ' 뒤 **전설자음**은 대부분 경음(ㄸ, ㅆ, ㅉ)으로 발음된다. '날자', '말장'이라 쓰고 '날짜', '말짱'이라 읽는 것은 적어도 남한에서는 용납되기 어렵다(북한은 '날자').

혹 (2가)를 '발딴', '절쩡', '발싼'으로 쓰는 것은 어떤가? 한자로 쓸 수 있는 단어이기에 그것은 불가능하다. 괄호에 한자를 병기하는 경우 한자의 음과 한글 표기가 일치되지 않는 문제가 발생한다. 그러면 고유어에서 경음으로 표기하는 (3)을 기준으로 (2나)를 경음으로 쓸 수는 없는 것인가?

이에 우리는 'ㄹ' 뒤에 평음 'ㄷ', 'ㅅ', 'ㅈ'이 이어지는 예를 찾아보려 한다. 즉 'ㄹ-ㄷ' 연쇄, 'ㄹ-ㅅ' 연쇄, 'ㄹ-ㅈ' 연쇄를 찾아보려 하는 것이다. ≪표준국어대사전≫ 검색 결과 흔치 않은 표기라는 것을 알게 되었다. 거의 **'할수록'**, '할지라도' 등이 유일한 부류이다. 사실 유일한 부류라는 것은 다른

일부 동식물명('날새기', '열당과' 등)을 제외하고는 'ㄹ' 뒤 평음 표기는 확인되지 않는다. '할수록', '할지라도' 등에 통합된 어미류가 특이할 뿐이다.

방식으로 생각할 여지도 있다는 것이다. 어떻든 이 부류는 '-ㄹ수록', '-ㄹ지라도'와 같이 더 이상 분석될 수 없는 하나의 형태소이다. 앞서 살펴본 '알+고'에서 'ㄹ고'는 붙어서 다니는 어미구조체가 아니다. 원래는 어간과 어미로 구분되던 것이다. 그 'ㄹ'은 사실 '알다'에서의 어간말자음이었다. 위에서 '할수록', '할지라도'('할걸', '할게') 등이 평음으로 적고 경음으로 읽게

'한걸, 할걸, 하는걸'을 고려해 '할걸'은 그대로 두고 '할게'는 '할께'로 수정하는 것도 한 방법이다. 현대국어만을 대상으로 한다면 '-ㄹ게'를 통해 의존명사 '거'와의 관련성을 찾기가 어렵다.

되는 유일한 부류라고 했다. 혹 '-ㄹ쑤록', '-ㄹ찌라도', '-ㄹ껄', '-ㄹ께'로 쓰면 어떠한가? 그러면 '한글 맞춤법' 총칙 제1항, '한글 맞춤법은 표준어를 소리대로 적되 어법에 맞도록 한다'라는 대원칙에 어긋나지 않게 된다. '-ㄹ지라도'로 쓰고 '-ㄹ찌라도'로 읽으라고 하면 이는 어법에 맞게 적은 것일 텐데 '-ㄹ지라도'를 어법에 맞게 적은 것으로 이해하기는 어렵다. 여기에서 한글 맞춤법을 수정할 근거가 생긴다. '-ㄹ수록', '-ㄹ지라도'를 '-ㄹ쑤록', '-ㄹ찌라도'로 써서 통일을 기할 필요가 있다는 것이다.

이와 관련하여 '날짜', '일자'의 차이를 알아보자. 전자는 고유어라서 경음을 반영해야 하고 후자는 한자어라서 한자의 음에 맞게, '일자(日字, 日子)'로 적으면 된다. '글씨'도 고유어이니 경음으로 적어야 한다. 반면 '글자'의

'자'는 한자로 쓸 수가 있다. 바로 '글자 자(字)'이다.

심화 경계 요소와 경음화 여부

다음 두 예에서는 경음화가 수의성을 보인다. 경계를 두고 발음하느냐 경계를 두지 않고 발음하느냐와 관계된다. 경계를 둔다면 당연히 형태소 내부는 아니다.

(4) 발수건(발#수건), 물장난(물#장난)

괄호 안에서처럼 경계를 둔다면 글자 그대로 발화될 것이고 경계를 두지 않는다면 '발쑤건', '물짱난'으로 발화될 가능성이 높다. 이처럼 **경계 요소도** 발음을 결정할 수 있는 중요 요인인 셈이다.

• 형태소 경계: +
• 단어 내부 경계: #
• 단어 경계: ##

단어 내부 경계와 단어 경계를 통합하여 # 하나로 제시하기도 한다. 단어 내부 경계는 합성어 유형에 적용되는 경계이다. 다음에서 경계 요소들의 실례를 확인할 수 있다.

• 먹+고
• 돌#다리
• 고운##얼굴

21 안 가더라도 / 않 가더라도

'안'과 '않'이 헷갈리는 경우가 의외로 많은 모양이다. 여러 번 살펴본 것처럼 이것도 두 발음이 같기 때문에 문제를 야기하는 것이다. 관련 규칙을 잘 알고 있는 사람이라면 '그런 것도 모르나'라고 할 것인데 의외로 틀린 표기를 많이 볼 수 있다.

(1) 가. 안 가더라도 / 않 가더라도
나. 안 먹지 / 않 먹지
cf. 가지 않더라도 / 먹지 않지

'안'은 '못'과 같이 부사이다. '안 먹어', '못 먹어'에서 알 수 있듯이 각각은 서술어를 꾸민다. 서술어를 꾸밀 수 있는 것이 부사어인데, 부사는 부사어에 속한다.

(1가), (1나)는 모두 앞 표기가 옳다. 그 이유는 간단하다. '안'은 '아니'의 준말이다. '아니 가더라도', '아니 먹지'가 줄어서 '안 가더라도', '안 먹지'로 되는 것이다. 반면 '가지 않더라도', '먹지 않지'는 '않-'으로 표기되어 있다. '않'은 '아니하'가 줄어진 말이므로 'ㅎ'이 드러난 것이다. 각각은 '가지 아니하더라도', '먹지 아니하지'가 줄어서 된 말이다. '아니하더라도'에서 '아니하'를 '않'으로 대치해 보면 그 대응을 쉬이 알 수 있다. '아니하'에서의 '아, ㄴ, ㅎ'이 모두 '않-'에 드러나 있다.

이상을 복잡하다고 여기는 독자를 위해 일단 (2)와 같이 쉽게 접근해 보자.

(2) '안 가더라도'와 같이 '가-' 앞에서는 '안', '가지 않더라도'와 같이 '가-' 뒤에서는 '않-'이다.

Twice의 'Cheer up'의 일부분이다. 밑줄 친 '안'이 제대로 표기되었는지 생각해 보자.

… 바로 바로 대답하는 것도 매력 없어. 메시지만 읽고 <u>확인 안 하는</u> 건 기본.
어어어 너무 심했나 boy, 이러다가 지칠까 봐 걱정되긴 하고, 어어어 <u>안 그러면</u> 내가 더 빠질 것만 같아 빠질 것만 같아 …

그러면 다음이 문제될 수 있다.

(3) 가. 용납 안 하고
나. 용서 않 하고
cf. 용납 않고, 용서 않고

'용납', '용서' 뒤에 부정어가 놓였으니 '않–'으로 표기해야 한다고 생각할 수 있다. 그런데 이때는 '용납'과 '용서'를 제외한 '안 하고'를 띄어쓰기 단위로 생각하면 된다. 그러면 띄어쓰기 단위에서 앞부분에 위치해 있기 때문에 '않–'으로 적을 수 없는 것이다. 그렇게 본다면 '용납 않고', '용서 않고'는 '용납하지 아니하고', '용서하지 아니하고'의 준말이니 문제가 없다. '용납하지 않고', '용서하지 않고'에서 '하지' 전체가 생략되어 '용납 않고', '용서 않고'와 같이 되는 것이다. 그런데 신경을 써야 하는 부분이 또 있다.

  (4) 가. (안, 않) 간다.
      (안, 않) 할래요.
    나. 가지 (안는다, 않는다).
      하지 (안을래요, 않을래요).

 (4가)는 부정어가 앞에 놓여 있기 때문에 당연히 '안'으로 적어야 하고 (4나)는 뒤에 놓여 있기 때문에 당연히 '않–'으로 적어야 한다. 그런데 본말을 생각해 보면 (4나)에서는 약간의 문제가 발생할 수 있다. '않는다', '않을래요'는 각각 '아니하는다', '아니하을래요'로 환원될 수 있다. 문제는 '아니하는다', '아니하을래요'가 국어에 존재하지 않는 형태라는 것이다. 사실 (4나)의 본말은 '가지 아니한다', '가지 아니할래요'인 것이다. '아니한다'에서 '아니하'를 '않'으로 바꾸면 '않ㄴ다'가 될 것이며 '아니할래요'에서 '아니하'를 '않'으로 바꾸면 '않ㄹ래요'가 될 것이다. 그런데 (4나)에서 **'않ㄴ다'는 '않는 다'**로 교체되어 있고 '않ㄹ래요'는 '않을래요'로 교체되어 있다. 이것이 바로 한국어를 어렵다고 느끼게 하는 한 요인인 것이다. 의미 또는 기능은 같은데 형태가 다르기 때문이다. '먹는다'와 '간다'를 대비해 보면 그 차이를 알 수 있다. 같은 현재형인데 하나는 '–는다', 하나는 '–ㄴ다'로 나타난다. '않–' 뒤에 '–는다'를 붙여야 할까, '–ㄴ다'를 붙여야 할까를 고민해 보라. 마찬가지로 '아니하–' 뒤에는 '–는다'를 붙여야 할까 '–ㄴ다'를 붙여야 할까 고민해 보라. 다음과 관련지어 생각해 보자.

'–는다'와 '–ㄴ다'는 같은 기능을 하는 이형태이다.

• 먹는다, 않는다
• 간다, 아니한다

(5) 가. 먹는다, 잡는다, 받는다, 뚫는다, 핥는다, 앉는다

　　나. 간다, 본다, 한다, 산다

　　다. 분다, 운다, 베푼다, 떠민다

　　(5가)에는 '-는다'가 (5나), (5다)에는 '-ㄴ다'가 확인된다. 그렇게 결합되는 이유를 알아보자. (5가)는 어간 '먹-', '잡-' 등이 자음으로 끝나 있다. (5나)는 어간 '가-', '보-' 등이 모음으로 끝나 있다. 반면 (5다)는 어간 '불-', '울-' 등이 'ㄹ'로 끝나 있다. 국어를 포함하여 여러 언어에서 'ㄹ'이 모음처럼 기능하는 경우가 많다(브라질 축구인 Ronaldo에서 철자 L은 모음 '우'에 대응된다. 그래서 '호날두'가 아니라 '호나우두'가 되는 것이다). 모음성이라는 공통점에 기반하여 (5나), (5다)가 묶일 수 있다. '앉는다'에서는 '앉'이 자음으로 끝나 있기 때문에 '앉' 뒤에는 '-는'이 결합되어야 올바른 형태가 된다. **'-을래요/ㄹ래요'**에서도 동일하게 적용된다. 'ㄹ' 이외의 자음으로 끝난 어간 뒤에서는 '-을래요'가 확인되는 것이다.

> '불+ㄹ래요→불래요'의 입력부에는 'ㄹ'이 셋 연속 나타난다. 어떤 'ㄹ'이 탈락한 것인가('ㄹ' 탈락이 아니라 자음군단순화이다).

(6) 가. 먹을래요, 잡을래요

　　나. 볼래요, 할래요

　　다. 불래요, 울래요

　　(6가)의 '먹을래요', '잡을래요'에서와 같이 '앉을래요'는 '앉'이 자음으로 끝나 있기 때문에 '앉' 뒤에 '-을래요'가 결합되어야 한다. (6나)의 '볼래요', '할래요', (6다)의 '불래요', '울래요'에는 '-ㄹ래요'가 결합된 것이다('보+ㄹ래요', '하+ㄹ래요', '불+ㄹ래요', '울+ㄹ래요').

　　이상에서 우리는 '안'과 '않'에 대해 준말과 본말의 관점에서 접근해 보았다. 이것이 어렵다면 띄어쓰기 단위에서 앞부분에 위치하면 '안', 뒷부분에 위치하면 '않-'이라 생각하면 된다. 다음을 옳게 고쳐 써보자.

(7) 대답을 또 않해 주시면 다시는 않 물어 볼래요.

※ 위 문제의 답: 대답을 또 안 해 주시면 다시는 안 물어 볼래요

> ◁ 원리는?
> 띄어쓰기 단위에서 앞부분에 위치하면 '안(안 한다)', 뒷부분에 위치하면 '않-(하지 않아)'이라고 생각하면 된다.

심화 부정부사 '안'은 항상 띄어 쓰자.

'안'은 웬만하면 뒷말과 띄자. '못'과 '하다'가 결합될 때에는 붙이기도 하고 띄기도 한다. '숙제를 못 했다'와 '숙제를 못했다'는 의미 차이가 있다. 전자는 숙제를 사정상 이행하지 못한 경우이다. 후자는 숙제를 하기는 했는데 점수로 따졌을 때 100점 만점에 얼마 되지 않는 경우를 일컫는 것이다. 반면 '안 하-'는 항상 띄어야 하므로 **'안 해'**, **'안 해도'**와 같이 써야 한다.

'거짓말을 못 했다'와 '거짓말을 못했다'의 차이도 이해할 수 있을 것이다. 그러면 '거짓말을 잘한다'는 무슨 뜻일까? 일단 두 가지 의미가 떠오른다. 하나는 '거짓말을 능숙하게 한다'라는 의미이고 다른 하나는 '거짓말을 자주 한다'라는 의미이다.

> 안 되다 / 안되다
> • 과장이 안 되었다: 과장이라는 직위에 오르지 못함.
> • 과장님이 안돼 보여: 애처로워 보임.

22 셋째 / 세째

다음 문제를 풀어보자.

열두째 아들, 스물두째(22번째)
자식, 열둘째(열두 개째)를 먹
었다

(1) 가. (**둘째**, 두째)
　　나. (셋째, 세째)
　　다. (넷째, 네째)

전자가 옳은 표기이다. 관련하여 잡설을 늘어놓을까 한다. 위 문제가 헷

'헷갈리다', '헷갈리다', 둘 모
두 표준어이다. 이런 유형을
복수 표준어라 한다.

갈린다고 규정 탓을 하는 사람이 있다. 규정은 왜 그리 자주 바뀌느냐고 하
는 사람도 있다. 사실은 **헷갈릴 수** 있다. 어쩌면 당연하다. 그런데 자주 바뀐
것은 아니다. 나이 50이 된 사람이 자주 바뀐다고 푸념하는 것은 거짓말일
수 있다. 1번 바뀐 것 가지고 '자주'라 할 수는 없기 때문이다. 다만 2회 바
뀐 것은 맞춤법 개정이라는 속성상 '자주'라는 표현을 쓸 수 있다. 현행 맞
춤법 규정은 1989년 3월부터 시행되었다. 1989년 이전에 고교 시절을 보낸
사람들 입장에서는 1번 바뀐 셈이다. 1970년생이라면 정확히 대학 1학년 내
지는 직장 생활을 할 무렵이다. 사실 이분들 입장이라면 푸념 정도로 '왜 틀
렸지(알고 있는 것과 다르네. ㅠㅠ)'라고 해야 과장이 아닐 것이다. 1970년
생이라면 2020년 현재 만 50세 정도일 것이다. '왜 자꾸 바꾸냐'라고 하는
사람은 학창 시절 때 배운 내용을 지금 잊어 버렸거나 혹은 그 중간에 잊어
버렸을 확률이 있는 것이다. 또 10년 전에 잠시 착각을 했을 수도 있다. 절
대 자주 바뀌지 않았다. 1번 바뀌었다. 글쓴이처럼 1970년 이전에 태어난 사
람들이 혼란을 겪은 것은 이해한다. 고교를 졸업하고 대학에 가니 맞춤법이
바뀌었다. 그런데 낭만을 즐기느라 맞춤법에 신경을 안 쓰며 살다가 그냥
군대에 가 버렸다. 제대를 하고 나니 맞춤법이 바뀐 지 몇 년이 흘렀다. 그
런데 대학 1년과 군대 3년이 글쓴이를 매우 안타까운 사람으로 만들어 놓았

다. '일찌기', '갯수'라고 쓴 적도 있는 듯한데 국문학도로서 매우 창피했었다. 반면 1971년생은 1989년부터 시행된 맞춤법에 익숙할 수 있다. 왜냐하면 그때가 고2 과정이 마무리되는 2학년이었기 때문이다. 고3 학력고사를 위해 열심히 공부했을 것이니 맞춤법 정도야 고등학교 때 어느 정도 소화했을 것이다. 그래서 그 이후 세대들은 왜 이리 바뀌었냐고 푸념하지 않는다. 1970년생 이전 분들만 안돼 보일 뿐이다.

(2) 가. 하나, 둘, 셋, 넷, 다섯……
    나. 하나째, 둘째, 셋째, 넷째, 다섯째……

(3) 가. 한 개, 두 개, 세 개, 네 개, 다섯 개……
    나. 한째, 두째, 세째, 네째, 다섯째……

(4) 가. 한 대, 두 대, 석 대, 넉 대, 다섯 대……
    나. 한째, 두째, 석째, 넉째, 다섯째……

(5) 가. 한 말, 두 말, 서 말, 너 말, 다섯 말……
    나. 한째, 두째, 서째, 너째, 다섯째……

위 각각을 대비해 보면 왜 '셋째'로 바뀌었는지 알 수 있을 것이다. (2)~(5)에서 '둘', '셋', '넷' 쪽을 주시하자. (2가)는 개수를 셀 때 쓰는 표현이다. '둘', '셋', '넷'으로 센다. (3)~(5)는 이른바 수관형사를 제시한 것인데, '둘'이라 하지 않고 '두'라고 표현하는 것이 다르다. 중요한 것은 '셋', '넷' 쪽이 조금씩 변형된다는 것이다. '세 개, 네 개', '석 대, 넉 대', '서 말, 너 말'. 여기에서 확인되는 관형사 '세', '네' 등에 **접미사 '-째'**를 통합시켜 보자. (3나)에서 '세째, 네째', (4나)에서 '석째, 넉째', (5나)에서 '서째, 너째'가 확인된다. 일단 셋 중에 하나를 택하면 된다. 1989년 이전 한글 맞춤법에서는 바로 (3나)의 방식이 채택되었던 것이다. '세 개, 석 대, 서 말'에 보이는 의존명사 중에는 아마 '개' 쪽이 가장 많이 사용되는 것이었으니 (3나) 쪽이 채

'시부모'의 '시-'는 접사인데 어근인 '부모' 앞에 놓여 있기에 접두사이다. 한국어의 접두사는 품사를 바꾸지 못한다. 어근의 의미를 부가적으로 밝혀 주는 한정적 접사일 뿐이다. '먹이', '울보'의 '-이', '-보'는 어근의 뒤에 놓여 있는 접미사인데, 품사를 바꾸었다(동사→명사). 이런 유형을 지배적 접사라 한다. 물론 '셋째', '걸레질'의 '-째', '-질'처럼 한정적 접미사도 존재한다.

택되는 것도 무리는 아니었다.

그런데 접미사 '-째'는 체언에 결합하는 것이 일반적이다. 관형사에 접사 '-째'를 붙일 수는 없는 노릇이다. 그래서 우리는 (2)와 같은 패턴을 열심히 익히고 있는 것이다.

'하나째'에 대해서는 보충 설명이 필요하겠다. 흔히들 '보충법'이라 말하는 것으로서 '하나' 대신에 '첫'이 보충된 것이라 한다. 그래서 '하나째'가 아니라 '첫째'가 된 것이다. 우리의 '첫'은 '첫 여름', '첫 사랑' 등에서 쉽사리 확인할 수 있다.

◻ 심화 보충법의 전형

보충법의 전형적인 형태는 영어의 수사에서 확인된다.

> 줄임표는 여섯 점을 찍는 것이 원칙이나 세 점을 찍는 것도 허용된다. 가운데에 세 점을 찍거나 아래에 세 점을 찍어서 나타낼 수 있다. 전략, 중략, 후략인 경우 이외에는 앞말에 붙여 쓴다.

(6) 가. one, two, three, four, five, **six**…
    나. first, second, third, fourth, fifth, sixth…
    cf. *oneth, *twoth, *threeth, fourth, *fiveth, sixth…

이상의 대응을 잘 관찰해 본다면 보충법에 대해 이해할 수 있을 것이다. first, second, third가 모두 '-th'를 사용하지 않고 있다. 이것이 바로 영어에서 말하는 보충법이다.

23 구인란 / 구인난

사이시옷 규정(한글 맞춤법 제30항)을 이해하기 위해서는 한자어냐 고유어냐 하는 조건이 중요했다. 대신 거기에는 외래어에 대한 조건은 없다. 그래서 '페틋병', '피잣집'이라고 쓸 수 있는 명분이 없다. 왜냐하면 '페트'와 '피자'는 **어종상(語種上)** 고유어도 아니고 한자어도 아니기 때문이다.

이와 차이는 있지만 어떤 단어를 보고 한자어냐 한자어가 아니냐를 구분하는 작업이 중요한 경우도 있다. 바로 다음과 같은 경우이다.

> (1) 신문에서 (소식란, 소식난)을 자세히 보자.

'소식(消息)'이 한자어이므로 '란(欄)'은 옥편에 있는 음인 '란'으로 쓴다. 대신 앞말이 한자어가 아닌 경우는 '난'으로 쓴다.

> (2) 가. 신문의 (독자란, 독자난)을 자세히 보자.
>   나. 신문의 (가십란, 가십난)을 자세히 보자.

위에서 '독자(讀者)'는 한자어이기 때문에 '독자란'이 정답이다. '가십'은 한자어가 아니기 때문에 '××란'과 같이 한자음을 드러내면 안 된다. '가십란'으로 쓸 수 없다는 뜻이다. '가십난'처럼 두음법칙을 적용해야 한다. 다음은 앞말이 모두 한자어이기 때문에 뒷말도 한자음을 살려서 '란'으로 적는다.

> (3) 투고란, 비고란, 가정란, 고정란, 광고란, 기표란, 금액란, 논설란, 문예란, 소식란…

다음에서 난초 관련 표기 및 알[卵] 관련 표기가 잘못된 것을 골라 보자.

어종(語種)

- 고유어–무덤, 이슬비, 어버이, 시나브로…
- 한자어–마구간(馬廐間), 삼촌(三寸), 일치(一致) 반사(反射)…
- 외래어–리포트(report), 톱(top), 파일(file), 로브스터(lobster)…
  cf. 사–거리, 페트–병

'사거리'는 '한자어–고유어', '페트병'은 '외래어–한자어'의 구조이다. 전자의 경우 '네거리'라고 하면 구성 성분이 모두 고유어가 되는 셈이다.

(4) 가. 동양란(東洋蘭), 사철란, 군자란, 용설란, 문주란

나. *여름새우란, *큰방울새란, *솔잎란

(5) 가. 수정란, 유정란, 무정란, 담수란

나. *모자이크란

(4나)의 '여름새우'나 '큰방울새', '솔잎'은 한자어가 아니기 때문에 '여름새우난', '큰방울새난', '**솔잎난**'으로 적어야 한다. (5나)의 '모자이크' 또한 한자어가 아니기에 '모자이크난'으로 적어야 한다. 그 밖의 예들은 선행 요소가 한자어이기에 모두 '란'으로 적은 것이다.

다음에 제시된 예들에 대해 검토해 보자.

(6) 경영난, 교통난, 구인난, 생활난, 식량난, 인력난, 자금난, 재정난, 주택난…

> '솔잎난'의 '난'과 마찬가지로 아래의 '구름'과 '자개'는 고유어이기에 후행 성분은 '양과 농'으로 표기된다.
>
> 구름양, 강수량, 강설량, 생산량, 자개농, 자개장롱, 중롱(中籠), 대롱(大籠, 크게 만든 장롱)
>
> cf. '오존양'과 잡지에서의 '어린이난'은 2018년 현재 ≪표준국어대사전≫에 등재되어 있지 않다.

(6)에 제시된 '난(難)'은 두음법칙에 의한 것이 아니라 옥편상의 음을 적은 것이다. '가난(艱難)'에서의 '난'이다. '재난(災難)'의 둘째 음절이 '난'인 점에 유의하면 옥편의 음도 '난'이라는 것을 알 수 있다. 그러니 두음법칙과는 전혀 관계없는 것이다. '임진왜란'의 '란(亂)'은 어두에 놓이면 '**난리(亂離)**'에서처럼 두음법칙의 적용을 받아 '난'으로 발음된다. 한자가 다르다는 것을 확인할 필요가 있다. 다음 두 단어의 의미 차이를 생각해 보자.

> '피란(避亂)'은 '피난(避難)'에 포함되는 의미라 할 수 있다. 전쟁(왜란, 호란 등의 전란)도 난리에, 지진도 난리에 포함된다. '피란처'라고 하면 전란을 피해 있는 곳이며 '피난처'는 전란이든 지진이든 난리를 피해 있는 곳이라 생각하면 된다.

(7) 구인란, 구인난

'구인란(求人欄)', '구인난(求人難)', 둘 모두 사전에 등재되어 있다. 전자는 '사람을 구하기 위한 매체상의 공간'을 뜻하며 후자는 '사람 구하는 어려움'을 뜻한다. 신문 따위의 매체상의 지면이라면 '생활란', '인력란', '주택란'도 가능해 보인다. 물론 '생활난', '인력난', '주택난'과는 의미 차이가 뚜렷하다.

> **원리는?**
> '독자란'은 앞 성분이 한자어이기에 한자음 '란'을 반영해서 적고 '가십난'은 앞 성분이
> 한자어가 아니기에 두음법칙을 적용하여 '난'으로 적는다('강수량', '구름양').

□ 심화 동음 탈락

'가난'은 동음 탈락으로 형성된 단어이다. '간난(艱難)'에서 'ㄴ' 하나가 탈락된 것이다. 이런 예로 '木瓜목과〉모과', '從容종용〉조용', **'出斂출렴〉추렴'** 등을 들 수 있다. 다만 '가난'이 '간난'에서 온 말이지만 그 뜻은 어원에서 다소 멀어졌다. 관련하여 ≪표준국어대사전≫의 뜻풀이를 아래에 제시한다.

'추렴'은 모임이나 놀이 또는 잔치 따위의 비용으로 여럿이 각각 얼마씩의 돈을 내어 거둔다는 의미이다.

- 간난신고(艱難辛苦): 몹시 힘들고 어려우며 고생스러움
- 간난히(艱難-): 몹시 힘들고 고생스럽게

24 희로애락 / 희노애락

단어 첫머리는 어두, 어두의 반대말은 비어두, 단어의 끝은 어말, 어말의 반대말은 비어말, 이와 같이 이원적 대립에 의한 사고가 더러 도움이 될 수 있다.

우리말에서는 **어두**가 아닌 이상 한자음은 자전(字典)에 있는 음을 그대로 사용해야 한다. (1)은 우리가 아는 두음법칙 관련 단어들을 나열한 것이다.

(1) 가. 경로, 신라, 선량, 동리, 주력, 공룡, 상륙, 광한루
    나. 노인, 나열, 양심, 이장, 역기, 용궁, 육지, 누각

(2) 가. 남녀, 당뇨, 결뉴, 은닉
    나. 여자, 요도, 유대, 익명

몽고어에는 어두에 'ㄹ'을 꺼리는 제약이 있다. '러시아'라는 단어의 발음이 어려워 '아라사'라 한 것이다. 그러면 '아관파천'의 '아관'이 어디인지 쉽게 알 수 있을 것이다.

지금은 다소 무뎌졌지만 'ㄹ'은 어두에 놓일 수 없다는 **제약**이 있다. 외래어가 범람하면서 라디오, 라면, 라일락 등을 글자 그대로 발음하는 사람이 많아졌다(예전 발음은 나지오, 나면, 나일락). 그렇다고 'ㄹ'이 어두에 올 수 없다는 제약이 없어진 것은 아니다. 아직도 우리는 로인, 량심, 리장, 력기 등으로 발음하지 않으니 말이다. 앞으로 새로이 만들어질 말들은 웬만하면 어두 'ㄹ'도 발음하게 되겠지만 기존에 습득된 한자어는 어쩔 수가 없다.

'ㄹ'로 시작하는 한자어는 환경에 따라 초성이 'ㄴ'으로 바뀌기도 하고 없어지기도 한다. 또 'ㄴ'으로 시작하는 한자어도 환경에 따라 초성 'ㄴ'이 없어지기도 한다. '경로'의 '로(老)'는 '노인'에서와 같이 어두에서 '노'로 실현되며 '선량'의 '량(良)'은 '양심'에서와 같이 '양'으로 실현된다. 마찬가지로 **'남녀'**의 '녀(女)'는 '여자'에서와 같이 어두에서 '여'로 실현된다.

결산^연도, 사업^연도, 회계^연도: ≪표준국어대사전≫의 '일러두기'에 있는 ^ 표시에 대해 알아보자.

관련하여 몇 가지 사투리를 떠올려 보자. 학교의 사투리는 무엇인가? 십여 년 전 타계한 개그맨 김형곤은 '학교'는 다니는 것이고 '핵교'는 댕기는 것이라 했다. '교장' 선생님을 '조장' 선생님이라 하는 사람들도 있다. 그분들은 '학교'는 다니는 것이고 '학조'는 댕기는 것이라 말한다. 여기에서 학교의 사투리는 '핵교'도 확인되고 '학조'도 확인된다.

글쓴이의 이름은 '임석규'이다. '임석규'라는 이름을 '학교'의 방언형과 관련지어 보자. **임섹규**'는 '핵교'와 관련되고 '임석주'는 '학조'와 관련된다. 중요한 것은 '교'의 kyo, '규'의 kyu이다. y가 '교'에서도 '규'에서도 확인된다. 혹시 '기름'을 '지름'이라 하고 '길'을 '질'이라 하고, '김밥'을 '짐밥'이라 하는 것을 들어 보았는가? 여기에는 i가 공통적으로 관여한다. Why don't you ~ ?, graduation, congratulation, 이들을 어떻게 읽는가? '와이돈튜'가 아니라 '와이돈추', '그래듀에이션'이 아니라 '그래주에이션', '컨그래튤레이션'이 아니라 '컨그래출레이션'이다. 여기에도 발음상 y가 있어서 '튜'가 '츄→추'로 '듀'가 '쥬→주'로 되는 것이다. 영어에서는 이 y가 매우 중요하다. 국어에서는 y도 중요하고 i도 중요하다. 둘은 한편이다.

국어의 두음법칙, 특히 ∅화는 바로 y와 i가 관여를 한 것이다. 다시 (1)로 돌아가자. 비어두(단어의 첫머리 이외)에 있을 때에는 자전에 있는 음이 그대로 구현된다. 그러나 어두(단어의 첫머리)에 오니 어떤 경우에는 'ㄹ'이 'ㄴ'으로 바뀌고 어떤 경우에는 'ㄹ'이 아예 없어진다. 바로 이 차이를 간파해야 한다. ∅화될 때가 바로 y 또는 i가 있는 경우이다.

한국어의 모음은 10개이다. 'ㅏ, ㅑ, ㅓ, ㅕ, ㅗ, ㅛ, ㅜ, ㅠ, ㅡ, ㅣ'가 그것이다. 이를 **국제음성기호**(IPA)로 나타내어 보자. 차례로 a, ya, ə, yə, o, yo, u, yu, i, i로 표시된다. y와 i를 찾아 가자. 바로 2번째, 4번째, 6번째, 8번째, 10번째에 y 또는 i가 배치되어 있다. 바로 'ㅑ, ㅕ, ㅛ, ㅠ, ㅣ'가 그것인데 (1)을 보면 ∅화된 것에 바로 'ㅑ, ㅕ, ㅛ, ㅠ, ㅣ'가 있는 것이다. 'ㅑ, ㅕ, ㅛ, ㅠ, ㅣ' 이외의 모음이 'ㄹ'을 만나면 그때는 'ㄴ'으로 바뀌는 것이다(노인, 나열, 누각 등).

수년 전 TV 프로그램에서 인기를 모았던 끝말잇기 놀이는 사실 위 규칙을 제대로 지키지 못했다. 끝말잇기 놀이를 해 보자. 심려→여로→노장→장녀→여성→성냥→양심→심란→난리→이장……. 이것이 정상적인 패턴이다. 그런데 당시 끝말잇기 놀이에는 반칙이 더러 확인되었다. 심려→<u>여</u>

• 핵교/임섹규: 움라우트
• 학조/임석주: 구개음화
• don't you: 구개음화

모음 'ㅡ'를 표시하는 국제음성 기호는 편의상 i를 사용한다. 실제로 모음 'ㅡ'는 ɯ에 더 가깝다.

로→오기→기녀→여성→성냥→양심→<u>심란</u>→안정→정량……. 바로 밑줄 친 부분에서 규칙을 잘못 정하는 바람에 다른 길로 가버렸다. '여로'에서는 'ㄹ' 뒤의 모음이 'ㅑ, ㅕ, ㅛ, ㅠ, ㅣ'가 아니기에 '노'로 받아야 한다. 마찬가지로 '심란'도 'ㄹ' 뒤 모음이 'ㅑ, ㅕ, ㅛ, ㅠ, ㅣ'가 아니기에 '난'으로 받아야 한다.

아마 눈치가 빠른 사람이라면 'ㄴ'인 경우에도 어떻게 대처해야 할지 알 것이다. (3)에서와 같이 'ㄴ' 뒤 'ㅑ, ㅕ, ㅛ, ㅠ, ㅣ'가 놓일 때만 두음법칙이 적용된다.

'ㄴ' 뒤 'ㅑ, ㅕ, ㅛ, ㅠ, ㅣ'라고 했는데 사실 'ㄴ' 뒤 'ㅑ'(냐, 냥 등)로 시작하는 한자음은 거의 확인되지 않는다[한 냥(兩)–한국식 한자음].

(3) 가. 기념→염불, 당뇨→요도, 결뉴→유대
     나. 은닉→익명, 운니→이전투구, 어금니→이빨
     cf. 고난→난이도 *안이도

이런 'ㅑ, ㅕ, ㅛ, ㅠ, ㅣ'는 **움라우트** 규칙과도 관련된다.

움라우트는 중고등학교에서 'ㅣ' 역행동화라 한다. 사실 '밭이→바치'도 'ㅣ' 역행동화이니 바람직한 용어는 아니다. 'ㅣ' 모음과 조음 위치가 가장 비슷한 자음이 (치)경구개음 'ㅈ', 'ㅉ', 'ㅊ'이다. 'ㅣ' 모음에 영향 받은 것이다. 'ㅣ' 역행동화의 예로 'ㅣ'가 없는 '학교>핵교'도 거론되니 더더욱 문제이다.
한편, 움라우트가 일어나기 위해서는 '어미/아비'에서처럼 'ㅁ/ㅂ'류가, '아기/지팡이'에서처럼 'ㄱ/ㅇ[ŋ]'류가 모음 사이에 개재되어야 한다. 'ㅅ', 'ㅈ', 'ㄴ', 'ㄷ', 'ㄹ' 등의 전설자음이 개재되면 원칙상 움라우트가 일어나지 않는다. '가시>*개시', '바지>*배지' 등을 들 수 있다.

'바램'이 사투리인 것처럼 '바래'도 사투리이다.

하루빨리 잡무에서 해방되기를 바라(○)/바래(×)

(4) 가. 남편>냄편, 학교>핵교, 석유>섹유
     나. 아기>애기, 지팡이>지팽이, 아비>애비, 어미>에미

'ㅑ, ㅕ, ㅛ, ㅠ, ㅣ'가 그만큼 국어에서 활약상이 크다는 것이다. '냄편', '핵교', '섹유'가 사투리인 것처럼 '애기', '에미'도 사투리라는 것을 알아 두자. 이렇게 해서 생긴 말 '아지랑이→아지랭이', '미장이→미쟁이', '방망이→방맹이', '죽이다→쥑이다', '막히다→맥히다', '삼키다→샘키다', '쌀밥+이→쌀뱁이', '바람+이 있다면→**바램이 있다면**' 등은 모두 표준어가 아님을 상기할 필요가 있다.

이로써 '같이', '굳이'의 발음이 '가치', '구지'인 이유도 알 것이다. 옛날 사람들이 '텬디(하늘 텬, 따 디)'라고 한 것을 우리는 '천지'라고 한다. 그 이유도 알 수 있을 것이다. 'ㅑ, ㅕ, ㅛ, ㅠ, ㅣ' 때문이다. 바로 y, i의 위력이다. 사실 y, i만 알면 음이 변하는 까닭의 반은 정복하는 셈이다.

　지금까지 두음법칙에 대해 공부하였다. 두음법칙의 포인트는 'ㅑ, ㅕ, ㅛ, ㅠ, ㅣ'였다.

　한편 자전의 음대로 적지 않는 경우는 또 한 가지가 있다. 바로 '나열', '선열', '규율', '백분율'에서 확인되는 '열/렬', '율/률'의 경우이다. 바로 '렬'과 '률'이 모음이나 'ㄴ' 뒤에 놓일 때 '열'과 '율'로 되는 것이다. 이를 자전의 음대로 적으면 '나렬', '선렬[설렬]', '규률', '백분률[백불률]'이 되니 우리의 발음과 너무 동떨어져 버린다.

　이 밖에 또 한 가지, '희로애락'에 대해 검토해 보자. '격노하다', '분노하다'에서의 '노'는 '노할 노(怒)'이다. 그러면 '희노애락(喜怒哀樂)'은 무슨 뜻인가? '기쁠 희', '노할 노'이기 때문에 당연히 '희노애락'으로 적어야 할 것이다. 그런데 우리의 현실음은 안타깝게도 '희로애락'이다. 서울 사람의 발음이 그런 것이니까 하고 넘어가면 된다. '희노애락'을 '희로애락'이라 하는 것은 부드럽게 발음하는 것의 일종이다. '대노하셨다'가 아니라 '대로하셨다'가 표준어이다. 요점은 바로 자전의 음이 '노'인데도 특정 상황에서 '로'로 발음한다는 것이다. 일종의 반칙이지만 현실음을 존중하는 것이다.

　'십월'이라고 하지 않고 '시월'이라고 하는 것과도 관련된다. 적어도 자전의 음과는 달리 발음한다는 것이다. 우리가 잘 아는 '곤란'도 부드럽게 'ㄹ'로 발음한 것이다. '재난', '국난'을 생각해 보면 알 수 있다. '허락'도 부드럽게 발음한 것이다. '승낙'을 생각해 보면 알 수 있다. '智異山(지이산)'을 '지리산'으로 발음하는 경우도 옥편을 무시한 경우라고 생각하면 된다. '漢拏山(한나산)'을 '한라산[할라산]'이라고 하는 것도 마찬가지이다. 경남에는 '창녕군(昌寧郡)'이 있고, 함북에는 **회령군(會寧郡)**이 있다. 이상하지 않은가? '昌寧', '會寧', 각각에서 둘째 한자는 같은데 '녕'과 '령'으로 다르게 읽히기 때문이다.

　이들은 바로 'ㄹ'을 사용하여 음을 부드럽게 한 조치이다. 이를 예전에는 **'활음조(滑音調)'**라고 하였다.

'안녕(安寧)'에서의 '녕'을 고려하더라도 '회녕'이라 해야 할 텐데 우리는 '회령'이라고 한다. '무녕왕릉(武寧王陵)'을 '무령왕릉'이라 하는 것도 같은 이치이다.

'활'이 '윤활유(潤滑油)'의 '활(滑)'이니 대충 '활음조'의 의미를 짐작할 수 있겠다. 특정 발음에 윤활유를 끼얹으면 부드럽게 발음될 수 있을 것이다.

25 거칠은 / 거치른 / 거친

정한모 시인의 고향은 충남 부여이다. 중부방언 화자이니 '물들으며', '날으고'는 자연스러운 발화일 수 있다.

시 한 편을 소개하면서 시작해 볼까 한다. **정한모** 시인의 '가을에'라는 작품이다. 그 1연을 제시한다.

(1) 맑은 햇빛으로 반짝반짝 물들으며
    가볍게 가을을 <u>날으고</u> 있는
    나뭇잎
    그렇게 주고받는
    우리들의 반짝이는 미소로도
    이 커다란 세계를
    넉넉히 떠받쳐 나갈 수 있다는 것을
    믿게 해 주십시오.

북한 출신(개성상업고등학교)인 김광균의 '외인촌'에서도 시적 허용(?)이 확인된다.

하이얀 모색 속에 피어 있는 / 산협촌의 고독한 그림 속으로 / 파아란 역등을 달은 마차가 한 대 잠기어 가고, / 바다를 향한 산마룻길에 / 우두커니 서 있는 전신주 우엔 / 지나가던 구름이 하나 새빨간 노을에 젖어 있었다. // … 안개 자욱한 화원지의 벤치 우엔 / 한낮에 소녀들이 남기고 간 / 가벼운 웃음과 <u>시들은</u> 꽃다발이 흩어져 있다.

'고독한 러너(조용필)'에 '거칠은'류의 표현이 나타난다. 이른바 서울 사투리로 이해하면 된다.

… 어두운 밤에 숲속을 지나 비바람 부는 언덕을 넘어 낯설은 거리 낯선 시간을 뛰어가네 ….

예전의 고등학교 국어 자습서에서는 '물들으며', '날으고'를 운율을 고르기 위한 시적 표현, 소위 **시적 허용**이라 했다. 사실은 그 두 단어는 서울을 포함한 중부지방의 전형적인 사투리이다. 정한모 시인의 일상 발화가 그대로 시어화된 것으로 이해해도 큰 무리는 없다.

이와 관련된 중부지방 사투리는 의외로 쉽게 접할 수 있다. '피리를 불은 적이 없다', '가진 돈이 자꾸 줄으니까' 등을 들 수 있다. (2)에서도 확인된다.

(2) <u>거칠은</u> 벌판으로 달려 가자. 젊음의 태양을 마시자. 보석보다 찬란한 숨결이 살고 있는 저 언덕 너머 …

유명한 노래이다. 스포츠 종목의 응원가로도 자주 활용되는 대중가요이다. '**거칠은**'의 기본형은 '거칠다'였다. 'ㄹ'을 받침으로 하고 있는 것이 중요하다. '불다', '줄다' 등도 'ㄹ'을 받침으로 하는 어간이다. 그런 경우 '-니까'가 통합되면 '부니까', '주니까', '부시니까', '주시니까'로 적는 것이 원칙이다. 소위 '르'이 탈락하는 것이다. 마찬가지로 '거칠-'과 '-ㄴ'이 통합하면 '거친'이 되어야 한다.

'르'에 대해 좀 더 알아보자. 앞서 언급한 바 있지만 포르투갈의 축구 선수 Ronaldo는 '호날두'로 불리지만 브라질의 은퇴한 축구 스타 Ronaldo는 '호나우두'로 불린다. 대비가 이루어진다. 우리말의 '르'에 해당하는 L이 '포르투갈'에서는 자음적 성격, '**브라질**'에서는 모음적 성격을 띤다고 할 수 있겠다. 우리말의 '르'의 성격은 어떠한가. 명사에 조사가 결합한 아래 형태를 살펴보자.

16세기부터 300년 정도 중남미의 브라질은 포르투갈의 지배를 받았고, 그 밖의 대부분은 스페인의 지배를 받았다.

    (3) 가. 집은, 물은, 차는
        나. 집으로, 물로, 차로

(3가)에서 받침 '르'은 '집'의 'ㅂ'에서와 같이 조사 '-은'과 결합하게 한다. 이때의 '르'은 자음 'ㅂ'과 동일한 자격을 갖는다. 그런데 이 자음 '르'이 모음처럼 기능할 때도 있다는 것이 문제이다. (3나)의 '물'과 '-(으)로'가 결합하면 '물으로'가 되어야 할 듯하지만 그렇지 않다. 이때는 오히려 '차+로'와 같이 '으'가 빠진 '물+로'로 발화해야 한다. 곧 '-(으)로'와 결합할 경우 '르'은 모음과 한편이 되는 셈이다. 이번에는 동사인 경우를 보도록 하자.

    (4) 가. 집으면서, 물면서, 차면서
        나. 집으니까, 무니까, 차니까

(4가), (4나)에서 공히 '르'은 모음과 한편을 이루고 있다. '집으면서', '집으니까'에는 '으'가 나타나 있다. 반면, '물면', '무니까'에서는 어간에 받침 '르'이 있음에도 불구하고 '으'는 확인되지 않는다. 모음으로 끝난 어간 '차-'에도 '차면', '차니까'에서처럼 '으'가 확인되지 않는다. 바로 '르'이 모음 편이라는 것을 알게 된다. 여기에서 화자들은 통일을 추구할 수 있다. '르'을 자음이라고 강하게 인식하고 싶다면 '집으면서', '집으니까'를 기준으로

하여 '물으면서', '물으니까'로 발화할 수 있다. 사정이 이러하다면 앞에서 언급한 '거칠은'은 '거칠–'에 'ㄴ'이 통합되는 것이 아니라 '거칠–'에 '은'이 통합되는 것이다. '작은', '검붉은'을 보면 그 이유를 쉽게 알 수 있다.

이제 '거칠은'의 발음에 주목해 보자. '거칠은'의 발음은 '거치른'이다. 그러니 기본형은 '거치르다'로 변할 수 있는 것이다. (1)에 제시된 '시구(詩句)' '날으고 있는' 또한 '날+은', '날+으니까'가 '나른', '나르니까'로 되어 기본형이 '나르다'로 돌변하게 된다. 그래서 '나르는 원더우먼'과 같은 형태도 생겨나게 된 것이다. 나아가 '모자가 바람에 날라 간다'에서 '날라'라는 형태까지도 확인된다. 여기에는 다음과 같은 추론이 작용한 것이다. 표준어 '모르–'의 서울 사투리는 '몰르–', 표준어 '흐르–'의 서울 사투리는 '흘르–'이다. 위의 '나르는 (원더우먼)'은 '나르다'를 기본형으로 파악한 결과라고 하였다. 그 기본형 '나르다'를 가지고 비례식을 세워 보자.

(5) 가. 모르다 : 몰라 = 나르다 : x

　　　나. **모르다 : 몰르다** = 나르다 : x

x 자리에는 '날라', '날르다'가 차례로 들어가게 될 것이다. '모르–'의 활용형을 기준형으로 유추를 하여 x 자리를 채운 것이다.

'모르고, 모르면, 몰라'에서 단일화를 겪은 것이 '몰르고, 몰르면, 몰라'이다. 복수 기저형 '모르–∽몰르–'에서 단수기저형 '몰르–'로 변화한 재구조화이다. '따르고, 따르니, 따라'와 '다르고, 다르니, 달라'를 대비해 보라. 차이를 알 수 있을 것이다. '따르+아→따라'와 같은 '으' 탈락 규칙으로 설명이 안되는 '달라', '몰라' 유형은 불규칙한 것이다. 불규칙적인 것이 규칙적인 것으로 바뀔 수 있는데 그것을 음운론에서는 복수 기저형의 단일화라고 한다. 기저형은 기본형에 비해 인간 기저의 언어 능력을 밝히는 데 유용한 개념일 수 있다.

26 자랑스런 / 자랑스러운

'자랑스런'/'자랑스러운'의 기본형은 '자랑스럽다'이다. 그런데 이 형태가 '자랑스런'으로 쓰이기도 하고 '자랑스러운'으로 쓰이기도 한다.

70년대 이후 국민의례 중에 **국기에 대한 맹세**가 있었다. 그 맹세의 내용은 (1)에 제시되어 있다.

> … 조국과 민족의 무궁한 영광을 위하여 몸과 마음을 바쳐 충성을 다할 것을 …. 문장 구조상 '위하여', '바쳐'처럼 연속으로 'ㅕ(모음어미 결합형과 관련)'가 나타나는 것은 매끄러운 흐름에 방해가 된다.

(1) 가. 나는 자랑스런 태극기 앞에 조국과 민족의 무궁한 영광을 위하여 몸과 마음을 바쳐 충성을 다할 것을 굳게 다짐합니다(1972년 이후).

나. 나는 자랑스러운 태극기 앞에 자유롭고 정의로운 대한민국의 무궁한 영광을 위하여 충성을 다할 것을 굳게 다짐합니다(2007년 이후).

여기에 바로 '자랑스런'이 등장한다. 국가에서 배포한 국기에 대한 맹세에 '자랑스런'이라는 형태가 보인다는 것은 특이한 것이다.

일상 대화에서 등장하는 '-스런'이라는 표현은 '-스러운'이 줄어든 말이다. 다음 대응을 검토해 보자.

(2) 가. 괴롭다:괴로운 → 괴론
나. 정답다:정다운 → 정단
다. 한스럽다:한스러운 → 한스런

'괴롭다:괴로운'의 관계를 잘 생각해 보자. 자음과 모음을 순서대로 대비해 보면 그 차이가 분명해진다. 두 형태 모두에서 '괴'가 확인된다. 그 다음 '로'가 공통으로 확인된다. 결국 '괴로'가 공통으로 존재하고 그 나머지 부분에서만 차이를 보인다. 그 나머지 부분을 보도록 하자. 앞부분에서 '괴로'를 뺀 나머지는 'ㅂ다', 뒷부분에서 '괴로'를 뺀 나머지는 '운'이다. 다시 '다'와 'ㄴ'을 제외하면 'ㅂ'과 '우'가 남는다. '-다'와 '-ㄴ'은 어미이고 이들을 뺀 그 앞부분은 어간이다. '-다'는 문장을 끝맺는 기능을 하는 것이고 '-ㄴ'

은 뒤따르는 명사를 꾸미는 기능[관형사형 어미]을 하는 것이다.

소위 'ㅂ' 불규칙 용언은 '괴롭
-', '괴로우-'처럼 두 어간(기
저형/기본형)을 갖는다. 이들은
다른 단어가 아니라 한 단어에
속하는바, 어미에 따라 어간이
달리 나타나는 것이다. 이들을
음운론에서는 복수 기저형으로
처리한다. '기본'에 비해 '기저'
라는 표현이 인간의 언어능력
을 보다 잘 드러낼 수 있다.

어미를 뺀 어간은 '**괴롭-**'과 '**괴로우-**'가 되는 것이다. '괴로운'을 줄이면 '괴론'이 될 수도 있다. '괴론'이 되려면 '괴로우'에서 아무런 보상 없이 '우'를 탈락시킨 꼴이 된다. 마찬가지로 '자랑스럽다'와 '자랑스러운'의 어간은 '자랑스럽-'과 '자랑스러우-'이다. '자랑스러운'이 '자랑스런'이 되려면 역시 아무런 보상 없이 '우'를 탈락시켜야 하는 것이다. '정다운'을 '정단'으로 하기에 부담을 느끼는 것도 위와 같은 '탈락' 형식이 정상적이지 않기 때문이다.

지방에 따라 '괴론(외론, 자유론)', '정단' 등의 발화가 들릴 수도 있다. 그러나 그것은 어디까지나 구어인 경우이고 문어에서는 이들을 인정하지 않고 있다. '한스런', '자랑스런'을 인정하면 '괴론', '정단'도 인정해야 하는 부담이 생긴다. 또한 형태 '자랑스런'을 적절하게 설명해야 하는 부담도 생긴다. 단순히 준말이라고 하기에는 여러 가지 얽혀 있는 것이 많다.

27 삼짓날 / 삼짇날

강남 갔던 제비는 언제 돌아올까? 삼짇날에 돌아온다. 음력으로 3월 3일
이니 양력으로는 보통 4월 중순쯤 될 것이다. '삼짇날'은 '삼일날'에서 온 것
이다. '삼일'에서의 '일'은 **중국 발음으로 '실'** 정도였다. 반치음 'ㅿ [z]'이 'ㅈ'
에 대응된 것이 '삼짇'이었다.

이제 '삼짓'이 아닌 '삼짇'처럼 받침이 'ㄷ'으로 된 이유를 설명해야 한다.
대응 관계를 통해서 이해하도록 하자.

> 而, 㕣 등을 '일모[日母]'라
> 한다. '일'이 바로 '실'이었는데
> 而, 㕣 등은 ㅿ으로 시작하는
> 음이다. '일모'는 초성이 ㅿ인
> 한자음 전체를 가리킨다.

(1) 술 : 숟가락
　　이틀 : 이튿날
　　바느질 : 반짇고리
　　설 : 섣달
　　사흘 : 사흗날
　　나흘 : 나흗날
　　풀 : 푿소
　　삼질 : 삼짇날

> 15세기에는 명사와 명사의 결
> 합 시 사이시옷이 개재되는 경
> 우가 많았다(우믌믈). 이와 관
> 련된 방언형으로 '여흗날(10일),
> 스묻날(20일)'을 제시할 수 있다.
> '열흘날', '스뭀날'과 관련된다.

위와 같은 관계 속에서 '삼짇날'을 이해하면 된다. 그 과정은 '삼질+ㅅ+
날'이다. 설명이 만만치 않지만 일단 권위 있는 사전에 그렇게 표시되어 있
다. '날'은 '옛날', '곗날'처럼 'ㅅ'을 요구하는 명사, 소위 '**ㅅ' 전치명사**라 한
다. 그러면 '삼질+ㅅ+날', '이틀+ㅅ+날'처럼 분석된다는 것을 어느 정도 이
해할 수 있다. 다만 '삼짔날'이 굳이 '삼짓날'이 되지 않은 이유는 설명하기
어렵다. 한편 'ㅅ'을 요구하는 또 다른 전치명사 '국'이 있다. 후행 성분에
'국'이 통합되면 '고깃국', '김칫국', '순댓국', '북엇국', '냉잇국', '뭇국'으로
써야 한다. 그런데 '나뭀국', '숯국' 등은 '나묻국', '숟국'으로 쓰지 않는다.
특히 '잔주름', '선부르다', '잔다듬다', '잔다랗다' 등은 사이시옷이 개재될

> 'ㅅ' 전치명사의 또 다른 예로
> '길', '가', '법', '점', '값' 등을
> 들 수 있다.
>
> 갓길, 산길 // 바닷가, 길가 //
> 선거법, 맞춤법 // 분기점, 원
> 점 // 담뱃값, 술값

환경도 아니다. 그러니 '삼짓날'류를 무조건 사이시옷과 결부시키기에도 어려움은 있다. 어떻든 '**이영보래**'에 의해 '일'의 발음은 '잃'이 되어야 하는바 '인'과 비슷한 음으로 읽힌다. 우연의 일치인지 몰라도 '삼짓날'에 비해 '삼짇날'이 음상으로는 중국음과 비슷해졌다.

'삼질'처럼 현대국어 관점으로 접근하기 어려운 것이 많다. 예를 들어 '암탉'은 '암닭'이라 하는 것이 맞지 않겠는가? '수탉'도 마찬가지이며 '암퇘지', '수퇘지', '암컷', '수컷', '암캐', '수캐' 등 무수히 많은 것이 현대국어 관점으로는 설명이 안 된다.

이것은 15세기 형태를 알아야만 이해할 수 있다. '암'이나 '수'는 15세기에는 'ㅎ'을 말음으로 하는 명사였다. 즉 '**암**', '**숳**'으로 쓰였다. 그래서 '수히 오나 암히 아니 반기고(수컷이 오나 암컷이 안 반기고)'와 같은 문장이 가능했다. 'ㅎ'을 말음으로 하는 명사와 후행 성분이 결합하니 거센소리(유기음)로 바뀐 것이다. '숳'와 '것'의 결합 시 'ㅎ'과 'ㄱ'은 'ㅋ'으로 축약되어 '수컷'이 도출되는 것이다.

'좁쌀, 햅쌀, 멥쌀, 입쌀, 찹쌀', '부릅뜨다, 휩쓸다, 몹쓸', '입때, 접때' 등도 현대국어 관점에서는 도저히 이해하기 어렵다. '조+쌀'이라면 '조쌀'이라고 해야 할 것이고 '해+쌀'이라면 당연히 '해쌀'이라고 해야 할 것이다. 바로 중세국어 형태 '뿔'로 현대국어 형태를 이해해야 한다('조+뿔', '히+뿔'). '부르+뜨다', '휘+쁠다', '**몯＋쁘다**', '이+쁴', '저+쁴' 등도 참고해야 한다. '뿔'이건 '쁘다'이건 후행 성분 초성에 'ㅂ'이 있기에 그것이 선행 성분 끝에 매달리게 되었다. 그래서 그것이 현대국어에 흔적을 남긴 것이다.

그러면 다음 단어들도 분석해 보자. 현대국어 관점으로 이해할 수 없는 것에 표시를 해 보자.

(2) 볍씨, 댑싸리, 살코기, 수컷, 암컷, 안팎

'일'의 15세기 발음이 중국과는 너무 달라서 중국음에 맞추기 위해 'ㅎ'을 활용했다. '이영보래(以影補來잉형봉링)'는 '형모(影母)'로써 '릭모(來母)'를 보충한다는 뜻다. 'ㅎ'으로써 'ㄹ'을 보완하면 'ㄹ' 음이 늘어지지 않고 촉급하게 닫혀 버리는 음이 된다. '형모(影母)'는 'ㅎ' 초성을 가진 한자 대표, '릭모(來母)'는 'ㄹ' 초성을 가진 한자 대표이다.

• 'ㅎ' 말음어간: 앓, 슗, 않…
• 어두자음군: 뿔, 쁘-, 쁠-, 쓰-, 쨰, 삐, 쎡, 쎌…

'몯쁠〉몹쓸'에 비춰 볼 때 '흔ᄢᅵᆼ〉함께'도 설명될 수 있다. 후행 성분에 있는 'ㅂ'에 의한 위치동화로 설명된다. '몯'과 '흔'이 후행 성분의 'ㅂ'에 영향을 받아 '몹', '홈'으로 변동한 것이다.
cf. 곧+바로→곱바로, 신+발→ 심발

　(2)에 제시된 단어들은 현대국어 지식으로는 도저히 그 형태를 이해할 수 없다. 이들은 중세국어의 화석으로 설명된다. 중세국어의 '삐', '밧리' // '숧', '숳', '앓', '않' 등이 현대국어에 화석으로 남아 있는 것이다. 각각은 중세국어 시기에 '벼+삐', '대+밧리', '숧+고기', '숳+것', '앓+것', '않+밖'으로 분석되던 것이었다. 이들 합성어는 후대에 그대로 이어져 왔으나 각각의 후행 성분 '삐', '숧' 등은 변화를 거치면서 과거의 형태에서 꽤 일그러져 버렸다. 그래서 현대를 사는 우리들은 후행 성분 '삐', '숧'에 대한 인식이 불가능한 것이다. 생물에만 화석이 있는 것이 아니다. 언어에도 화석이 있다.

　■ 심화　'ㅎ' 말음 어간 '앓', '숳' 관련 표준어

　이와 관련된 표준어를 일일이 기억하기는 매우 어렵다. 기계적으로 외워야 하는 것은 웬만하면 시험 문제로 다루지 않는 것이 좋다.

　　숫양, 숫염소, 숫쥐 // 수탉, 수캐, 수캉아지, 수퇘지 // 수벌, 수소, 수나사

　한편 '**암과 수의 구별**'처럼 '암', '수'에 조사가 결합되면 명사일 텐데 문제는 '암과 수의' 같은 구성으로만 쓰인다는 것이다. '열과 성을 다하여' 또한 관용구처럼 쓰인다. 이들을 온전한 명사로 보기는 어려운 듯하다. 왜냐하면 '암이', '암을', '암도', '수가', '수를', '수도'와 같은 결합형이 쓰이지 않기 때문이다.

《표준국어대사전》에는 '암과 수의 구별'이라는 용례가 '암'에는 제시되어 있지 않고 '수'에만 제시되어 있다.

28 함으로써 / 함으로서

우리가 흔히 쓰는 '만남으로써'는 '만나-'에 '-ㅁ으로써'가 통합된 말이다. '함으로써'는 당연히 '하-'에 '-ㅁ으로써'가 통합된 말이며 '먹음으로써'는 '먹-'에 '-음으로써'가 통합된 말이다. 여기에서 '-(으)ㅁ'은 명사형 어미이며, '-으로써'는 소위 '도구'를 뜻하는 조사인 것이다(도구 부사격 조사). 도구를 나타내는 부사격 조사는 더러 '써'를 생략한 채로 쓰이기도 한다. 다음 예문을 살펴보자.

> '우연한'과 같은 관형어의 수식을 받는다는 것은 그 말이 바로 체언(명사, 대명사, 수사)이라는 것이다.
>
> • 명사: 우연한 만남으로써 어색함을 모면한다.
> • 동사: 그를 만남으로써 오해가 풀렸다.

(1) 가. 2년 만에 우연히 **그를 만남으로써** 오해가 풀렸다.
    나. 2년 만에 우연히 그를 만남으로 오해가 풀렸다.
    cf. 2년 만에 우연히 그를 만나므로 오해가 풀렸다.

(1가), (1나)에서 '…… 만남'까지를 모두 □로 두자. 그러면 두 문장 '□으로써 오해가 풀렸다', '□으로 오해가 풀렸다'에서는 당연히 틀린 부분을 발견할 수 없다. '□으로'를 '□을 통해/가지고'의 의미 정도로 이해하면 된다. □ 자리에는 명사가 들어갈 수도 있고 동사가 들어갈 수도 있다. 특히 동사가 들어갈 시에는 '-(으)ㅁ'으로 끝나게 된다. '함', '먹음' 등이 바로 '-(으)ㅁ'으로 끝나는 말인 것이다. 아무튼 (1가)와 (1나)는 '…을 통해/가지고 오해가 풀렸다'라고 해석되기에 정상적인 문장으로 파악하면 된다. 그 아래의 참조 문장은 '□므로 오해가 풀렸다'라는 문장이 된다. '하므로', '먹으므로'라는 뜻이기에 그 문맥에서는 적절하지 않음을 알 수 있다.

아래의 문장은 '책을 통해' 혹은 '책을 가지고' 우리의 미래를 알차게 한다는 뜻이다. 그러므로 (2가)가 맞는 문장이다.

(2) 가. 책으로써 우리의 미래를 알차게 하자.
    나. 책으로서 우리의 미래를 알차게 하자.

　　다. 책으로 우리의 미래를 알차게 하자.

　(2다)와 같이 '‒으로써'를 '‒으로'로 바꾸어 '책으로 우리의 미래를 알차게 한다.'라고 해도 무방하다. 아래의 (3다)에서도 '써'가 생략된 것을 알 수 있다.

　(3) 가. 선생님으로써 그럴 수는 없다.
　　　나. 선생님으로서 그럴 수는 없다.
　　　다. 선생님으로 그럴 수는 없다.

　(3)에서는 '선생님을 가지고', '선생님을 통해'라는 말이 부자연스럽다. 그러므로 (3나)와 (3다)를 맞는 문장으로 보아야 한다. 사실, 일반인들이 '‒로써'로 쓴 것은 웬만하면 '‒로서'를 잘못 쓴 경우이니 주의하기 바란다. 실제로 '‒로서/로써'가 헷갈리는 경우, '‒로서'로 써야 할 문맥이 90% 이상일 수 있다. 이제부터 '‒로서'는 '‒로서'로 읽고 '‒로써'는 '‒로써'로 읽는 습관을 들여 보자. '대통령으로서'로 써 놓고 굳이 '대통령으로써'로 읽을 필요는 없다는 뜻이다. 지금껏 '‒로서'나 '‒로써'를 모두 '‒로써'로 읽어 온 것이 문제이다. 그러니 그 발음 때문에 계속 혼동되는 것이다.

　사실 (2다)와 (3다)만으로 바른 문장이 된다. 굳이 '‒으로써'와 '‒으로서'를 쓸 필요가 없이 '‒으로'만으로 충분히 가능하다는 뜻이다. 앞으로 '‒**로서/로써**'가 헷갈린다면, '써'나 '서' 없이 써 보자. 자격의 의미인지 도구의 의미인지를 따지지 말고 '써'를 빼고 쓰는 것이 더 자연스러울 때가 많다. '파워포인트로써 수업을 한다', '거울로써 비춘다'라는 두 문장은 어딘가 어색해 보인다. '써'를 빼는 것이 오히려 자연스럽지 않은가.

　아래에서는 무엇이 **맞는지** 검토해 보자.

　(4) 가. 삶을 윤택하게 하는 수단으로써 중요한 의의를 지닌다.
　　　나. 삶을 윤택하게 하는 수단으로서 중요한 의의를 지닌다.

> ● 제자로서: 부사격 조사(자격)
> ● 분필로써: 부사격 조사(도구)
> ● 먹음으로써: 명사형 어미에 부사격 조사가 통합된 것

> '맞다'가 형용사로 쓰이는 경우는 없는가? '저분이 바로 우리가 찾던 그 선생님이 맞다'에서처럼 기본형 '맞다'류가 일상 대화에서 쓰인다면 그것은 형용사일 가능성이 높다.

다. 삶을 윤택하게 하는 수단으로 중요한 의의를 지닌다.

(5) 가. 미래를 설계하는 방식으로써는 이것이 최고다.
　　 나. 미래를 설계하는 방식으로서는 이것이 최고다.
　　 다. 미래를 설계하는 방식으로는 이것이 최고다.

　일단 (4)와 (5)의 마지막 문장은 무조건 맞는 표현이다. 그 나머지 중에서는 (4나)와 (5나)가 맞는 표현이다. 여기서 '어!' 하는 감탄사가 나올지 모른다. 그러니 자신 없으면 (4다), (5다)와 같은 방식을 택하라는 것이다. 필답 시험을 보는 사람이라면 '신분/자격'인지 '도구'인지를 따져야 할 것이다. 다시 위 문제를 보자. '수단'과 '방식'이라는 명사가 사용되면 거의 기계적으로 '-로써'라고 생각하기 쉽다. 함정이다. '우리의 삶을 윤택하게 하는 수단을 가지고 중요한 의의를 지닌다'라거나, '우리의 삶을 윤택하게 하는 수단을 통해 중요한 의의를 지닌다'라는 의미가 아니다. '중요한 의의'가 바로 '자격'과 관련된 것이다. (5) 또한 '미래를 설계하는 방식을 가지고 이것이 최고다'라거나, '미래를 설계하는 방식을 통해 이것이 최고다'라는 뜻은 아니다. '최고'라는 것은 '자격'이다. 그러므로 당연히 '-(으)로서'가 쓰여야 할 것이다.

'이로써 그 문제에 대한 해결 방안이 도출된 것이다'에서 '이로써'는 항상 '-로써'로 쓴다. '이를 통해' 정도로 이해될 법하다.

　원리는?
자격[선생님으로서]의 의미인지 도구[펜으로써]의 의미인지를 따지지 말고 '써'를 빼고 쓰는 것이 더 자연스러울 때가 많다. '거울로써 비춘다'라는 문장은 어딘가 어색해 보인다. '써'를 빼는 것이 오히려 자연스럽다. '-로서'나 '-로써'를 굳이 쓰고 싶다면 '-로서'로 쓰는 것이 현명할 수 있다.

29 으스스하다 / 으시시하다

(1)에 제시된 몇 문제를 풀어 보면서 시작하자.

(1) 가. 으스스하다/으시시하다
나. 부스스하다/부시시하다
다. 까슬까슬/까실까실
cf. *나즈막한/나지막한
*넌즈시/넌지시

앞서 언급한 바와 같이 (1)의 각각은 맞춤법의 문제가 아니라 표준어의 문제이다. 예를 들어 보자. '상추'가 표준어일까 '상치'가 표준어일까. '상추'가 표준어라면 발음 그대로 쓰면 된다. '상치'가 표준어라도 역시 발음 그대로 쓰면 된다. 마찬가지로, **'으스스하다'**가 표준어라면 '으스스하다'로 쓰고 '으시시하다'가 표준어라면 '으시시하다'로 쓰면 된다. 그러니 표준어가 무엇인지를 아는 것이 중요하다. 그러나 그것이 만만치 않다. '짜장면'은 비표준어였으나 2011년 8월에 드디어 표준어가 되었다. '마요'만 표준어였었는데 드디어 '말아요'도 2015년 12월에 표준어가 되었다. 정보가 중요하다.

'ㅅ(ㅆ)', 'ㅈ(ㅉ)', 'ㅊ' 아래에서 모음 'ㅡ'가 'ㅣ'로 바뀌는 현상을 전설모음화라 한다. '으스스', '으시시'가 헷갈리는 이유는 전설모음화 규칙을 화자들이 알기 때문이다.

글쓴이 또한 맞춤법에는 자신 있는데 표준어에는 약하다. 표준어는 바뀔 수 있기 때문이다. 맞춤법은 논리에 근거하기에 쉽게 바뀌지 않는다. 예를 들어 '(접시를) 핥는다'를 쓰고 싶다고 하자. 음성형 '할른다'를 쓰는 방법은 '핥는다', '핥는다', '핣는다' 등 여러 가지가 있다. 이것을 맞게 쓰는 것이 맞춤법이니 맞춤법은 쉽다. '할타라', '할트면'만 생각하면 그 받침이 당연히 'ㄾ'이라는 것을 알 수 있다.

(1)에 제시된 문제는 표준어가 무엇인지를 확인하는 것이니 헷갈릴 수밖에 없다. 전자가 표준어이다. 그런데 참조항에서는 '나지막한'과 '넌지시'가 표준어이니 혼동되기 십상이다. '나즈막한'은 '나직히'와 함께 생각해 볼 수

있다. '나즉히'라고 쓰는 사람은 별로 없을 것이다. 관련되는 형태 여러 가지를 생각해 볼 필요가 있다. 예를 들어 '잠궈'가 맞는지 알아보기 위해서도 '잠궈'만 써 보지 말고 '잠구고', '잠구면', '잠군다' 등을 함께 써 보자. 어느 하나라도 어색하다면 '잠구다'가 기본형이 아닐 것이다. (2)에 제시된 예를 보자. 많은 사람이 (2가)와 (2나)의 '무/므'를 혼동한다.

(2) 가. 사려무나/사려므나
    나. 오무리다/오므리다
    다. 움추리다/움츠리다
    라. 오구리다/오그리다
    마. 수구리다/수그리다

(2가)의 경우는 '-(으)려무나'라는 어미를 외어야 한다. 대신 (2나)의 경우는 '옴+으리다'처럼 분석될 수 있으니 (2가)와는 변별된다. 이 '-으리다'는 '욹+으리다', '옥+으리다', '숙+으리다'에서도 확인되니 **오므리다**, '움츠리다' 등으로 쓰도록 하자. 관련하여 '옥다', '숙다'에 대해 알아보자.

'오므라이스(←omelet rice)'를 '오무라이스'라 적어 놓은 음식점도 있다. '오므라이스'와 '오므리다'는 둘 다 '무'가 아니라 '므'이다.

(3) 옥다 ≪표준국어대사전≫
    ① 장사 따위에서 본전보다 밑지다.
       옥는 장사.
    ② 안쪽으로 조금 오그라져 있다.
       무수한 왜적들은 한꺼번에 손발이 옥아 들면서 까맣게 타 죽어 버린다.≪박종화, 임진왜란≫

(4) 숙다 ≪표준국어대사전≫
    ① 앞으로나 한쪽으로 기울어지다.
       벼 이삭이 숙었다./좁다란 두 바위 틈으로 올라가서 커단 바위가 앞으로 숙고 아래가 움쑥하게 패어 들어가….≪최남선, 심춘순례≫
    ② 기운 따위가 줄어지다.
       언성이 숙다/서슬이 숙어 들다/가을바람에 무더위가 한풀 숙었다.

사전에 '옥다', '숙다'라는 말이 있다고 해서 '옥으리다', '숙으리다'로 쓰면 안 된다. 일반적으로 뒤서는 접사가 '-이(-)'나 '-히(-)', '-음'일 때 형태를 밝혀 적는다. '-으리다'는 생산성이 매우 낮은 것이기에 '오그리다', '수그리다'처럼 소리대로 적은 것이다. '옥아', '옥아서'로 쓰는 이유는 기본형 '옥-'에 접사가 아닌 어미 '-아', '-아서'가 결합되었기 때문이다.

심화 전설모음화와 원순모음화

'부시시하다'는 '부스스하다'에 전설모음화가 적용된 것이다. '스'보다는 '시'가 발음이 쉽다. 일종의 동화이다. 'ㅅ'이 자신과 조음 위치가 가장 비슷한 모음 'ㅣ'와 어울린 것이다. 'ㅅ'이 영향을 주니 순행동화일 것이다(인접동화, 불완전동화).

'아기>애기'에서 확인되는 움라우트도 전설모음화라 할 수 있으므로 이들을 구분하기 위해 '부스스하다'에서 '부시시하다'로의 변화는 '전설고모음화'라 하기도 한다.

이렇듯 전설모음화가 적용된 방언형으로는 '멫칭', '칭칭대', '씰데없는 소리', '씬나물', '씸바귀' 등을 들 수 있다. '거츨 황'이 '거칠 황'으로 바뀐 것, '아츰'이 '아츰>아침'으로 바뀐 것, '즛'이 '짓'으로 바뀐 것도 알아 두자.

'오므리다'와 '오무리다'가 헷갈리는 이유는 발음 차이를 거의 느끼지 못하기 때문이다. 순음 'ㅁ'은 입술을 많이 사용한다. 모음 중에 입술을 많이 사용하는 모음은 '오'나 '우'이다. 15세기에는 '믈', '블'이었던 것이 '물'과 '불'로 바뀌었다. '브즈런ㅎ다>부지런하다', '브섭>부엌'도 마찬가지이다. '아버지'가 '아부지'로 변할 수도 있는 것이다. 이것이 바로 원순모음화이다.

이와 관련하여 소위 'ㅜ' 말음 어간을 살펴보자. 15세기에 '프고, 프니, 퍼(汲)'는 두 가지 부류로 나눌 수 있다. 자음어미 통합형과 매개모음어미 통합형은 '프-' 계열이고, 모음어미 통합형은 '퍼-' 계열이다. '프고'는 원순모음화가 적용되어 현대국어에 '푸고'로 나타나게 되었고 '퍼-'는 원순모음화가 적용될 환경이 아니라서 현대까지 '퍼' 그대로 전해 오고 있는 것이다. '주고, 주면, 줘 // 두고, 두면, 둬'와 대비해 볼 때 '푸고, 푸면, 풔'가 정상적인 형태일 것이다. 그런데 '풔'가 아니라 '퍼'이니 불규칙 용언이라 하는 것이다.

30 오손도손 / 오순도순 - 모음조화

모음조화는 현대국어에 일부만 남아 있다. 그 모음조화에 대해 좀 더 구체적으로 살펴보기로 하자.

유치원에서부터 배워 온 **모음 10개**는 다음과 같다.

(1)을 글쓴이는 유치원식 모음이라 부른다. 실제 10모음은 단모음(순수 모음)을 지칭하는 것이다.

    (1) ㅏ, ㅑ, ㅓ, ㅕ, ㅗ, ㅛ, ㅜ, ㅠ, ㅡ, ㅣ

이제 진짜 모음인 단모음을 찾아 나서자. 우리는 앞에서도 유치원에서 배운 'ㅏ, ㅑ, ㅓ, ㅕ, ㅗ, ㅛ, ㅜ, ㅠ, ㅡ, ㅣ'가 국어를 공부하는 데 상당한 무기라고 했다. 바로 'ㅑ, ㅕ, ㅛ, ㅠ'를 뺀 나머지가 순수 모음이다. 소위 단모음이라는 것이다. 그러면 10개에서 4개를 빼니 6개가 확인된다. 'ㅑ, ㅕ, ㅛ, ㅠ'는 y를 앞세운 이중모음이다. 소위 **상향이중모음**이라는 것이다. 위에서 얻은 단모음 6가지에 /·/를 더해서 15세기의 단모음 7개를 확인할 수 있다. 이를 아래에 제시하기로 하자.

공명도(울리는 정도)가 작은 '반모음류'가 공명도가 큰 '모음류'에 선행하면 상향이중모음이다. 공명도 그래프가 우상향으로 그려지기 때문이다. 그 반대면 하향이중모음이다.

• 상향이중모음=상승이중모음 예) 'ㅑ(ya)', 'ㅛ(yo)'
• 하향이중모음=하강이중모음 예) 'ㅢ(iy)'

    (2) ㅏ, ㅓ, ㅗ, ㅜ, ㅡ, ㅣ, ·

유치원식 모음 10개가 얼마나 큰 무기인가? 중세국어의 7모음도 쉽게 확인할 수 있으니 말이다.

7개의 모음 중에는 양성모음(밝고 경쾌한 특질)도 있고 그에 대응하는 음성모음(어둡고 둔탁한 특질)도 있다. 7개 중 'ㅣ'는 일단 중성모음으로 간주하고 제쳐 두자. 모양별로 그 대응을 살펴보자. 일단 양과 음의 관점에서 4가지가 확인된다.

    (3) ㅏ↔ㅓ
       ㅗ↔ㅜ

이 네 가지에 덧붙여 하늘을 뜻하는 'ㆍ'와 땅을 뜻하는 'ㅡ'가 양과 음이다. 거기에 땅을 딛고 하늘을 보고 살아가는 사람이 있다. 그것을 뜻하는 것이 'ㅣ'이다(**중성모음**).

다시 양성모음과 음성모음을 아래에 제시해 보자.

중성모음은 양성모음과도 어울리고 음성모음과도 어울린다 (ᄉᆡ〉사이, 두디궤〉두더지). 어간과 어미 이외, 형태소 경계의 환경에서는 당연히 모음조화가 적용되지 않는다(믌가, 흔술).

    (4) 양성모음: ㅏ, ㅗ, ㆍ
         음성모음: ㅓ, ㅜ, ㅡ

바로 양성모음은 양성모음끼리 음성모음은 음성모음끼리 결합하는 것이 모음조화(vowel harmony)이다. 15세기에는 이것이 꽤 철저하게 지켜졌다. 중세국어에서 두 단어를 꺼내면 거기에는 'ㆍ'라는 음이 적어도 하나는 들어가 있을 정도로 'ㆍ'는 막강한 영향력을 가지고 있었다. '가루'는 'ᄀᆞᄅᆞ', '하루'도 'ᄒᆞᄅᆞ', '하늘'도 '하ᄂᆞᆯ', '말씀'도 '말ᄊᆞᆷ', '다섯'도 '다ᄉᆞᆺ', '아침'도 '아ᄎᆞᆷ' 등 실로 엄청나게 많은 단어에 'ㆍ'가 확인된다. 모두 모음조화를 철저히 지키고 있음을 알 수 있다. 'ㆍ'와 결합할 수 있는 것은 'ㆍ', 'ㅏ', 'ㅗ' 중 하나인 것이다. '뫼ᄂᆞᆫ', '뫼ᄅᆞᆯ', '말ᄋᆞᆫ', '말ᄋᆞᆯ' // '벼ᄂᆞᆫ', '벼ᄅᆞᆯ', '믈은', '믈을'처럼 매우 정연한 모습을 띠는 것이 모음조화라고 해도 과언이 아니다.

이렇게 모음조화에 큰 영향력이 있던 'ㆍ'가 없어진다고 생각해 보라. 언어생활에는 큰 위기가 올 것이다. 이렇게 모음조화는 동요를 일으키게 되었다.

그러다가 현대국어에는 모음조화가 거의 자취를 감추게 되었다. 그래도 표기에는 어느 정도 남아 있다고 해야 할 것이다.

    (5) 가. 잡아, 맡아, 앉아 // 볶아, 보아라, 곪아도
        나. 먹어, 적어, 얹어 // 죽어, 주어라, 굶어도

그런데 이조차도 실제 발화는 '잡어', '맡어', '앉어'로 나타나는 경우가 많다. 심지어 '몰러', '빨러'라고 하는 사람들도 확인된다. **모음조화**가 파괴되

'뺄어', '뺏어', '되어', '쬐어' 등을 보건대 현대국어에서 'ㅐ'나 'ㅚ'는 양성모음이 아니다.

고 있는 실상이다. 그래도 '고와'를 '고워', '도와'를 '도워'라고 하는 사람은 그다지 많지 않다. '좋아', '볶아'의 경우도 마찬가지이다. '오'가 개재해 있을 때는 모음조화가 어느 정도 지켜지는 편이다.

그래도 의성어, 의태어에는 모음조화가 많이 보인다. '찰싹/철썩', '찰카닥/철커덕', '팔짝/펄쩍', '촐랑촐랑/출렁출렁' 등에서 모음조화를 쉽게 확인할 수 있다. 그런데 이들 유형 중 '깡충깡충', **'오순도순'**은 모음조화를 어긴 발음이 표준어가 되었다.

이상을 토대로 학교문법에서 다루는 현대국어의 모음조화를 정리해 보기로 한다.

> '오손도손'과 '오순도순' 모두 표준어이다. 2011년 8월에 '오손도손'도 표준어가 되었다. 한편 '오순도순'에 고모음화 규칙이 적용되면 '오순도순'이 도출되는데 이런 'ㅗ〉ㅜ' 고모음화의 예로 '깡총깡총〉깡충깡충', '삼촌〉삼춘', '부조〉부주', '사돈〉사둔', '소꼽질〉소꿉질', '나모〉나무', '아조〉아주', '자조〉자주' 등을 들 수 있다. 알다시피 '삼춘', '부주', '사둔'은 표준어가 아니다.

(6) 가. 어간과 어미 '아(X)/어(X)'의 결합에서 확인된다.
　　　잡아, 잡았다 // 먹어, 먹었다
　　　속아, 속았다 // 굽어, 굽었다
　　나. 의성어, 의태어에서 확인된다.
　　　찰카닥/철커덕, 촐랑촐랑/출렁출렁

'·'는 소실되었지만 그래도 '오'와 '아'가 한 단어 내에서 조화를 이루고 있고 그에 대립되는 모음 '우'와 '어'도 조화를 이루고 있다.

□ **심화** 중부 방언의 '잡아라/잡어라(捉)'와 '맡아라/맡어라(擔)'

중부 방언에서는 일반적으로 '잡아라', '맡아라'에 비해 '잡어라', '맡어라'의 실현 빈도가 높다고 한다. 아래 Twice의 'Cheer up'에서 같은 유형의 단어를 찾아보자.

(7) … 바로바로 대답하는 것도 매력 없어. 메시지만 읽고 확인 안 하는 건 기본. 어어어 너무 심했나 boy, 이러다가 지칠까 봐 걱정되긴 하고, 어어어 안 그러면 내가 더 빠질 것만 같아 빠질 것만 같아 …

◻ **심화** 새로와라/새로워라

(8)에 제시된 두 가지가 헷갈리는 사람은 거의 없을 듯하다. 그런데 (9)에
이르게 되면 답변을 제대로 못하는 경우가 있다.

(8) 가. 빛깔이 (고와야, 고워야) 한다.
나. 불우한 사람을 (도와, 도워) 가면서 살자.

(9) 가. 날로 (새로와라, 새로워라).
나. (괴로와도, 괴로워도) 슬퍼도 나는 안 울어.

'새롭-', '괴롭-' 등에서는 둘째 음절이 양성모음(밝고 경쾌한 특질)이므
로 그에 대응하는 모음도 '어(어둡고 둔탁한 특질)'가 아니라 '아(밝고 경쾌
한 특질)'라 하는 것이 여러모로 체계적이다. 그러나 맞춤법 규정에는 이들
에 대해 아주 간단명료하게 제시하고 있다. '도와', '고와'를 제외하고는 모
두 '-워'로 적게끔 하고 있다. '고와', '도와'만 기억하면 된다. 'ㅂ' 불규칙
용언이라면 일단 '와'가 아닌 '워'를 선택하되 단음절 어간 '곱-', '돕-'에서
는 '고와', '도와'를 선택하면 된다는 것이다. 그만큼 어간이 몇 **음절**로 구성
되었느냐가 중요하다.

세 음절과 세 글자는 다른 말
이다. '먹었다'의 둘째 음절은
'걷'이고 셋째 음절은 '따'이다.

31 '산 너머 / 산 넘어' 남촌에는

아래에 밑줄 부분이 맞춤법에 맞게 쓰인 것인지 알아보자.

(1) 거칠은 벌판으로 달려 가자. 젊음의 태양을 마시자. 보석보다 찬란한
숨결이 살고 있는 저 언덕 <u>너머</u> ……

'너머'라는 말도 있고 '넘어'라는 말도 있다. 전자는 명사이고 후자는 동사이다. 그러면 '너머'가 왜 명사일까? 명사는 기본적으로 관형어의 수식을 받을 수 있다. 그리고 뒤에 조사가 결합될 수도 있다. 아래의 두 용례를 보도록 하자.

(2) 저 너머에 있는, 저 너머로 가면

두 용례 '너머'에 모두 조사가 결합되어 있다. 그리고 앞말인 관형어 '저'가 '너머'를 수식하고 있다. 그러므로 '**너머**'는 명사가 된다.
(3)에는 김동환의 시 제목이 제시되어 있다.

다음은 글쓴이가 어릴 때 즐겨 부르던 동요이다. 여기의 '너머'도 명사이다. '너머도'에서처럼 조사 '-도'가 결합되어 있기 때문이다. '넘어'로 써서는 안 된다.

산 너머 산, 그 너머도 산, 찬 하늘 아래, 외로운 낮밤을 보내고 있는, 형아, 동생아, 설움을 참으며 …

(3) 산 너머 남촌에는

(3)을 '산 너머의 남촌에는/산 너머에 있는 남촌'이라는 뜻으로 파악하면, '너머'에 결합된 조사 '-의/에'가 확인되기에 '너머'는 명사임을 알 수 있다. 이를 토대로 할 때 다음에 제시된 '너머'도 모두 명사로 보아야 한다.

(4) 가. 산 너머 산에 가자.
나. 산 너머에 있는 산에 가자.

(5)에 제시된 예는 구분될 필요가 있다.

(5) 가. 산 너머 산

　　나. 산 넘어 산

　모두 맞는 말이다. (5가)는 '산 너머의 산'이라는 뜻이다. (5나)처럼 '넘어'가 동사로 쓰인 예를 ≪표준국어대사전≫에서 가져와 본다.

(6) 가. 산 넘어 산이다: 고생이 갈수록 점점 더 심하여짐을 비유적으로 이르는 말. ≒산은 오를수록 높고 물은 건널수록 깊다.

　　나. 어깨가 귀를 넘어까지 산다: 허리가 구부러져서 어깨가 귀보다 올라갈 때까지 오래오래 산다는 뜻으로, 한 일도 별로 없이 오래 삶을 비유적으로 이르는 말.

　　다. 큰 산 넘어 평지 본다: 고생을 이겨 내면 즐거운 날이 옴을 비유적으로 이르는 말.

원리는?

'넘어' 외에 '너머'로 쓰이는 명사의 용법도 알아 두자. '너머'에 조사가 결합되면 **'너머'**는 명사이다. '그 너머도 산이야'에서 조사 '-도'가 결합되었기에 '너머'는 명사이다.

'너머'와 마찬가지로 '건너'도 명사로 쓰인다('강 건너의 산소', '그 건너도 산'). 한편 방언에는 '-에'의 결합형 '너메', '건네' 형태도 확인된다.

- 저 너메 뭐가 있노(너머+에 →너메)?
- 저 건네 뭐가 있노(건너+에 →건네)?

32 들이키고 / 들이켜고

1930년대 염상섭의 소설 ≪삼대≫에 등장하는 (1)과 같은 표현을 통해 우리는 '(들이)켜-'라는 용언을 확인할 수 있다. 그런데 현대 방언에서는 대부분 '들이키-'로 실현된다. '들이켜-'에서 '들이키-'로의 변화는 (2)를 통해서 확인될 수 있다.

(1) 덕기는 병화가 그 큰 컵을 들고 벌떡벌떡 다 켜기를 기다려 물어보았다.

(2) 가. 들이켜고, 들이켜지, 들이켜니, 들이켜도
나. 들이키고, 들이키지, 들이키니, 들이켜도

(2가)는 '가(去)-', '서(立)-' 등과 같이 음운규칙을 거의 적용하지 않고도 여러 활용형을 도출할 수 있는 패러다임이다. 그런데 화자들은 모음어미와의 통합형 '들이켜도'를 통해서 어간을 재분석할 수 있다. 재분석된 어간은 '들이켜-'가 될 수도 있고, '들이키-'가 될 수도 있다. 어간이 '들이켜-'로 재분석될 경우는 '켜(火)-'류의 패러다임이 기준형이 된다. 첫 두 음절 '들이'만 제외하면 '켜고, 켜지, 켜니, 켜도'와 같은 패러다임을 형성하게 된다. 어간이 '**들이키-**'로 재분석될 경우는 '일으키(起)-'류의 패러다임이 기준형이 된다. '일으키고, 일으키지, 일으키니, 일으켜도'의 첫 두 음절 '일으/들이'만 다를 뿐, '일으키-'와 같은 패러다임을 형성하게 된다. 언중은 '일으키-'와 관련시켜 '들이키-'로의 변화를 촉발하였다. 그래서 우리는 '들이켜고', '들이켜지'라는 말을 좀체 들을 수가 없게 되었다.

'들이켜-〉들이키-'로의 **재구조화**와 관련하여 '켜-〉키-'로의 재구조화도 검토할 수 있다. 요즘 청장년층에서는 '(전등을/불을) 키고, 키지, 키니, 켜도'와 같은 패러다임에 익숙해 있다. '들이켜-'에 비해서는 '켜'라는 형태의 발화 빈도가 그래도 높은 편이다. 다만 일반적으로 청장년층의 경우는 '켜

어간이 '들이키-'로 재분석된다면 모음어미와 통합할 때에는 반모음화 규칙을 적용하여 표면형 '들이켜도'를 도출할 수 있다.

재구조화(再構造化, restructuring)는 기저형(기본형)의 변화로 파악한다. 언어능력의 기저에서 형태들이 통합되어 음성으로 실현되기에 기본형보다는 기저형이 인간의 언어능력을 이해하는 데 유용해 보인다.

–>키–’로 재구조화되었다고 말할 수 있다.

이와 관련하여 '**펴**–>**피**–(**伸**)'로의 재구조화도 살펴보자. 아래 표는 2014년 평택 지역에서 조사한 결과이다.

펴다/피다/페다	ㅕ	ㅣ	ㅔ
16~25세(1집단)	42.0	56.5	1.4
26~35세(2집단)	52.6	47.4	0.0
36~45세(3집단)	78.8	21.2	0.0
46~55세(4집단)	62.5	37.5	0.0
56~65세(5집단)	60.9	39.1	0.0
66세 이상(6집단)	38.9	53.7	7.4
합계	53.3%	45.0%	1.7%

전체적으로 '펴–'가 50%를 웃돌고 있다. 3집단에서 5집단까지는 '펴–'의 빈도가 지배적이나 나머지 그룹에서는 '피–'의 빈도도 45%를 상회하고 있다. 의외로 '피다'라고 발화하는 사람이 많다는 뜻이다.

모음어미 결합형 '펴'를 재분석하면 그 어간이 '펴–'가 될 수도 있고 '피–'가 될 수도 있다. '(꽃이) 피다', '(꽃이) 펴서'를 기준으로 하여 '피–'로 재분석할 수 있다.

33 해질 녁 / 해질 녘

명사 '잎'에 조사 '-이'가 결합한 '잎+이'는 대체로 '이비'가 아니라 '이피'로 발화되기에 별 문제가 없다. 그런데 '나뭇잎이', '풀잎이'를, '**나문니비**', '풀리비'라 하는 경우가 많다. 다음을 보도록 하자.

표준어 '잎이'를 '이비'라고 발화하는 사람들도 많아지는 듯하다. 이제는 '여덜비'라는 발화는 물론, '술깝씨'라는 발화도 잘 들리지 않는다. 체언의 단독형의 발화(여덜, 술깝)가 조사 '이(X)'가 결합될 때에도 그대로 유지되는 것이다. 이른바 체언의 자립성과 관계된다. 조사 '이(X)'에는 주격 조사 '-이', 서술격 조사 '-이다'가 포함된다.

> (1) 가. 해질 녁/해질 녘
>   나. 북녁/북녘

후자가 맞는 표현이다. 우리는 이런 것이 왜 헷갈릴까? 이제는 '해질 녀케', '동녀케', '남녀케', '북녀케'라고 하는 젊은 제보자를 만나기가 쉽지 않다. 그러다 보면 맞춤법이 헷갈리게 된다. 이러한 현상과 관련하여 다음도 헷갈리게 된다.

> (2) 목젖/목젓

우리의 현실 발음은 '목저시', '목저슬'이다. 그러면 '나시', '나슬'이라고 할 때처럼, 또 '모시', '모슬'이라고 할 때처럼 — 이는 '낫'과 '못'이라 적는다 — 당연히 '목젓'으로 써야 한다. 그런데 사전을 찾으면 'ㅈ' 받침의 '목젖'이라 되어 있다. 중부 방언 화자들에게서 종성의 'ㅈ', 'ㅊ', 'ㅌ' 등은 실제 발화에서 제대로 확인되지 않을 수 있다.

모두에서 언급한 바와 같이 '이피'라고 하다가도 '나문니비', '풀리비'라고 하는 사람이 있다고 했다. 그 이유는 단음절 어간과 다음절 어간의 차이로 이해하면 될 듯하다. 'ㅋ', 'ㄲ'으로 끝나는 단어에서도 이를 확인할 수 있다. 'ㅋ', 'ㄲ'으로 끝나는 명사 '부엌', '(해질) 녘', '안팎'의 경우는 조사가 결합할 때 '부어기', '해질 녀기', '안파기'처럼 'ㄱ'으로 발음되지만 단음절 명사 '밖'의 경우는 '바기'처럼 'ㄱ'으로 발음되는 경향이 낮다.

반면 단음절 명사라 할지라도 명사와 조사가 결합하는 환경에서 'ㅈ', 'ㅊ', 'ㅌ' 등은 웬만하면 'ㅅ'으로 발음된다.

(3) 가. 아가가 엄마 젓을 자꾸 깨문다(젖+을).
　　나. 꼿이 예쁘다(꽃+이).
　　다. 밧이 크다(밭+이).

'ㅅ'은 'ㅈ'과 'ㅉ', 'ㅊ'보다 무표적(unmarked)이다. **유표적**인 'ㅈ', 'ㅊ'보다 무표적인 'ㅅ'으로 발화하는 것이 어떤 면에서는 경제적일 수 있다. 그래서 '젖', '꽃'은 무표적인 '젓', '꼿'으로 바뀔 수 있다. 그렇다면 'ㅌ' 받침을 가진 '밭이'는 왜 '바시'로 발음되기도 하는가. (4가)에는 'ㅊ' 받침 명사가, (4나)에는 'ㅌ' 받침 명사가 확인된다.

> 유표성(Markedness)은 속담 '모난 돌[유표적인 것]이 정 맞는다'와 관련지어 이해할 수 있다.
>
> • 유표적=특징적
> • 무표적=일반적

(4) 가. 꽃이, 꽃은, 꽃을
　　나. 밭이, 밭은, 밭을

그 발음을 (5)에 제시해 보자.

(5) 가. 꼬치, 꼬츤, 고츨
　　나. 바치, 바튼, 바틀

(5가)의 'ㅊ'은 유표적이기에 가장 무표적인 'ㅅ'으로 바뀔 수 있다. 그래서 '꼬시, 고슨, 꼬슬'이라는 발화가 생겨날 수 있다. 이른바 서울 사투리 유형이다. 문제는 (5나)인데 첫 번째 곡용형 '바치'가 그 단초를 제공할 수 있다. 이때 '꼬치>꼬시'에서와 같이 'ㅊ'은 다시 무표적인 'ㅅ'으로 바뀔 수 있다. 그래서 '바시, 바튼, 바틀'과 같은 발화가 가능한 것이다. 여기에 또 단일화(밧�밭>밧)가 일어나 **바시, 바슨, 바슬**과 같이 발화될 수 있는 것이다.

　경상도 일부 지역에서는 '바치, 바츤, 바츨'과 같이 발음하기도 한다. 바로 'ㅊ'으로 단일화한 것이다. 청장년층은 대중매체의 영향으로 서서히 '바시'라 발화하기도 한다.

> '바시, 바슬, 바세'로 단일화한 화자가 있는가 하면 '바시, 바슬, 바테'로 발화하는 화자도 있다. 이처럼 처격 조사 '-에' 결합형은 이전 시기의 형태를 보여 줄 수 있다.

34 가요 '어머나' 가사를 맞춤법에 맞게 쓰기

이번에는 그동안 배운 것을 복습한다는 의미에서 '어머나(장윤정)'의 가사를 규정에 맞게 적고 그 해설을 해 보려 한다. 아직 띄어쓰기에 대해서는 살펴보지 않았지만 여기에서 그 일면도 알아보기로 한다. 노래 가사는 어떤 대학생이 적은 것이다. ①, ② 등은 설명을 위해 글쓴이가 넣은 것이다.

어머나 어머나 이러지 마세요.
여자의 마음은 갈대랍니다.
① <u>안되요</u> 왜 이래요 묻지 ② <u>말아요</u>.
더 이상 내게 원하시면 ① <u>안되요</u>.
오늘 처음 만난 당신이지만 ③ <u>**내 사랑인 걸요**</u>.
헤어지면 남이 되어 ④ <u>모른척 하겠지만</u>
좋아해요 사랑해요. ⑤ <u>거짓말 처럼</u> 당신을 사랑해요.
⑥ <u>소설 속에 영화 속에 멋진 주인공은 아니지만</u>
괜찮아요 말해 봐요 당신 ⑦ <u>위해서 라면</u> 다 ⑧ <u>줄께요</u>.

-ㄴ걸 ≪표준국어대사전≫

(구어체로) 해할 자리나 혼잣말에 쓰여, 현재의 사실이 이미 알고 있는 바나 기대와는 다른 것임을 나타내는 종결 어미. 가벼운 반박이나 감탄의 뜻을 나타낸다. 지난간 일에 대한 후회가 드러난다.
¶ 차는 이미 떠난걸./그때는 누구나 다 그렇게 산걸./이젠 다 끝난걸 뭐./아버지는 이미 돌아가신걸.
¶ 그 앤 아직 어린앤걸./우리 할머니께는 오빠가 세 분이나 계신걸./이건 제법 괜찮은 그림인걸!/내가 생각한 거랑 다른걸.

① 안 돼요: '안'은 무조건 띈다(예: '안 가', '안 돼' 등). '되어요'의 준말은 '돼요'이다.

② 말아요/마요: '-요'를 뺀 나머지 말은 단독으로 쓸 수 있어야 한다. 사실은 '묻지 말아'가 아니라 '묻지 마'가 옳은 표현이었다. '-지 마'에 '-요'가 붙은 것이 바로 '-지 마요'이기 때문이다. '묻지 말아'가 정상적인 말이라 보기 어려우니 거기에 '-요'를 붙인 '묻지 말아요'도 당연히 정상적인 말은 아니었다. 이렇듯 '말아(요)'는 어법에 어긋난 말이었으나 2015년 12월에 표준어로 규정되었다.

③ 내 사랑인걸요: 'ㄴ걸'로 사전 검색을 해 보면 이들과 상통하는 예문이 보인다. 화자가 좋다는 느낌을 남에게 전할 때, 혹은 독백일 때도 가능

하겠다. 하지만 '딱딱한 걸 먹자'라고 할 때는 띄어 쓴다(이때는 '딱딱한 사물'을 뜻하는 것이다).

④ 모른 척하겠지만: '척'은 '듯', '체'와 같이 당당히 사전에 명사로 등재되어 있다. '척'의 앞말은 '모른', '먹은'과 같이 'ㄴ'으로 끝나는 것이 일반적이다. 앞말이 'ㄴ'이나 'ㄹ'로 끝나면 뒤의 말과 띄는 경우가 많다(예: 간 사람, 갈 사람, 온 듯, 올 듯 말 듯). 그래서 일단 '모른 척'은 띄어서 쓴다. 한편, '척하다', '도외시하다', '되새김질하다' 등에서의 '-하다'는 명사 뒤에 무조건 붙여 쓴다. '도외시하다', '되새김질하다'를 띄고 싶다면 '조용하다', '깨끗하다'도 띄어야 하지 않을까?

⑤ 거짓말처럼: '-처럼'을 띄는 경우는 없다(예: 전라북도에서처럼, 되새김질처럼 등).

⑥ 소설 속의 영화 속의 주인공은 아니지만: 여기에서는 '영화 속의 주인공'처럼 **명사+의+명사** 구조를 말하는 것이다. '영화 속에 있다'는 식으로 서술어와 바로 호응되는 것이 아니다. '학교의 나무'와 '학교에 나무(×)', '학교에 있는 나무', '학교에 나무가 있다', '학교에 가는 사람', '학교의 있는 사람(×)' 등의 예를 잘 살펴보면 '-에'를 쓸 경우는 서술어로 직접 연결된다는 것을 알 수 있다. '소설 속에 … 아니지만'은 호응이 되지 않으니 '소설 속의'로 적어야 한다.

> '명사+의+명사' 구조
>
> - 남산 위에 저 소나무(×)
> - 남산 위의 저 소나무(○)
> - 꽃 중에 꽃(×)
> - 꽃 중의 꽃(○)

⑦ **위해서라면**: '-라면'도 '전라북도에서처럼', '되새김질처럼'과 같이 띄는 경우가 없다(예: 이 몸이 새라면, 다만 '맛있는 라면'은?).

⑧ 줄게요: 어미는 물음표를 붙일 수 있는 경우, 소리대로 즉, 된소리(경음)로 쓴다. 그 외는 여린소리(평음)로 쓴다(예: 할쏘냐?, 할까? // 할걸, 할게, 할지라도). '**할걸**', '할게' 등은 물음표를 붙일 수 없기에 된소리(경음)로 써서는 안 된다.

> 방탄소년단이 부른 'Fake love'의 첫 부분이 아래에 제시되어 있다. 좌측의 설명을 보면서 밑줄 친 부분을 고쳐 보자.
>
> 널 <u>위해서라면</u> 난 슬퍼도 <u>기쁜 척 할</u> 수가 있었어
> 널 위해서라면 난 아파도 <u>강한 척 할</u> 수가 있었어

> '할걸'을 발음할 때 끝을 올리는 경우가 많다. 끝이 올라간다고 해서 모두 의문문은 아니다. 대개 '-ㄹ걸'의 끝이 올라갈 때는 '화자의 추측이 상대편이 이미 알고 있는 바나 기대와는 다른 경우'일 것이다.

■ 심화 가요 '인연'의 가사 수정하기

위의 설명을 참고하여 아래 가사에서 잘못된 부분을 수정하라. 밑줄 친 부분을 중심으로 생각하자.

인 연

이선희

사전에서 '그날'과 '또다시',
'못다'를 찾아보자.

약속해요 이 순간이 다 지나고 다시 <u>보게 되는</u> **그 날**
<u>모든 걸</u> 버리고 그대 곁에 서서 남은 길을 가리란 걸.
인연이라고 하죠. <u>거부할 수가</u> 없죠.
내 생에 이처럼 아름다운 날 <u>또 다시</u> 올 수 있을까요.
고달픈 삶의 길에 당신은 <u>선물인 걸</u>.
이 사랑이 녹슬지 않도록 늘 닦아 <u>비출께요</u>.

<u>취한 듯</u> 만남은 짧았지만 빗장 열어 <u>자리했죠</u>.
맺지 <u>못한데도</u> 후회하진 않죠 <u>영원한 건</u> 없으니까.
운명이라고 하죠 거부할 수가 없죠.
내 생에 이처럼 아름다운 날 또다시 올 수 있을까요.
하고픈 말 많지만 당신은 **아실 테죠**.
먼 길 돌아 만나게 되는 날 다신 <u>놓지 말아요</u>.
이 생에 <u>못다 한</u> 사랑, 이 생에 <u>못 한</u> 인연
먼 길 돌아 다시 만나는 날 나를 <u>놓지 말아요</u>.

방탄소년단이 부른 '봄날' 가사의 일부이다. 밑줄 친 부분의 띄어쓰기가 맞는지 말해 보자.

… 허공을 떠도는 <u>작은 먼지처럼 작은 먼지처럼</u>
날리는 눈이 나라면 조금 더 빨리 네게 <u>닿을 수 있을 텐데</u> …

'터'는 의존명사이다. '텐데'는 '터+ㅣ+ㄴ데'로 분석된다.

35 띄어쓰기 원칙 – 'ㄴ', 'ㄹ' 받침 뒤에서 띄어라

이번에는 띄어쓰기에 대해 간단히 알아보려 한다. 조사와 어미는 붙여 쓴다는 것이 띄어쓰기의 대원칙이다. 문제는 전공자가 아니라면 무엇이 조사이고 무엇이 어미인지 잘 모른다는 것이다. 일반인을 위해 쉽게 접근할 수 있는 방법도 있으니 크게 걱정하지 않아도 된다. 우선 다음 문제를 풀어 보자.

(1) 가. 그 일은 (한만큼, 한 만큼) 혜택이 돌아간다.
   그 일을 (할만큼, 할 만큼) 바보는 아니다.
   그 일은 (하는만큼, 하는 만큼) 혜택이 돌아간다.
  나. 내가 (한대로, 한 대로) 해라.
   그냥 (될대로, 될 대로) 되라고 했다.
   내가 (하는대로, 하는 대로) 해라.
  다. 그 일을 (**한듯, 한 듯**)하다.
   그 일을 (할듯, 할 듯)하다.
   그 일을 (하는듯, 하는 듯)하다.
   그 일을 (할듯 말듯, 할 듯 말 듯) 주저하고 있다.

보조 용언은 붙여 쓸 수 있다. 단, '한 듯하다'에서 '듯하다'는 보조 용언이니 앞말과 붙여 쓸 수 있지만 '한 듯', '한 듯이'는 붙일 수 없다. '듯'과 '듯이'는 의존명사이기 때문이다.

후자처럼 적는 것이 좋다. 쉽게 접근하기 위해 (2)와 같은 방식을 추천하고 싶다. 그 예는 (3)에 제시한다.

(2) 'ㄴ', 'ㄹ' 받침 뒤에서 띄어 쓰자. 그러면 90% 옳다.

(3) 오는 듯, 올 듯, 온 듯, 올 듯 말 듯, 오는 대로, 올 대로, 온 대로, 오는 만큼, 온 만큼, 올 만큼, **그런 거야, 그럴 거야, 그러는 거야**, 할 수 있다, 할 뿐이다, 될 텐데, 갈 테야, 갈 만하다…

앞에서 'ㄴ', 'ㄹ' 받침 다음에서 띄어 쓰면 90% 옳다고 했는데 그 기능적인 측면을 영어와 대비하면서 'ㄴ', 'ㄹ' 받침의 중요성을 강조하고자 한다.

방탄소년단의 노래 '봄날'의 일부이다. 밑줄 친 부분의 띄어쓰기가 잘못된 곳을 찾아보자.

… 니가 변한 건지 아니면 내가 변한 건지 이 순간 흐르는 <u>시간조차</u> 미워 우리가 변한 거지 뭐 모두가 <u>그런 거지</u>, 뭐 …
You know it all You're my best friend
아침은 다시 <u>올거야</u> 어떤 어둠도 어떤 계절도 <u>영원할 순</u> 없으니까 …

(4) <u>the man</u> who *is standing* ~~by the tree~~

나무 옆에 *서 있*<u>는</u> <u>남자</u>

위에서 영문의 밑줄은 번역문(한글)의 '남자'에 대응되어 있고 기울어진 이탤릭체 '*is standing*'은 '서 있-'에 대응되어 있다. 이런 식으로 대비해 볼 때 남은 것은 관계대명사 who와 '-는'이다. 영어 문법에서 관계대명사가 중요하듯 국어 문법에서 '-ㄴ/는', '-ㄹ'이 매우 중요하다. 영어에서는 이를 '관계대명사'라고 하지만 한국어에서는 이를 **'관형사형 어미'**라고 한다. 두 용어 모두 '관'으로 시작한다.

한편, '대한민국에서처럼도'와 '지금으로부터'는 모두 조사가 연이어 등장하는 구조이다. 모두 붙여 쓰면 된다. '산부터', '물부터' 또한 붙여 써야 한다. '온 만큼/올 만큼'의 '온/올'과 달리 '산부터/물부터'의 'ㄴ/ㄹ'은 원래 명사 자체에 포함된 것이다. 이와 관련해 아래 형태의 의미를 파악해 보기로 하자. 후자처럼 띄어 쓰는 경우는 '만큼' 앞말이 동사이며, 전자처럼 붙여 적는 경우는 '만큼' 앞말이 명사이다.

(5) (산만큼, 산 만큼)　　　　(돈만큼, 돈 만큼)
　　 mountain buy/live　　money turn/spin

다음 강에서는 'ㄴ', 'ㄹ' 받침 뒤에서 띄어 쓰지 않는 10%를 찾아가기로 하겠다.

ㄴ, ㄹ 받침, 정확하게는 관형사형 어미라고 해야 한다. 관형사형 어미에는 '-는', '-ㄴ/은', '-ㄹ/을', '-던'이 있다. 관형사형 어미 '-던'과 달리 선어말어미 '-더-'는 1인칭과 쓰일 수 없다고 한다.

① '네/영수'가 춤을 잘 추더라.
② '내'가 춤을 잘 추더라.

①과 달리 ②는 일반적으로는 비문법적이다.
단, 1인칭과도 호응하는 경우도 있다. "영수야, 10년 전 동영상을 우연찮게 보게 되었는데, 나도 예전에는 춤을 잘 추더라."와 같은 상황을 생각해 볼 수 있다.
그런데 관형사형 어미 '-던'에는 그런 제약이 없다. '내가 놀던', '내가 먹던'처럼 1인칭과 자유롭게 통합한다. '-던'을 '-더'와 'ㄴ'으로 분석하면 곤란한 경우이다.
'-더-'는 명제에 대해 일정한 거리를 두면서 발화하는 느낌이 있다. 그러니 '나도 예전에 춤을 잘 추더라'와 같은 문장이 가능할 수 있다.
한편, '-더라'는 하나의 형태소로 보는 입장이 강하다. '먹었다'는 '먹었지만', '먹었고'와 같이 어말어미가 교체될 수 있으나 '먹더라'는 '먹더지만', '먹더고'로 교체되지 않기 때문이다('-는다' 또한 분석하지 않기도 한다).

□ **심화** 다음 시에서 띄어쓰기가 잘못된 곳을 바로 잡아라.

행 복

허영자

눈이랑 손이랑
깨끗이 씻고
자알 찾아보면 있을거야.

깜짝 놀랄만큼
신바람 나는 일이
어딘가 어딘가에 꼭 있을거야.

아이들이
보물찾기 **놀일 할 때**
보물을 감춰 두는

바위 틈새 같은데에
나무 구멍 같은데에

행복은 아기자기
숨겨져 있을거야.

'놀일 할 때'는 '놀이를 할 때'가 본말이다. '너를 볼 때'를 '널 볼 때', '아이를 볼 때'를 '아일 볼 때'라고 하는 것과 같다.

36 띄어쓰기 보충 – 사전 찾는 방법을 알아야

앞 강에서 우리는 'ㄴ', 'ㄹ' 받침 뒤에서 띄어 쓰면 90% 옳다고 했는데 관련된 예를 편의상 다시 제시해 보기로 하자.

> (1) 오는 듯, 올 듯, 온 듯 // 오는 만큼, 온 만큼, 올 만큼 // 그런 거야,
> 그럴 거야, 그러는 거야 // 될 텐데, 갈 테야 // **갈 만하다**…

다만, 'ㄴ', 'ㄹ' 뒤에서 무조건 띄어 쓰는 것은 경계해야 한다. '갈지라도'를 예로 들어보자. '갈지라도'의 어간 '가–'를 제외한 나머지 부분 '–ㄹ지라도'가 사전 표제어로 있다면 붙여 쓰면 된다. 국어사전 검색창을 띄워 놓고 '○○○○'를 입력해 보면 그 뜻풀이가 뜨는 경우가 있다. 그런 경우 검색창에 입력한 형태를 그대로 붙여 쓰면 된다. 검색창에 하이픈을 빼고 'ㄹ지라도', 'ㄹ게'를 입력하면 다음과 같은 내용이 뜨는데 간추려 적어 보기로 한다.

> (2) **–ㄹ지라도** 「어미」 앞 절의 사실을 인정하면서 그에 구애받지 않는 사
> 실을 이어 말할 때에 쓰는 연결 어미.
> **–ㄹ게** 「어미」 (구어체로) 해할 자리에 쓰여, 어떤 행동을 할 것을 약속
> 하는 뜻을 나타내는 종결 어미.

(2)와 같이 뜻풀이가 검색창에 뜨는 경우는 '갈지라도', '갈게'로 써야지 '갈 지라도', '갈 게'로 쓸 수 없다는 뜻이다. 이것이 바로 위에서 말한 90%의 정체이다.

반면, 'ㄹ듯이'를 검색창에 쳐 넣으면 "'ㄹ듯이'에 대한 검색 결과입니다.(0건)"라고 뜬다. 'ㄹ'과 '듯이'를 **띄어 쓰라**는 뜻이다(갈 듯이).

• 산만 한 파도(=산만큼 큰 파도)

'하다'는 중세국어 시기에 '크다/많다'라는 뜻이었다(널라와 시름 한 나도=너보다 시름 많은 나도).
cf. 하고많은 말(하고많다=하다), 하고한 날 드러누워 있다.
cf. 허구(許久)한 날 늦잠이야.

• 갈 만한 곳이 못 돼. 여기에서의 '만'은 접사 '–하다' 앞에 놓이는 어근이다. '갈 만도 하다', '갈 만은 하다'와 같이 '만'에는 조사가 결합될 수 있다. '할 듯하다', '할 듯도 하다'를 생각해 볼 수 있다. 이러한 '만하다'와 '듯하다'류를 보조 용언이라 한다.

'띄어쓰기'는 붙여 쓰고 '띄어 쓰라'는 띄어 쓴다. 합성어와 구의 차이이다. 합성어 '띄어쓰기'에는 '띄어 쓰는 것'과 '붙여 쓰는 것'이 다 포함된다. 구성 성분의 원뜻으로는 복원하기 어려운 뜻을 가진 것이다. 그러니 한 단어로 처리해야 한다.

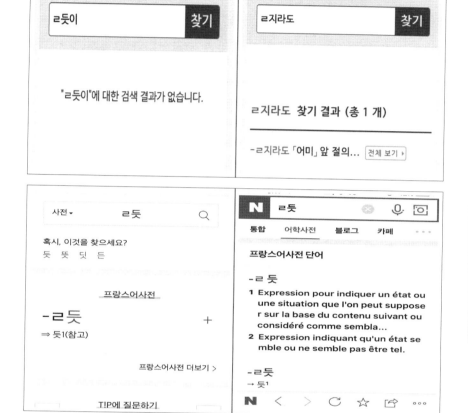

좌측은 검색 사이트에서 'ㄹ듯'을 입력한 결과이다. '–ㄹ듯'이 사전에 등재되어 있다면 그 설명이 적나라하게 뜬다. 사전에 등재되어 있지 않기에 비정상적인 정보가 먼저 뜨는 것이다. 'ㄹ듯'의 정보가 제대로 뜨지 않는다는 것은 붙여 써서는 안 된다는 뜻이다.

전공자가 아니라면 여기까지는 신경 쓰지 말고 다음 3가지 '지', '데', '밖'의 경우만 잘 기억하자. 먼저 '지'는 기간을 나타내는 것과 그렇지 않은 것이 있다.

(3) 가. 한국에 온 지 10년이 지났다.
　　　워낙 버려진 지 오래되었다.
　　　이 약을 먹은 지 1년이 지났다.
　　나. 어디로 올라가는지 알 수 없다.
　　　비가 오려는지 하늘이 시꺼멓다.
　　　이 문서가 도움이 될지 의문이다.

(3가)의 '지'는 모두 기간을 나타낸다. 반면 (3나)의 '지'는 기간을 나타내는 것이 아니라 어미 '-는지', '-ㄹ지'의 일부이다. 두 경우를 대비해 보고 그 차이를 확인하기 바란다.

또한, (4)를 통해 '곳' 또는 '것'의 의미를 가진 '데'와 그렇지 않은 '데'를 구별해야 한다.

(4) 가. 그런 데 가지 마라.
　　　용돈을 아끼는 데 신경 쓰자.
　　　그 법안에는 찬성한 데 반해 이 법안에는 찬성하지 않았다.
　　나. 열심히 했다. 그런데 왜 F학점이지.
　　　용돈을 아꼈는데 벌써 쪼들리네.
　　　삼촌은 항상 약속을 잘 지키는데 오늘은 이상하구나.

(4가)는 '그런 곳', '아끼는 것', '찬성한 것'이란 의미를 지닌 반면 (4나) 유형은 앞뒤의 의미가 상반되어 있다. 후자는 영어 but의 의미와 관련된다는 것을 알아 두면 도움이 될 수 있다.

끝으로 '외(外)'의 의미를 지닌 명사 '밖'이 있다는 것에 유의하자.

(5) 가. 그 밖에 논의할 사항이 있는지 확인해 보자.
　　　그 밖의 문제는 생략하기로 한다.
　　나. 사과가 이것밖에 없니?
　　　이번에는 내가 **나설 수밖에** 없다.

(5가)의 '밖'은 '외(外)'의 의미를 지닌 명사라서 뒤에 조사 '-에', '-의'가 결합될 수 있다. 반면 (5나)의 '-밖에'는 '뿐'이라는 뜻이며 그 자체가 조사로 등재되어 있다.

-ㄹ밖에 《표준국어대사전》

('이다'의 어간, 받침 없는 용언의 어간, 'ㄹ' 받침인 용언의 어간 또는 어미 '-으시-' 뒤에 붙어) 해할 자리에 쓰여, '-ㄹ 수밖에 다른 수가 없다'의 뜻을 나타내는 종결 어미.
¶ 선생님이 시키는데 할밖에./어른들이 다 가시니 나도 갈밖에./자식들이 속을 썩이니 어머니가 저렇게 늙으실밖에.

'-ㄹ밖에'를 '-ㄹ 수밖에' 정도로 생각하면 된다. 동사에 연결되니 어미로 파악할 수밖에 없다.
cf. 이육사 '절정'에서: 이러매 눈 감아 생각해 볼밖에 / 겨울은 강철로 된 무지갠가 보다('눈감다'를 사전에서 찾아보고 위의 '눈 감아'는 어떻게 써야 하는지 생각해 보자).

☐ **심화** '-하다', '-시키다' 등은 앞말에 붙여서 쓴다.

접사 '-하다', '-시키다', '-되다', '-받다', '-당하다', '-드리다' 등과 결합하는 선행 성분을 어근이라 한다.

마지막으로 강조하고 싶은 띄어쓰기 항목이 있다. '-하다(도외시하더라도)'는 명사 뒤에 붙여 쓸 것을 당부하고 싶다. 대학생의 글에서 특히 '-하다'를 붙이지 않은 경우를 쉽게 확인할 수 있는데 대학 1학년 때 이것만이라도 습관을 잘 들일 필요가 있다. '도외시 할지라도', '도외시 한다고'는 모두 틀린 표기이다. '-시키다(납득시키더라도)', '-되다(추방되더라도)' 등도 마찬가지이다. 그 밖에 '-어지다(비뚤어지더라도)'도 붙여 쓰면 된다. '오해받다', '사기당하다', '전화드리다'에 있는 '-받다', '-당하다', '-드리다' 또한 앞말과 붙여 쓸 수 있도록 하자. 참고로 ≪표준국어대사전≫에서 접사 '-드리다'를 가져와 본다.

-드리다 「접사」
(몇몇 명사 뒤에 붙어) '공손한 행위'의 뜻을 더하고 동사를 만드는 접미사.
¶ 공양드리다/불공드리다/말씀드리다

☐ **심화** Twice의 'Cheer up' 가사를 맞춤법에 맞게 적기

매일 울리는 벨벨벨 이젠 나를 <u>배려 해 줘</u>
배터리 낭비하긴 싫어, 자꾸만 봐 자꾸자꾸만 와, 전화가 펑 <u>터질 것만 같아</u>
몰라 몰라 숨도 <u>못 쉰대</u>, 나 때문에 힘들어 쿵 심장이 <u>떨어진대</u>
왜 걔 말은 나 너무 <u>예쁘대</u>, <u>자랑하는건</u> 아니고
아 아까는 <u>못 받아서</u> 미안해 친구를 만나느라 shy shy shy
만나긴 좀 <u>그렇구</u> 미안해 좀 <u>이따</u> 연락할게 later
<u>조르지 마 얼마 가지 않아</u>, 부르게 <u>해 줄게</u> Baby
아직은 좀 일러, 내 맘 갖긴 일러, 하지만 더 보여 줄래
cheer up baby cheer up baby
좀 더 힘을 내 여자가 쉽게 맘을 주면 <u>안돼</u>, 그래야 <u>니가</u> 날 더 좋아하게 될걸
태연하게 연기할래 아무렇지 않게, 내가 널 좋아하는 맘 모르게
just get it together and then baby cheer up
(I need you)

가수는 '같아'가 아니라 '같어'라 한다. 이처럼 어간과 어미가 결합할 때 서울말에서도 모음조화가 많이 파괴된다.
두 줄 밑, '그렇구'의 표준어는 '그렇고'이다. '먹구', '어디루', '너두'의 표준어가 '먹고', '어디로', '너도'인 것을 생각해 보면 된다. 강산에가 부른 '라구요' 역시 '그렇구' 유형이다.

안절부절 목소리가 여기까지 들려, 땀에 젖은 전화기가 여기서도 보여
바로바로 대답하는 것도 매력 없어, 메시지만 읽고 확인 안 하는 건 기본
어어어 너무 심했나 boy, 이러다가 지칠까 봐 걱정되긴 하고
어어어 안 그러면 내가 더 빠질 것만 같어 빠질 것만 같어
아 답장을 못 해 줘서 미안해, 친구를 만나느라 shy shy shy
만나긴 좀 그렇구 미안해 좀 이따 연락할게 later
조르지 마 어디 가지 않아, 되어 줄게 너의 Baby
너무 빨린 싫어, 성의를 더 보여, 내가 널 기다려 줄게
cheer up baby cheer up baby
좀 더 힘을 내, 여자가 쉽게 맘을 주면 안돼, 그래야 니가 날 더 좋아하게 될걸
태연하게 연기할래 아무렇지 않게, 내가 널 좋아하는 맘 모르게
just get it together and then baby cheer up
나도 니가 좋아 상처 입을까 봐, 걱정되지만 여자니까 이해해 주길
속 마음 들킬 까봐 겁이 나, 지금처럼 조금만 더 다가와, 그리 오래 걸리진 않아
…

37 표준어란 – '교양', '두루'

여기에서는 표준어가 무엇인지, 즉 표준어의 요건에 대해 검토하고자 한다. 표준어의 요건에 대해 검토하려는 이유는 '한글 맞춤법' 총칙 제1장 제1항의 '한글 맞춤법은 표준어를 소리대로 적되, 어법에 맞도록 함을 원칙으로 **한다**'라는 내용 때문이다. 표준어는 표준어 규정에 그 요건이 명시되어 있다. 표준어의 요건에 대해서는 많이 들어 보았을 것이다. 표준어는 '교양 있는 사람들이 두루 쓰는 현대 서울말'로 정함이 원칙이다. 여기에는 네 가지 요건이 명시되어 있다. 물론 부가적으로 '원칙으로 한다'라는 조건도 확인할 수 있다. 원칙으로 한다는 것은 예외도 있다는 뜻이 될 것이다.

> 반드시 '–라는' 내지는 '–라고' 등을 이용해 직접 인용을 해야 한다.
>
> • '…어법에 맞도록 함을 원칙으로 한다'는 내용(×)
> • '…어법에 맞도록 함을 원칙으로 한다'라는 내용(○)
> cf. …어법에 맞도록 함을 원칙으로 한다는 내용(○)
>
> • '내가 갈게'라고 말했다(○).
> • '내가 갈게'고 말했다(×).
> • '내가 간다'라고 말했다(○).
> • '내가 간다'고 말했다(×).
> • 내가 간다고 말했다(○).

(1) 가. 교양 있는 사람들이 쓰는 말
　　나. 두루 쓰는 말
　　다. 현시대에 쓰는 말
　　라. 서울말

(1가)의 **교양 있는** 사람이란 사실 모호한 표현이다. 교양이라는 기준을 정하기가 어렵기 때문이다. 언어활동에서의 기본 교양이라고 생각하면 될 것이다. 언어활동에서의 교양이란 다음 몇 가지에서 간접적으로 드러날 수 있다.

> '교양이 있고 없음'은 그 기준을 정하기가 어렵다. 이런 유형은 애매한 것이 아니라 모호한 것이다.

(2) 가. 선생님한테 줘라 → 선생님께 드려라.
　　　선생님에게 물어 봐라 → 선생님께 여쭈어 봐라.
　　　선생님을 만나러 왔습니다 → 선생님을 뵈러 왔습니다.
　　　밥 **먹으세요** → 진지 드세요.
　　　어르신이 아프다 → 어르신이 편찮으시다.
　　　술이 과하시다 → 약주가 과하시다.
　　　우리 아빠는 생전에 → 당신께서는/선친께서는 생전에
　　나. 빨리 오세요 → 얼른 오세요.
　　　모가지가 아프다 → 목이 아프다.

> '먹으시다', '아프시다'라는 말은 없는가?
>
> • 소대장님이 (인민군의 강제로) 독약을 먹으셨다.
> • 주사가 아프시면 말씀하세요.

다들 생깐다 → 다들 모른 척한다.
다. 집사람은 뭐하셔? → 부인은 뭐하셔?

한국어는 높임법 내지 높임말이 발달해 있다. (2가)와 같은 표현을 적절하게 구사하는 것이 중요하다. 특히 '드리-', '여쭈-', '뵙-' 등은 요즘 잘 들을 수가 없으니 여유를 갖고 생활하기 바란다. 말 한마디로 천냥 빚도 갚는다는데 저 말들을 잘 구사하면 의외로 좋은 평가를 들을 수 있다. (2나)의 '빨리'라는 표현은 점잖지 못한 표현으로 알려져 있다. 가급적 '얼른'이라는 말을 사용하는 것이 좋다고 한다. 물론 '모가지', '생깐다' 등의 비속어, 점잖지 못한 유행어도 교양과는 거리가 있다. (2다)는 지칭어를 적절하게 쓰지 못한 예이다. '집사람'은 자신의 아내를 겸손하게 이르는 말이다. 대화상대자가 쓸 수 있는 표현은 아니다. 요컨대 화살표 뒤의 말에 익숙한 사람들이 바로 교양 있는 사람들이라고 하면 될 것이다.

(1나)의 두루 써야 한다는 요건은 지나치기 쉬운 부분이다. '두루'라는 요건이 의외로 중요하다. 서울에 사는 교양 있는 사람이라 하더라도 '오징어'를 '오징아', '뱀장어'를 '뱀장아', '화투'를 '화토', '뺨'을 '뺌', '희미하다'를 '흐미하다', '희로애락'을 '희노애락'이라고 하는 것은 '두루' 사용되는 말이라 보기 어려운 것이다(이상 나열된 후자는 서울 토박이 노년층에서 엄연히 확인되는 말이다). '어디루', '먹구' 등도 '두루'라는 요건에 위배된다. 1930년대 소설 ≪천변풍경≫에는 '어디루', '먹구' 등의 형태가 빈번히 확인되나 교양 있는 사람들의 말투가 아니라 하여 표준어로 삼지 않았다고 한다. 중인층의 말이라고 한다. 당시 서울에서도 '어디로~어디루', '먹고~먹구'가 공존하였는데 전자를 표준어로 삼은 이유 또한 '교양'과 '두루' 모두에 관계된다고 해야 할 것이다.

알게 모르게 공간적으로는 사대문 안이 중요했다. ≪천변풍경≫의 공간인 청계천에서 주로 사용되던 말을 교양 있는 것으로 보지 않았다는 뜻이다.

(1다)의 현시대에 쓰는 말이라는 것은 설명할 필요가 없을 듯하다. 옛날말은 현시대의 말이 아니기 때문이다. 이 시대를 살고 있는 사람들의 표준어와 맞춤법을 언급함에 있어 현대라는 요건은 당연하다고 하겠다.

(1라)의 서울말은 서울 지역에서 쓰는 말이 아니다. 서울로 이사 온 사람이 수십 년 동안 소위 '팔다'라는 의미로 **'돈 산다'**를, '집에서'라는 의미로 '집이서'를 쓴다고 했을 때 이를 서울말로 받아들일 수는 없을 것이다. 일부 서울 사람들이 쓴다고 하더라도 '두루'라는 요건에 위배된다고 해야 할 것이다. 결국에는 **서울 토박이** 말이라고 하는 것을 줄여서 서울말이라 표현한 것인데, 토박이는 일반적으로 3대 이상 해당 지역에서 살아온 화자를 말한다고 보면 된다. 대상자의 나이를 50세로 잡는다고 해도 1대를 30년으로 잡으면 대략 100년 이상을 서울에서 살아왔다고 해야 하나? 그러면 1900년경부터 서울에서 터전을 잡아 온 사람이라고 해야 할 것이다.

노천명은 황해도 출신이다. 시 '장날'에는 '돈 산다'라는 표현이 나타나 있다. 이 표현은 충청도를 포함한 중부지방에서도 쓴다. '돈을 장만하다' 정도로 이해하면 된다.

대추 밤을 돈 사야 추석을 차렸다
이십 리를 걸어 열하룻장을 보러 떠나는 새벽
막내딸 이쁜이는 대추를 안 준다고 울었다

절편 같은 반달이 싸리문 우에 돋고
건너편 성황당 사시나무 그림자가 무시무시한 저녁
나귀 방울에 지껄이는 소리가 고개를 넘어 가까워지면
이쁜이보다 삽살개가 먼저 마중을 나갔다.

서울 토박이가 쓰는 말 중 비표준어인 것을 서울 사투리라 한다. '어디루', '삼춘', '먹구', '몰르구', '흘르구', '여부세요', '드러워', '승질', '즌화' 등을 들 수 있다.

38 한글 맞춤법 총칙 – '소리대로', '어법에 맞도록'

바로 앞에서는 표준어의 요건에 대해 검토해 보았다. 표준어의 요건에 대해 검토한 이유는 '한글 맞춤법'의 첫 부분을 설명하기 위함이었다. '한글 맞춤법'의 첫 부분을 설명하려는 것은 그 원칙을 아는 것이 무엇보다 중요하다고 판단했기 때문이다. '한글 맞춤법' 총칙 제1장 제1항에는 '한글 맞춤법은 표준어를 소리대로 적되, 어법에 맞도록 함을 원칙으로 한다'라고 명시되어 있다. 여기에서 맞춤법의 세 가지 요건을 추출할 수 있다. 물론 부가적으로 **'원칙으로 한다'**라는 요건도 확인할 수 있다. 이는 예외도 있을 수 있다는 뜻이다.

'한글 맞춤법'에는 '원칙으로 한다'라는 표현이 더러 보인다.

  (1) 가. 표준어를 적는다.
      나. 소리대로 적는다.
      다. 어법에 맞도록 적는다.

(1가)의 '표준어'에 대해서는 앞 절에서 살펴본바, 의외로 '교양', '두루'라는 요건이 강조될 수 있음을 확인하였다.

다음으로 (1나)의 '소리대로 적는다'에 대해 검토해 보자. '바람', '씨름', '다르고', '바라고'를 쓰는 방식으로는 '발암', '씰음', '달으고', '발아고'도 가능할 수 있다. 또 '오빠', '으뜸', '자태', '노트', '어떠하다'는 **'옵바~옵빠'**, '웃듬~웃뜸', '잣태', '놋트', '엇더하다~엇떠하다'로도 쓸 수 있다. 이를 한자어에 적용한다면 보다 명확해진다. 시월[十月, 십월(×)], 오뉴월[五六月, 오륙월(×)], 지리산[智異山, 지이산(×)], 유유상종[類類相從, 유류상종(×)], 시방정토[十方淨土, 십방정토(×)], 충원율[充員率, 충원률(×)], 선열[先烈, 선렬(×)] 등을 들 수 있겠다. '소리대로 적는다'라는 요건이 강조되지 않으면 '시월', '오뉴월' 등으로 적을 근거가 미약하다. 十, 六은 '열

폐쇄음 ㅂ, ㄷ, ㄱ 뒤에 경음이 놓이는 경우 : 속쓰림(○), 옵빠(×) --- '쓰림'과 달리 '빠'는 후행 성분으로 기능하지 못한다.
cf. 속-상하다, 속삭이다. 속새

십', '여섯 륙'이기 때문이다. 우리 언중의 현실 발음이 우선되어야 하는 것은 당연하다.

다만 (1다)의 '어법에 맞도록 적는다'라는 것이 앞말과 모순처럼 읽힐 수 있다. '어법에 맞게 적는다'라는 것은 말과 글의 운용 원리에 맞게 적는다는 뜻이다. 대개는 문법이라고 할 수 있겠다. '집이', '밖이'는 소리대로 적으면 '지비', '바끼'라고 해야 하지만 명사만 떨어뜨려 생각한다거나, 또 '집도'/'지비~집이', '밖도'/'바끼~밖이'를 고려한다면 당연히 '집'과 '밖'이 추출될 수 있다. 이것이 바로 한국인에게서 확인되는 말과 글의 운용 원리, 곧 어법이라는 것이다. 또 '바깥일'을 '바깐닐'이라고 적는다면 '바깥', '일' 등을 금세 알아채지 못한다. '바깐닐'과 '바까테'를 통해 '바깥'을 공통적으로 인식하는 것이 바로 '어법'인 것이다. '잡히고', **'덮이고'**를 어떻게 적을 것인가도 한글 맞춤법 총칙을 이해하는 데 큰 도움이 된다. 소리 '자피고'에 대해서는 '자피고', '잡히고', '잪이고' 세 가지로 쓸 수 있다. 소리 '더피고'에 대해서도 '더피고', '덥히고', '덮이고' 세 가지로 쓸 수 있다. 그런데 이 두 동사는 '잡-', '덮-'에서 온 것이기에 그 형태를 밝혀야 한다는 것이다. 그러니 '잡히고'와 '덮이고'로 적어야 한다.

> 한국어의 음소 배열에 'ㅍ-ㅎ'은 없다[덮히고(×), 덮힌(×)].

다음 예를 통해 두 요건에 대해 구체적으로 살펴보자. '찾아', '접어'의 경우 '-아/어'에 대해서는 일단 **소리대로 적는다**'라는 요건이 우선 적용되어 있다['찾어', '접아'를 서울 토박이 말이라 보지 않기 때문이다]. 아울러 '차자', '저버'로 적지 않는 것은 '어법에 맞게 적는다'라는 요건이 관여한 것으로 이해하면 된다. '짓고', '지어'에 대해서도 마찬가지이다. '소리대로 적는다'가 강조되지 않으면 '지어'로 적을 근거가 없어진다. 어법이 강조되면 당연히 '짓어'로 적고 '지어'로 읽으라는 뜻이 되므로 큰 불합리가 초래된다.

이상을 통해 '소리대로 적다'와 '어법에 맞게 적다'라는 것은 모순되어 보이지만 여기에는 엄청난 고민이 담겨 있었음을 알 수 있다.

마지막으로 '원칙으로 한다'라는 부가 요건에 대해서 검토해 보자. 대표

> '소리'를 우선시하지 않는다면 한자어를 적는 데에도 문제가 발생한다. '시월[十月, 십월(×)]', '오뉴월[五六月, 오륙월(×)]', '유유상종[類類相從, 유류상종(×)]'을 옥편의 음대로 적는다면 당연히 '십월', '오륙월', '유류상종'이 될 것이다. 그러니 일단 '소리대로'가 강조되어야 '시월', '오뉴월', '유유상종'이라는 현실 발음이 그 입지를 다질 수 있다.

적인 것으로 사이시옷 표기를 들 수 있다. '옛일', '냇물'에서의 'ㅅ'은 소리대로 적은 것도 아니요 어법에 맞게 적은 것도 아니다. 'ㅅ'으로 적도록 한 것은 일종의 약속이다. 'ㄷ'으로 적어도 상관없고 북한처럼 '-(이음표)'를 두어도 상관없다. 이를 어법이라고 할 수는 없다. '싫증/실증(×)'과 '옳바른(×)/올바른', '넘어지다/너머지다(×)'에 이르게 되면 '이들은 소리대로 적되 어법에 맞도록 한 것이 아닌데'라는 의문에 봉착하게 될 것이다. 이 또한 **'원칙으로 한다'**라는 '헐거운 사슬'에 걸릴 수 있겠다.

'할쏘냐'의 '-ㄹ쏘냐'와 대비해 볼 때, '-ㄹ수록', '-ㄹ지라도', '-ㄹ지언정' 등도 어법이 고려된 것은 아니니 '원칙으로 한다'라는 헐거운 사슬에 걸리는 것이다.

39 알맞는 / 알맞은

'알맞는/알맞은', '걸맞는/걸맞은', 각각에 대해 어떤 것이 맞는 표기인지 헷갈리는 경우가 더러 있다. (1)에서도 어느 것이 맞는지 판단하기가 쉽지 않다.

(1) 가. 작지 (않는, 않은) 가방
    나. 희지 (않는, 않은) 바탕

모두 후자가 정답이다. 출신지에 따라 **'곱지 않는'**, '작지 않는', '희지 않는'이라고도 하기에 이 문제를 맞히기 위해서는 한 가지 알아야 할 것이 있다. 그것은 바로 동사와 형용사의 구별법이다. 동사와 형용사를 구별하는 데는 여러 기준이 있다. 가장 전형적이면서 가장 확실한 방법이 바로 '−는다/ㄴ다'를 붙이는 방법이다. '−는다/ㄴ다'를 붙여 말이 되면 동사이고 말이 되지 않으면 형용사이다. 예를 들어보자.

지역에 따라 '춥는데', '덥는데', '힘든다(苦)', '졸린다' 등과 같이 발화하기도 한다. 형용사에 '−는다', '−ㄴ다'가 보이는 특이한 예들이다. 이들이 발화되는 지역에서는 '곱지 않는', '희지 않는' 등의 발화가 매우 자주 들린다. 글쓴이도 무심코 틀리게 적기도 한다.

(2) 가. 먹다(食):먹는다
    나. 곱다(麗):곱는다(×)
    다. 보다(見):본다
    라. 희다(白):흰다(×)

(2가), (2다)의 '먹는다', '본다'에 비해 (2나), (2라)의 '곱는다', '흰다'는 우리가 쓰지 않는 말이므로 형용사이다. 그 밖의 다른 방법을 참고로 제시해 둔다.

(3) 가. 보아라(보십시오), 보자(봅시다), 보고 있다
    나. *희어라(희십시오), *희자(흽시다), *희고 있다

(3나)에 제시된 형태들은 정상적인 발화가 아니다. 동사와 달리 형용사에는 명령형 어미 '-아라/어라', 청유형 어미 '-자' 등이 결합될 수 없다. 또한 가지 좋은 구별법이 있다. 기본형 '보다', '희다' 중 평상시 대화에서 쓰이는 말이 있다. '엄청 보다', '엄청 희다' 중 후자는 일상생활에서 잘 쓰이는 말이다. 기본형 자체로 쓰이면 형용사, 기본형이 일상생활에서 쓰이지 않으면 **동사**일 가능성이 높다. '밥을 먹다'는 평상시 쓰지 않는 말이다. '밥을 먹고', '밥을 먹자', '밥을 먹었다', '밥을 먹는다' 등은 평상시 쓰는 말이다. 동사의 기본형은 기사문의 표제어에서나 쓰일 수 있다. 다음과 같은 예를 들 수 있다.

> (4) 가. 한국 대표 팀 16강에 진출하다.
> 나. 대표 팀 러시아에 입성하다.
> 다. 전반에 2골을 넣다.
> 라. 후반 총력전으로 우승하다.

또 다른 관점으로 접근할 수도 있다. (5)와 같이 동사는 관형사형 어미로 '-는', '-은/ㄴ', '-을/ㄹ'을 모두 취할 수 있으나 형용사는 관형사형 어미로 '-은/ㄴ'을 취한다.

> (5) 가. 먹는 사람, 먹은 사람, 먹을 사람
> 나. 가는 사람, 간 사람, 갈 사람
> 다. *작는 사람, 작은 사람, *작을 사람
> 라. *희는 사람, 흰 사람, *흴 사람

동사인 경우 '먹-'처럼 받침이 있는 동사는 '-는(현재)', '-은(과거)', '-을(미래)'이 쓰이고, '가-'처럼 받침이 없는 동사는 '-는(현재)', '-ㄴ(과거)', '-ㄹ(미래)'이 쓰인다. 반면 **형용사**인 경우, 받침이 있는 '작-'은 '작은'으로 실현되며 받침이 없는 '희-'는 '흰'으로 실현된다. '작는', '희는'은 옳지 않은 형태이다.

품사 분류 기준으로는 형태, 기능, 의미, 세 가지를 든다. '-는다/ㄴ다'와 결합할 수 있는지를 따지는 것이 '형태'라는 기준에 의한 것이다. '할 수(가) 있다'에서 '수' 뒤에는 '-가'라는 조사가 결합되어 있는데, 이를 통해 '수'를 명사로 판단할 수도 있다. 이 또한 '형태'라는 기준에 의한 것이다. 조사가 결합할 수 있는 것은 명사일 확률이 높기 때문이다. 또한 '할'과 같은 관형어의 수식을 받고 있기에 '수'를 (의존)명사로 판단할 수 있다. 이는 '기능'이라는 기준에 의한 것이다. 부가적인 기준인 '의미'는 실질적(어휘적) 의미를 뜻하는 것이 아니라 분류적 의미를 뜻하는 것이다. 사물의 움직임, 사물의 상태, 사물의 이름과 같은 것이 분류적 의미이다.

형용사에는 관형사형 어미로 '-ㄹ'이 쓰이기 어렵지만 가능한 경우도 있다.

• 필요할 때가 있겠지.
• 어릴 때 즐겨 부르던 노래다.
• 연봉이 낮을 경우, 애사심이 없어진다.

'작다', '희다'는 모두 형용사인바, 여기에 **부정의 '않–'**이 붙으면 이조차도 형용사가 된다. 엄밀히는 보조 형용사라 한다. 이때 '않–'은 받침이 있으므로 관형사형 어미로는 '–은'이 결합된다. 그러면 (1)에 제시된 두 문제는 '작지 않은 가방', '희지 않은 바탕'이라 해야 어법에 맞을 것이다. 다음 네 문제를 풀어 보자.

> (6) 가. 곱지 (않는, 않은) 시선
>   나. 달갑지 (않는, 않은) 논평
>   다. 시지 (않는, 않은) 과일
>   라. 조용하지 (않는, 않은) 마을

모두 후자가 옳다. '않–'의 앞말이 모두 형용사이기 때문이다. 전형적인 기준을 가져가 보자. '곱는다', '달갑는다', '신다', **'조용한다'**가 모두 말이 되지 않는다. (7)에 제시된 말 또한 만만치 않다.

> (7) 가. 빈칸에 (알맞는, 알맞은) 말은?
>   나. 풍채에 (걸맞는, 걸맞은) 호기를 부린다.

모두 후자가 맞는 표기이다. '알맞는다', '걸맞는다'는 성립되지 않는다. 반면, 기본형 '알맞다', '걸맞다'는 일상생활에서 사용할 수 있기에 형용사라 결론 내릴 수 있다. 형용사는 '–는'과 통합할 수 없다는 것을 명심하자. (8)은 '알맞–', '걸맞–'에 '않–'이 통합된 것이다.

> (8) 가. 빈칸에 알맞지 (않는, 않은) 말은?
>   나. 그의 품위에 걸맞지 (않는, 않은) 말이다.

(7)에서 두 용언을 형용사로 파악하였다. 그러니 모두 후자가 맞는 말이다. 형용사는 '–는'과 통합할 수 없다. 그러면 다음에 대해서도 생각해 보자. 각종 시험 문제의 발문으로 많이 쓰이는 표현들이다.

관련하여 서술격 조사 뒤에는 어떤 형태가 결합하는지 알아보자.

(정상적이지 않는 / 정상적이지 않은) 진술
(정상적이지 않느냐 / 정상적이지 않으냐)

평상시에 쓰는 말은 '정상적인다'가 아니라 '정상적이다'이다. 그러므로 후자가 모두 맞는 표현이다.

기본형 '조용하다'는 평상시 사용하는 말(참, 조용하다)이다. 그러니 형용사이다. 사람에 따라 '조용해라', '조용하자' 등으로 발화하기도 한다. 형용사는 명령형과 청유형이 불가능하므로 틀린 표현이다. '건강해라', '건강하십시오', '건강하자' 등도 마찬가지이다.

> '전자가 맞은 표기'가 아니라
> '전자가 맞는 표기'라는 표현에
> 서도 동사 용법이 확인된다.
> '맞은 것'은 과거를 뜻한다.
> 동사 '먹느냐', 형용사 '작으냐'
> 를 통해 '맞느냐', '알맞으냐'에
> 대해서도 생각해 보자.

(9) 가. (가)에 대한 설명으로 맞지 (않는, 않은) 것은?

　　나. (가)에 대한 설명으로 (**맞는, 맞은**) 것은?

　　다. (가)에 대한 설명과 부합하지 (않는, 않은) 것은?

　　라. (가)에 대한 설명과 (부합하는, 부합한) 것은?

　　마. (가)에 대한 설명과 일치하지 (않는, 않은) 것은?

　　바. (가)에 대한 설명과 (일치하는, 일치한) 것은?

위에 제시된 세 단어 '맞다', '부합하다', '일치하다'는 모두 동사이다. 그 기본형 자체로는 일상생활에 사용되지 않기 때문이다. 아울러 '–는다/ㄴ다' 통합형, '맞는다', '부합한다', '일치한다'를 일상생활에서 쓴다는 점도 그 근거가 된다. 그러므로 모두 전자가 맞는 표기이다. (10)의 '적절하다', '옳다'에 대해서도 알아보자.

(10) 가. 빈칸에 들어갈 말로 적절하지 (않는, 않은) 것은?

　　나. 빈칸에 들어갈 말로 옳지 (않는, 않은) 것은?

'적절하다', '옳다'는 그 기본형 자체로 일상생활에서 사용되기에 형용사이다. '적절한다', '옳는다'도 말이 안 되니 '않는'과 통합될 수 없다.

🔖 원리는?

동사와 형용사를 구분하는 전형적인 방식은 어간에 어미 '–는다/ㄴ다'를 붙이는 것이다. 예를 들어 '먹–'에 '–는다'를 붙이면 '먹는다'라는 형태가 도출된다. 이 경우 '먹–'은 동사라고 결론 내리면 된다. 또 동사는 기본형으로 쓰이지 않고 형용사는 기본형으로도 쓰인다는 것에 유의하자.

🔲 심화 '알맞는', '걸맞는'으로 발화하는 이유

우리는 왜 '알맞는', '걸맞는'이라는 표현을 사용하는가 생각해 보자. '맞는구나', '맞는다' 등을 고려해 볼 때 그 영향 관계를 짐작할 수 있다. 동사 '맞–'의 활용형 '(항상 좋은 점수를) 맞는구나', '(이번엔 꼭 100점) 맞는다'

등이 바로 '알맞는'에 영향을 끼친 것은 아닐까? 의미도 비슷하지만 '알맞
는'에서 첫 글자만 빼면 '맞는'이 되니까 말이다. 영향 관계를 엿볼 수 있는
활용형을 몇 더 제시하기로 한다.

(11) 가. 이 자물쇠에 딱 **맞는구나.**

나. 영수는 오늘도 야단을 맞는구나.

다. 그렇게 하면 야단맞는다.

라. 알밤이라도 맞는 사람은 하나도 없다.

마. 맞춤법에 맞는 표기가 뭐니?

바. 적성에 맞는 일을 잘 찾아야지.

'네 말이 맞다'에서의 '맞다'는 기본형으로도 일상생활에 잘 쓰인다. '옳다'의 의미일 경우에는 형용사로 볼 수 있다

40 조용해라 / 조용히 해라

우리에게 익숙한 동요를 제시하면서 시작하도록 하자. '조용해라'가 맞는 표현인지는 말미에서 알아볼 것이다.

⑴ 기찻길 옆 오막살이 아기아기 잘도 잔다.
　칙~폭 칙칙 폭폭 칙칙 폭폭
　(중략)
　기차 소리 요란해도 옥수수는 잘도 큰다.

'크다'를 보통은 형용사로 알고 있다. 그런데 위에서는 '크-'에 '-ㄴ다'가 통합되어 있다. '-ㄴ다'가 붙어 있는 것은 동사이다. '자라다/ 성장하다'라는 의미이다. '못 본 사이에 많이 커서 못 알아보겠다'에서 '커서'는 '성장하다'라는 의미를 갖는 동사이다. '못 본 사이에 많이 **컸구나**'에서도 '크-'는 동사로 기능한 것이다. 물론 '핸드폰 액정이 꽤 크다'에서의 '크다'는 형용사이다. '액정이 큰다'가 말이 되지 않는다. 형태로 판단한다는 것이다. '액정이 큰다'는 마술을 부려야 가능한 일이다.

'젊다'의 반대말은 무엇인가? 보통 사람은 '늙다'라고 대답할 것이다. '와, 그 사람 젊다'의 반대 의미로는 어떤 표현이 적당할까? '와, 그 사람 늙었다'가 정답이다. 그러니, '젊다'의 반대말은 '늙었다'라고 해야 할 것이다. '와, 그 사람 젊어 보인다'의 반대말은 '와, 그 사람 늙어 보인다'이다. 여기에서 '젊어'의 반대말은 '늙어'이다. 문맥을 통해 판단해야 하는 반대 표현을 말하는 것이다. 보통 사람이 말하는 '젊다'의 반대말, '늙다'는 원자론적인 관점이라고 해야 할 것이다. 하나를 가지고 판단하는 것보다 둘, 셋을 가지고 판단하는 것이 훨씬 더 나을 것이다.

'늙었다'는 과거를 뜻하는 표현이 아니다. '늙어 있다' 정도로 치환할 수 있는 것이다. 이 경우의 '-았/었-'은 현재의 상태를 말하는 것이다. 다만

> '자동사 어간+았/었-'은 일반적으로 상태의 지속을 표현하는 경우가 많다. '닫히-', '잠기-'는 자동사이다. 이들에 '-았/었-'이 결합한 '닫혔어', '잠겼어'를 그 예로 들 수 있다. 형용사에 '-았/었-'이 결합하면 과거를 의미하지만 자동사에 '-았/었-'이 결합하면 현재의 상태를 나타낸다.

'희다'와 같은 단순한 상태는 아니다. 상태가 지속되는 것을 말한다. 다음과 같은 예를 참고할 수 있다.

(2) 가. 내 앞에 지금 <u>섰는</u> 사람은 누구냐? ☞ 서 있는
    나. 지금 저 뱀이 <u>죽었는지</u> 살았는지 확인해라. ☞ 죽어 있는지

'섰는'은 '서 있는', '죽었는지 살았는지'는 '죽어 있는지 살아 있는지'로 치환되는 것이니 과거 상황은 아니다.

사람은 자꾸 늙는다. 늙게 마련이다. 계속 늙어 간다. 그 과정에서 현 시점을 끊어서 말하는 것이 '**늙었다**' 정도일 것이다. 커 가고 있는 중이다. 그 과정에서 현재 시점을 끊어서 말하는 것이 '컸다' 정도일 것이다. 그러니 '크다'도 동사이고 '늙다'도 동사인 셈이다. 영어 문법으로 따지면 현재완료적인 의미로 파악될 수 있겠다. 현재완료로 쓸 수 있는 단어는 동사이다. '문이 잠겼다', '문이 열렸다' 등도 완료적 의미로 파악되니 동사이다. '못생기다', '잘생기다' 또한 기본형으로는 평상시 쓰이지 못하고 '못생겼다', '잘생겼다' 형태로 쓰인다는 것도 알아 두자.

(3) 가. 내 나이가 가장 적었다(과거).
        내 나이가 가장 적다(현재).
    나. 이 아귀는 너무 못생겼다(현재).
        이 아귀는 너무 못생기다(기사문에서 가능함).
    다. 아빠를 많이 닮았다(현재).
        아빠를 많이 닮다(기사문에서 가능함).
    cf. 늙았다, 잘생겼다, 못생겼다, 잘났다, 못났다

국립국어원은 2017년 12월 '-았/었-'이 형용사에 결합하면 '과거'의 의미가 드러나는데(3가), '낡다', '잘생기다', '못생기다', '잘나다', '못나다' 등은 '-았/었-' 결합형이 (3나), (3다)와 같이 '현재 상태'를 의미하기에 품사를 '동사'로 수정한다고 하였다. 국립국어원의 이 설명이 어렵게 느껴진다면

> 한국어는 조사와 어미가 발달해 있다. 조사와 어미들이 앞말에 착착 붙어 실현된다고 해서 형태상 교착어라 불린다(가시었겠사옵더니). 반면 영어는 'I, my, me, mine / see, saw, seen'처럼 어형 변화를 한다고 하여 굴절어라 한다. 중국어는 어느 경우든지 어형 변화가 없다고 하여 고립어라 한다.
> 세계의 언어를 교착어, 굴절어, 고립어로 나누는 것을 형태적 분류라고 하고 알타이어족, 인도유럽어족, 중국티베트어족으로 나누는 것을 계통적 분류라고 한다.

앞 강에서와 같이 기본형으로 쓰이는지 안 쓰이는지로 판단해도 된다. 기본형으로 평상시 쓰이면 형용사, 안 쓰이면 동사라는 것이다.

외국인이 한국어를 어려워하는 이유는 한국어의 조사와 어미 때문이다. 그중 아무리 노력해도 잘 안 고쳐지는 것이 바로 이상에서 살펴본 '현재 상태(상태 지속 / 완료)'를 뜻하는 '-았/었-'이다.

다음은 중국인 유학생과 글쓴이의 대화이다. 5분 전까지만 해도 두 학생 진진과 양양은 강의실에 같이 있었다. 진진이 전화를 받고 학과 사무실로 올라가게 되었다. 5분 후 진진이 일을 끝내고 강의실로 막 들어섰다. 그런데 그 강의실에는 방금 전까지 있었던 양양이 없는 것이다. 그래서 진진은 양양의 사정을 글쓴이에게 물어 왔다.

> (4) 가. 진진: 선생님, 제 친구 양양, 지금 어디 가요?
> 　　　글쓴이: (헐)
> 　　나. 진진: 선생님, 제 친구 양양, 지금 어디 (　　)?
> 　　　글쓴이: 지금?
> 　　　진진: 네.
> 　　　글쓴이: 화장실 갔어(○)/화장실 갔지(○).

(　) 안을 어떻게 채워야 하는가? (4가)에서 진진은 '가요'라고 말했다. 글쓴이는 당황스러웠다. 정상적인 대화라면 빈칸에 '갔어요'를 넣어야 한다.

'-았-'의 이형태로는 '먹었다'에서의 '-었-' 외에 '갔다'에서의 '-ㅆ-', '하였다'에서의 '-였-'을 들 수 있다.

외국인은 '지금'이라는 말과 '-았/었-'이 어울리지 않는다고 생각한다. 많은 외국인들은 '갔어요'라 하지 않고 '가요'라고 한다. 여기에서 '갔어요'는 '가 있어요'라는 의미이다. '지금 어디 가 있어요'라고 물으면 선생님은 당연히 '화장실에 가 있어'라고 대답할 것이다. 이것이 바로 완료의 '-았/었-'이다. 어느 시점부터 지금까지 이어지는 용법이다.

이와 관련하여 '늦다', '밝다', '있다'에 대해 살펴보자. 각각은 형용사로도 쓰이고 동사로도 쓰인다. 먼저 '늦다'를 예로 들어보자.

(5) 가. 이 시계가 빠르고 저 **시계가 늦다.**

　　나. 그러면 학교에 늦는다. 아니, 벌써 늦었다.

　　　　학교에 늦는 경우가 종종 있다.

　　다. 시계가 자꾸 늦는다.

'늦잠'에서 '늦-'은 어떤 의미일까? 또 '늦가을'에서 '늦-'은 어떤 의미일까? (5가)와 같은 의미일까? 그 답과 관련하여 ≪표준국어대사전≫에서는 2023년 8월 현재 '늦잠', '늦가을'을 파생어로 본다. 다만, '큰아버지/큰형/큰집', '작은아버지/작은형/작은집' 등은 합성어로 처리되어 있다.

(5가)는 '늦다'라는 기본형이 쓰이고 있으므로 형용사임을 확인할 수 있다. (5나)는 현재의 상태를 말하는 것이다. 학교에 '늦는다'라고 말하다가 결국 '늦었다'라는 완료의 의미로 발화하는 것이다. 어느 시점부터 벌써 늦은 상황이고 그 상황이 말하는 시점까지 이어진 것이다. 그래서 이때의 '늦-'은 동사이다. 조금씩 늦는 상황과 관계된다고 생각하면 된다. '늦는(다)'가 중요하다. 형태상 '-는(다)'가 쓰였기에 동사이다. 사실, '늦었다'가 과거 상황이 아니라는 것은 현재를 나타내는 부사와 통합시켜 보면 된다. '이제 늦었다', '지금 늦었다'처럼 현재 시제를 나타내는 부사와 함께 쓰일 수 있다. 반면, '작다', '길다'와 같은 전형적인 형용사의 경우에는, 여기에 '-았/었-'을 결합하여 '지금 작았다', '지금 길었다'라고 하지 않으니 그 차이를 알 수 있을 것이다. (5다) 또한 '-는다'와 결합되어 있으므로 동사로 판정한다.

'밝다' 역시 마찬가지이다.

(6) 가. 이제 날이 밝았다, 이제 날이 밝는다

　　나. 형광등이 밝다, 방이 매우 밝다

'밝-'에서도 (6가)처럼 완료적 용법을 찾을 수 있다. 또한 '-는다'와의 결합을 확인할 수 있다. 이를 통해 '밝-'은 동사로 쓰임을 확인할 수 있다. 물론 (6나)의 '형광등이 밝다', '방이 매우 밝다'는 기본형인 '밝다'만으로 평상시 쓰이니 형용사인 셈이다. 이처럼 '밝-'은 동사로도 쓰이고 형용사로도 쓰이는 것이다.

'있다' 역시 마찬가지이다.

'(날이) 밝고 있다', '(네가) 늙고 있다', '(점점) 늦고 있다', 모두 말이 된다. '-고 있다'도 동사를 판단하는 부수적인 지표이다. '-고 싶다'도 부수적인 지표이다. '-는다/ㄴ다'만큼 강력하지 않기에 '부수적'이라 할 수 있다. '가고 싶다'에 비해 '늙고 싶다', '늦고 싶다', '밝고 싶다'는 매우 어색하다.

(7) 가. 여기에 3일 있는다. 여기에 3일 있어라.

　　　여기에 3일 있자. 여기에 3일 **있고 싶다**.

　나. *여기에 3일 있다.

(7가)에는 '있-'이 '-는다', '-어라', '-자', '-고 싶-'과 통합되어 있다. 그러니 동사이다. 또 (7나)의 '여기에 3일 있다'만 말이 안 된다. 기본형 자체로 쓰이지 않으니 동사이다. 그런데 '이번 달에는 휴일이 3일 있다'에 비해 외려 '휴일이 3일 있는다'가 말이 안 된다. '차가 두 대가 있는다'도 말이 안 된다. '차가 두 대가 있다'로 써야 한다. 기본형으로도 쓰일 수 있으니 이때는 형용사이다. '있-'이 체류[머묾]를 나타내면 동사로, 존재[소유]를 나타내면 형용사로 쓰이는 것이다.

이상에서 형용사로 알고 있는 여러 단어 중에는 동사로 쓰이는 것이 있음을 확인하였다. 반대로 동사처럼 활용을 하는 형용사 몇몇을 제시하기로 한다. (8)에는 그동안 꺼리낌 없이 써 온 말들이 제시되어 있다. 주의할 필요가 있다.

(8) 가. (조용해라, 조용히 해라).

　나. (조용하십시오, 조용히 하십시오).

　다. (조용하자, 조용히 하자).

　라. (조용할게, 조용히 할게).

　cf. *건강해라, *건강하십시오, *건강하자, *아프지 마, *아프지 않을게

'조용하다', '건강하다', '아프다'는 형용사이다. 기본형 자체로도 일상생활에 쓰인다는 점, '-ㄴ다' 결합형, '조용한다', '건강한다', '아픈다'가 말이 되지 않는다는 점을 그 근거로 들 수 있다. 주지하듯이 형용사는 '작아라', '많자'와 같은 명령형, 청유형으로 쓰지 못한다. 또한 '않을게'처럼 의지를 표현하지도 못한다(*작을게, *많을게). 그런 점에서 (8)에 제시된 예는 모두 후자처럼 표현해야 한다. (8)을 통해서도 명령형, 청유형 등이 동사와 형용사를 구별하는 전형적인 표지가 아님을 알 수 있었다.

🔲 심화 미래와 관련된 '-았/었-'

선어말어미 '-았/었-'과 관련하여 《표준국어대사전》을 인용하기로 한다.

「1」 이야기하는 시점에서 볼 때 사건이 이미 일어났음을 나타내는 어미.

¶ 그는 집에 갔다./예전에는 명절에 선물로 설탕을 받았다./동생은 어제 하루 종일 텔레비전을 보았다.

「2」 이야기하는 시점에서 볼 때 완료되어 현재까지 지속되거나 현재에도 영향을 미치는 상황을 나타내는 어미.

¶ 참 많이도 샀네./야, 눈이 왔구나./물건값이 많이 올랐다.

「3」 이야기하는 시점에서 볼 때 미래의 사건이나 일을 이미 정하여진 사실인 양 말할 때 쓰는 어미.

¶ 이렇게 방 안을 어지럽혀 놓았으니 넌 이제 아버지께 혼났다./비가 와서 내일 야유회는 다 갔네./빚쟁이가 도망갔으니 돈은 이제 다 받았군.

「1」은 사건이 이미 일어났음을 나타내는 전형적인 과거 상황이다. 우리에게 가장 익숙한 용법이다. 「3」의 '-았/었-'이 바로 미래와 관련된 용법이다. '-았/었-'이 '비가 왔으니 내일 야유회는 다 갔다', '너 이제 큰일 났다'와 같이 미래 상황에 대한 단정으로 쓰이고 있다. 아울러 앞에서 줄곧 살펴보았던 두 번째 '현재 상태 지속' 관련 용법도 확실히 해 둘 필요가 있다. 2017년 12월에 동사로 품사가 바뀐 '잘생기다', **'못생기다'**, **'잘나다'**, **'못나다'** 등을 떠올릴 수 있다. 형용사에 '-았/었-'이 통합하면 과거를 나타내는 데 반해 자동사 계열에 '-았/었-'이 통합하면 현재의 상태를 나타내는 것이다.

'늙었다', '닮았다', '낡았다' 등도 같은 유형이다. 다만 이들은 '늙는다', '닮는다', '낡는다'처럼 쓰이는 반면에 '잘생기-', '못나-' 등은 '-는다/ㄴ다'와 결합할 수 없다.

41 가능한 한 빨리 / 가능한 빨리

다음 두 개의 문장을 검토해 보자.

　(1) 가. 가능한 한 쉽게 써 보려 한다.
　　　나. 가능한 한 빨리 가자.

(1)의 두 문장은 문법에 맞는 문장이다. 그런데 위의 '가능한 한'에서 맨 뒤의 '한'을 빼더라도 소통에 지장은 거의 없어 보인다. 우리는 (2)처럼 쓰기도 하고 말하기도 하니 말이다.

　(2) 가. 가능한 쉽게 써 보려 한다.
　　　나. 가능한 빨리 가자.

그런데 '변수가 없는 한 예정대로 진행된다'에서 '한'을 빼고 '변수가 없는 예정대로 진행된다'라고 하면 금세 이상하다고 느낄 것이다. '맞춤법에 관한 한 내가 최고다'에서 '맞춤법에 관한 내가 최고다'가 말이 안 되는 것과 평행적이다. 그러면 '가능한'과 **'가능한 한'**의 차이부터 파악할 필요가 있다. 영어의 'possible(가능한)'과 'if possible(가능하다면≒가능한 한)'의 차이이니 그 의미 차이는 매우 크다고 해야 할 것이다.

'가능하다'와 '가능한'의 차이는 '다' 대신 '-ㄴ'이 대치된 것이다. 잘 알다시피 '-다'와 '-ㄴ' 등을 어미라고 한다. 특히 '-ㄴ' 뒤에는 항상 명사가 와야 한다. '간 남자', '먹은 사람', '돌아온 김 상사', '결석한 학생' 등은 모두 명사로 끝난다. 그 바로 앞에는 모두 '-ㄴ'이 있다.

다시 '가능한'으로 가 보자. '가능한'의 '-ㄴ'은 뒤에 명사를 요구한다고 생각하면 편하다. 그런데 위 (2)에는 아무리 보아도 — 두 문장 전체를 놓고 보아도 — 명사를 찾을 수 없다. 그렇다면 (2)의 두 문장은 틀린 문장인 것

명사를 수식하는 문장 성분을 관형어라고 한다. '가능한', '관한', '어찌할' 등이 관형어이다. 이들은 모두 'ㄴ'이나 'ㄹ'로 끝난다는 공통점을 지닌다('공부하는 사람'에서의 '-는'도 'ㄴ'으로 끝난다고 볼 수도 있다). 관형어가 될 수 있는 것으로는 활용형('가는, 간, 갈 // '먹는, 먹은, 먹을 // 좋은, 정상적인)과 관형사('이, 그, 저' // '이런, 저런, 그런' // '맨, 새, 첫, 어느') 등을 들 수 있다.

이다. 이제 감이 올 수도 있겠다. 바로 '가능한 한'의 '한'이 명사인 것이다. 또한 '가능한 한은'과 같이 명사 '한' 뒤에는 '−은'과 같은 조사도 통합될 수 있다.

어떻든 (1)에 제시된 '가능한 한'은 '가능하다면' 정도의 의미를 지니는 것으로 파악하면 된다. 그 경우에 '가능한'으로 쓰지 않도록 주의해야 할 것이다. 아래 문항을 보도록 하자.

(3) (가능한, 가능한 한) 많은 인원을 동원해야 한다.

위 (3)에서는 '가능한 한'이 선택되어야 한다. 문맥상 '가능하다면'의 의미로 파악된다. '가능한' 뒤에 명사 '인원'이 있지만 '가능한'이 '인원'을 직접 수식하는 구조는 아니다.

> **원리는?**
> '가능한' 뒤에는 '가능한 일'처럼 명사가 뒤따라야 한다. '가능한 한'에서의 '한'이 바로 명사이다. '가능한 빨리'는 뒤에 명사가 없기에 틀린 표현이다.

심화 의존명사

우리는 '바' 한 글자만 있다면 그것이 무엇을 의미하는지 알 수가 없다. 그런데 '어찌할 바(를)'에 대해서는 그 뜻을 이해할 수 있다. 이 때 **'바'를 의존명사**라고 하면 된다. 또한 '줄' 혹은 '지'에 대해서도 그 자체만으로는 뜻을 알 수가 없다. '공부한 줄(을)', '배운 지(가)'를 통해서 그 뜻을 짐작할 수 있기에 '줄' 또는 '지'를 의존명사라고 부를 수 있다.

≪표준국어대사전≫에 따르면 (1)의 '한'은 의존명사가 아니다. 限과 관련시키고 있다.

아래에서 '바'가 주어, 목적어, 보어, 서술어로 쓰인 예를 볼 수 있다.

- 얻은 바가 많다(주어).
- 얻은 바를 말하라(목적어).
- 그것은 얻은 바가 아니다(보어).
- 그것이 바로 거기에서 얻은 바이다(서술어).

이처럼 여러 성분으로 쓰이는 의존명사를 보편성 의존명사라 한다. 보편성 의존명사로는 '(하는) 것', '(올라간) 데', '(오는) 이' 등을 더 들 수 있다.

42 씌어지네, 보여지고, 잊혀진

앞서 '흔글' 프로그램을 다 믿어서는 안 된다는 생각을 밝힌 바 있다. 그러면서 **'씌어진'**, '쓰여진'은 틀린 말이고 '쓰인'이 옳은 말이라고 하였다.

> (1) 가. (글씨가 잘) 씌어지네, 씌어지니까, 씌어져서
> 　　나. (글씨가 잘) 쓰여지네, 쓰여지니까, 쓰여져서
> 　　다. (글씨가 잘) 쓰이네, 쓰이니까, 쓰여서

윤동주의 '쉽게 씌워진 시'는 현대 어법으로 하면 '쉽게 쓰인 시 / 쉽게 써진 시'가 된다. 제목과 관련된 표현은 발표 당시 표기를 그대로 두었다.

창 밖에 밤비가 속살거려 / 육첩방(六疊房)은 남의 나라 // 시인이란 슬픈 천명(天命)인 줄 알면서도 / 한 줄 시를 적어 볼까 // … // 인생은 살기 어렵다는데 / 시가 이렇게 쉽게 씌워지는 것은 / 부끄러운 일이다 // …

(1가), (1나), (1다)에서 의미 차가 인식되지 않는다면 셋 중에 하나만 맞는 것으로 하자. 가장 간결한 (1다)를 택하는 것이 바람직하다. 그 이유는 다음과 같다.

'쓰이어지다'에서 '쓰이'가 줄면 '씌'가 되는데 그렇게 해서 만들어진 말이 '씌어지다'이다. 또 '쓰이어지다'에서 '이어'가 줄면 '여'가 되는데 그렇게 해서 만들어진 말이 '쓰여지다'이다. 그런데 문제는 (2)에서와 같이 '쓰이다' 또는 '써지다'로 의미 전달이 충분하다는 것이다.

> (2) 가. 오늘은 칠판에 글씨가 잘 쓰이네(○).
> 　　나. 오늘은 칠판에 글씨가 잘 써지네(○).
> 　　다. 오늘은 칠판에 글씨가 잘 씌어지네(×).
> 　　라. 오늘은 칠판에 글씨가 잘 쓰여지네(×).

굳이 '쓰이다'와 '써지다'가 중복된 '쓰이어지다/씌어지다/쓰여지다'를 옳다고 할 필요는 없다.

'중복'에 대해 구체적으로 살펴보자.

'커지다/작아지다'는 ≪표준국어대사전≫에 등재되어 있다 (2023년 8월 현재). '짙어지다'와 '엷어지다'도 등재되어 있다. '높아지다'와 '낮아지다'를 확인해 보자. '굵어지다'와 '가늘어지다'도 확인해 보자.

> (3) 가. **커지다, 작아지다**, (양이) 많아지다, 적어지다, 싫어지다
> 　　나. (길이) 놓이다, (책이) 쌓이다, (글자가) 잘 보이다

(3)에서 제시된 '-어지다/아지다' 또는 '-이-'가 쓰인 예들의 의미는 대략 '의지와 관계없이 자연적으로 어떻게 되다'라고 할 수 있다. 소위 피동이라는 것인데 영어의 수동태에 상응한다고 보면 된다. 그래서 '-어지다'와 '-이-'를 중복해서 쓰면 이중 피동이 되는 셈이다. '역전 앞'과 같은 표현처럼 의미가 중복되어 있다는 뜻이다. 특히 (3나)에 제시된 어간과 '-어지다'를 결합한 표현이 한국인의 입에 자주 오르내린다. 그것이 (4)에 제시되어 있다. 모두 의미가 중복된 표현이니 주의해야 한다.

(4) 가. 길이 놓여지고, 길이 놓여졌다, 길이 놓여집니다
　　나. 책이 쌓여지고, 책이 쌓여졌다, 책이 쌓여집니다
　　다. 글자가 보여지고, 글자가 보여졌다, 글자가 보여집니다

(4)와 (5)를 대비하면서 깊이 들어가 보자.

(5) 가. 의견을 받아들이다, 이유를 밝히다
　　나. 의견이 받아들여지다, 이유가 밝혀지다

(5가)의 '받아들이-', '밝히-'에 '-어지다'가 결합된 (5나)는 문법적으로 맞는 말이다. (5가)는 '자연적으로 어떻게 됨'을 뜻하는, 소위 피동 표현이 아니다. 반면 (5나)는 피동 표현이다. '-어지다'가 붙었다고 무조건 이중 피동으로 몰아세워서는 안 된다. 피동 표현에 '-어지다'가 붙은 것만 틀렸다고 보면 된다.

이중 피동의 예를 몇 가지 더 제시하면서 마무리한다. 일단은 (6나)만 맞는 말로 인정받고 있다.

(6) 가. 씌어진/쓰여진 글, 놓여진 책, 쌓여진 먼지, 뺏겨진 물건, 잡혀진 사람, 읽혀진 글자, 꽂혀진 화살, **잊혀진** 계절……
　　나. 쓰인 글, 놓인 책, 쌓인 먼지, 뺏긴 물건, 잡힌 사람, 읽힌 글자, 꽂힌 화살, 잊힌 계절…
　　cf. 되어지다(×) → 되다

몇 년 전만 해도 '잊혀진'에 비해 '잊힌'은 받아들이기 쉽지 않았다. 그만큼 익숙지 않았다는 뜻이다. 그런데 드디어 '잊힌'이라 쓰는 사람이 생기기 시작했다. '잊힌'에 익숙해지면 '잊혀진'의 운명도 짐작해 볼 수 있다.

우리가 '중복 표현'이라고 알고 있는 것 중에는 의미상의 차이를 동반하는 것이 있다. '해변'과 '해변가'도 차이가 난다고 하는 사람이 있다. '잊힌'과 '잊혀진', '쓰인다'와 '쓰여진다'도 차이가 있다고 할 수 있으니 무조건 틀렸다고 하기는 어렵다. 다만 학교문법의 관점이라면 틀린 표현으로 봄 직하다.

> **원리는?**
> 피동[수동태(?)]의 뜻을 가진 형태에 '−어지다'가 결합되면 **중복 표현**이 된다. '잠기다'는 그 자체가 피동인데 여기에 '저절로 어떻게 되다'라는 '−어지다'가 통합되어서는 안 된다(*잠겨지다).

심화 '숨겨지−', '이뤄지−'

  방탄소년단의 'Fake love'의 첫 부분이다. '−어지다'가 결합된 밑줄 부분이 어법에 맞는지 알아보자.

  널 위해서라면 난 슬퍼도 기쁜 척할 수가 있었어
  널 위해서라면 난 아파도 강한 척할 수가 있었어
  사랑이 사랑만으로 완벽하길
  내 모든 약점들은 다 <u>숨겨지</u>길
  <u>이뤄지</u>지 않는 꿈속에서 피울 수 없는 꽃을 키웠어 …

  '(−을) 숨기−', '(−을) 이루−' 뒤에 '−어지−'가 통합되었음에 유의하자. 이중 피동이 아니다.

43 헤매이다 / 헤매다, 설레이다 / 설레다

동사 어간에 통합하는 '-이-'는 사동 접미사나 피동 접미사인 경우가 많다. 먼저 사동 문형의 예를 들어보자.

(1) 가. 나는 밥을 먹고 있다.
　　나. 나는 아이에게 밥을 먹이고 있다.

(1가)와 (1나)에는 공통적으로 '나는'과 '밥을'이라는 성분이 확인된다. (1나)는 **'먹-'에 '-이-'가 통합**되면서 그 앞의 '아이에게'라는 성분이 필요해졌다. 바로 이 차이에 주목하면 된다. '-이-'가 들어가면서 새로운 성분 하나가 더 드러나는 것이다. 다시 한 번 기억하자. '-이-'가 통합되면 문장 구조가 바뀐다고 말이다.

'먹-'은 '두 자리 서술어'이고, '먹이-'는 '세 자리 서술어'이다. '먹-'은 주어와 목적어를 요구하고, '먹이-'는 주어, 목적어, 필수부사어를 요구한다. '설레-'는 '한 자리 서술어'이다. 주어만을 요구한다.

(2) 가. 모기가 죽었다.
　　나. 나는 모기를 죽이었다.

(2가)와 (2나)는 '모기가 죽-'과 '모기를 죽이-'의 차이이다. '-이-'가 통합되면서 죽임을 당하는 것이 '모기'가 된 것이다. (2가)에서는 모기가 자연적으로 죽었는지 누구에 의해 죽임을 당했는지 알 수가 없다. (2나)에서는 적어도 모기의 죽음에 '나'가 관여하였음을 알 수 있다. '-이-'가 통합되면서 '모기'가 주어가 아니라 목적어가 된 것이다. 어떻든 문장 구조가 달라졌다는 것을 기억할 필요가 있다.

다음으로는 피동사 **'덮이-'**에 대해 알아보자.

한국어의 음소 배열에 'ㅍ-ㅎ'은 없다[덮힌(×)]. '잡힌'을 보면 'ㅍ-ㅎ'이 아니라 'ㅂ-ㅎ'임을 알 수 있다. [더피-]로 발음되면 표기하는 방법은 세 가지가 있다. '더피-', '덮이-', '덥히-'가 그것이다. '덮-'이나 '덥-'이라는 어간이 존재한다면 '덮이-'나 '덥히-'로 쓸 수 있고 그런 어간이 존재하지 않는다면 '더피-'로 쓴다. '덮고', '덮으니', '덮어' 등을 고려하면 당연히 '덮이-'로 적어야 하겠다.

(3) 가. 나는 나뭇잎을 덮었다.
　　나. 나뭇잎이 덮이었다.

(3가)에서는 '덮-'의 목적어가 '나뭇잎'이었는데 (3나)에서는 '덮이-'의 목적어는 없고 주어만 '나뭇잎'으로 된 셈이다. 결국 '-이-'가 통합되면서 문장 구조가 달라진 것이다.

다음을 보도록 하자.

(4) 가. 나는 헤매고 있다.
　　나. 나는 헤매이고 있다.

(4가)와 (4나)는 의미의 차이가 생긴 것도 아니며 주어인 '나'가 다른 성분으로 변동된 것도 아니다. 즉 '-이-'가 **통합**되면서 어떤 변동이 생겨야 하는데 (4)에서는 어떤 변동도 찾을 수 없다는 것이다. 굳이 '-이-'가 **통합된 표현**을 쓸 필요가 없다는 데 유의하자.

(5) 가. 마음이 설레다.
　　나. 마음이 설레이다.

(5나)에도 '-이-'가 통합된바, 문장 구조의 변동도 없고 의미의 차이도 없다. 쓸데없이 '-이-'가 통합된 군더더기 표현이다.

다음의 '메인다'도 '멘다'로 적는 것이 옳다. '슬픔에 목이 멘다'로 충분하다. '메인다'는 군더더기 표현이다.

(6) 너를 사랑하고도 늘 외로운 나는 가눌 수 없는 슬픔에 목이 <u>메인다</u>.

'-이-'와 같이 하이픈을 양쪽에 긋는 이유는 앞뒤에 어떤 말이 와야 자립적으로 쓰일 수 있다는 뜻이다('덮이고', '덮이지', '먹이고', '먹이니' 등). '-히', '-이'라고 적는 경우는 '조용히', '먹이'처럼 앞 하이픈을 채워야 비로소 자립적으로 쓰인다는 뜻이다. '-이(-)'는 '먹이다', '먹이'를 한꺼번에 표시한 것이다.

'끼다'와 '끼이다'는 뜻이 다르다. 후자에는 피동 접사 '-이-'가 결합되어 있다.

• '구름 *끼인 하늘→구름 낀 하늘', '안개가 *끼였다→안개가 끼었다'
• '기계에 손가락이 끼여 다쳤다', '구경꾼들 틈에 끼여 있었다', '노름판에 끼여 있었다'

44 부딪히고 / 부딪치고

'**부딪히고/부딪치고**', '닫히고/닫치고'는 발음이 같기 때문에 언제나 헷갈린다. 이를 명확히 구분할 수 있는 사람은 많지 않다. 일단 피동 접사가 무엇인지 살펴보아야 한다. 동사 어간에 통합하는 '-히-'는 사동 접사 아니면 피동 접사이다. 사동 접사와 피동 접사의 예를 들어보자.

- 부딪치——▶부딛치-(평파열음화)
- 부딪히——▶부디치-(유기음화)
- 부딪치-(강세 접사 '-치-')
- 부딪히-(피동 접사 '-히-')

cf. 차에 치여(○)

> (1) 가. 아이가 바닥에 눕고
>   나. 누군가가 아이를 바닥에 눕히고

> (2) 가. 나는 종이를 접고
>   나. 종이가 접히고

(1), (2)의 '눕히고', '접히고'에는 '-히-'가 공히 확인된다. (1가)의 '아이가'와 '아이를'에 주목하자. (1나)는 '(아이를) 눕도록 한다', '눕게 한다', '눕도록 시킨다' 정도의 의미를 가진다. 이런 것을 사동문이라 한다. 영어의 사역동사 정도로 이해하면 될 것이다. '눕히-'는 사동 접미사가 포함된 사동사이다. (2)에서는 '종이를'과 '종이가'에 집중해야 한다. 종이를 접으면 그 종이는 자동적으로 접어지게 된다. 저절로 접어지게 된다. 이런 것이 피동문이다. '접히-'는 피동 접미사가 포함된 피동사이다. 영어의 수동태와 비슷하다고 생각하면 된다. 사동 표현에는 동작을 하는 누군가의 의도, 즉 주어의 의도가 분명히 나타난다. '눕도록 만든다'라는 것이다. 그러나 피동 표현에는 주어의 의지가 전혀 나타나지 않는다.

'부딪-'에는 주어의 의도가 있다. '부딪히-'에는 주어의 의도가 없다. 주어를 '나'로 해서 문장을 제시한다.

> (3) 가. 나는 샌드백을 부딪는 힘이 강하다.
>   나. 나는 기둥에 부딪혀서 뼈가 부러졌다.

사전류에서 '-치-'는 '강조'의 뜻을 더하는 접미사라 풀이되어 있다. 그런데 강조라는 표현은 다소 모호해 보인다. '넘다'를 강조한 말이 '넘치다'인지, '밀다'를 강조한 말이 '밀치다'인지 쉽게 와 닿지 않는다.

'부딪-'과 **'부딪치-'**는 것은 문장 구조가 동일하다. 다만 어감이 좀 셀 뿐이다. '부딪치-'와 '부딪히-'는 발음이 같아서 쓸 때마다 혼동된다고 했다. 다시 한 번 말하면 '부딪히-'는 피동이다. 의지와 관계없이 저절로 그렇게 되는 것을 말한다. '부딪-'과 '부딪치-'는 나의 의지가 있어야 한다. 운동 능력이 있어야 한다는 것이다. 혼동되는 단어를 '박다', '들이받다' 정도로 대치해 보자. 위의 예에서 '박다/(들이)받다'로 대치하면 성립하는 것이 있고 성립하지 않는 것이 있다. (3가)의 '샌드백을 받는(박는) 힘이 강하다'는 말이 된다. (3나)의 경우는 '나는 기둥에 박혀서 뼈가 부러졌다'라고 해야 문장이 성립된다. '기둥에 박아서'라고 하면 피동의 뜻으로 받아들이기 어렵다.

'부딪히-'는 의지와 관계없다. 내가 정신없이 걷다가 사물에 박히는 것을 '부딪히는 것'이라 보면 된다. 이때 '-에 부딪히다'로 쓰는 것이 중요하다. '정신없이 가다가 휴지통을 부딪쳤다'도 가능한 문장이며 '휴지통에 부딪혔다'도 가능한 문장이다. (4가) 또한 '이 차와 저 차'가 '받았다', '박았다'로 되므로 '부딪치다'로 써야 한다. 운동 능력(능동성)이 있는 것으로 판단하면 된다. (4나)~(4마)도 검토해 보자.

경상도 서부 쪽을 제외한 대부분의 경상도 사람은 '부딪치다'와 '부딪히다'의 악센트를 달리한다. 지역 간 왕래가 빈번함에 따라 다소 변형되기는 하였으나 일반적으로는 '부딪'치다', '부딪히'다로 발화한다.

(4) 가. 이 차와 저 차가 (**부딪쳤다, 부딪혔다**).
　　 나. 우산을 (받치고, 받히고) 간다.
　　 다. 바람에 문이 저절로 (닫쳤다, 닫혔다).
　　 라. 내가 저 차를 (부딪쳤다, 부딪혔다).
　　 마. 이 오동나무에 (부딪쳐서, 부딪혀서) 머리가 찢어졌다.

(4다), (4마)는 후자가 맞는 표현이다. 이 둘이 행위자의 의지와 관계없는 수동 표현이다. 반대로 (4나)와 (4라)는 행위자의 의지와 관련되는 것이다.

⤷ **원리는?**
'부딪치다'는 운동 능력이 있거나 의지가 있을 때 쓸 수 있는 표현이다. 이때는 '박다', '들이받다' 정도로 대치된다. 반면 '부딪히다'는 '박혀서' 정도로 대치될 수 있다.

45 | 4년 만에 만남 / 4년 만의 만남

호남 지역에서 확인되는 대표적인 형태로 필자는 '우리으'를 든다. 물론 중장년층의 발음이다. 그런데 서울을 포함한 다른 지역의 사람들은 '우리의'를 '우리의' 혹은 '우리에'라고 발음한다. 사실은 '우리에'라고 발음하는 사람이 의외로 많다. 그러다 보니 다음과 같은 표현에서 문제가 생긴다.

> (1) 가. 4년 만의 해후
>   나. 일종의 봉사 활동이니
>   다. 4년 후의 나의 모습

보통은 '–에'로 발음을 하니 다음과 같이 적는 것이 일반적이다. 일단 **문장 구조상 틀렸다**고 해야 한다.

> (2) 가. 4년 만에 해후
>   나. 일종에 봉사 활동이니
>   다. 4년 후에 나의 모습

'A의 B' 구조가 말이 되려면 일반적으로는 B가 명사여야 한다. 일단 (2나)의 '일종에'는 무조건 '일종의'로 바꾸어야 한다. 그런데 (1), (2)의 **'4년 만에/4년 만의'**, '4년 후에/4년 후의'에 대해서는 주의할 필요가 있다. 아래의 (3가), (3나)는 물론 (4가), (4나)도 상황에 따라 옳은 표현일 수 있다.

> (3) 가. 4년 만의 만남
>   나. 4년 만에 만남

> (4) 가. 4년 후의 내 처지를 생각하자.
>   나. 4년 후에 내 처지를 생각하자.

'4년 만에 해후/우승'은 문장 구조상 틀린 표현이나 관점에 따라 용인되기도 한다. '해후/우승'이 동사성 명사이기 때문이다. 그래도 '4년 만에 최대치'는 틀린 표현이다. '최대치'가 동사성 명사가 아니기 때문이다. '4년 만에 최대치로'라고 쓸 수는 있다. 뒤에 '상승하다'라는 성분을 생략한 것으로 이해하면 된다. '4번 타자의 활약 속에 우승', '열차에 치여 3명 사망' 등도 통사 구조상으로는 틀렸다고 해야 한다.

'4년 만'에서의 '만'은 의존명사이다. 이는 합성어의 후행 성분으로도 참여한다. 그 예로 '오래간만'을 들 수 있는데 ≪표준국어대사전≫에서는 이를 '오랜만'의 본말로 제시하고 있다. 다만 '간만'은 표준어가 아닌 것으로 확인된다. '오랜 세월'에서의 '오랜'은 관형사로 제시되어 있고, '문 닫은 지 오래다'에서의 '오래다'는 형용사로 제시되어 있다. 그런데 '문 닫은 지 오래라서', '오래는 걸었지만', '문 닫은 지 한참이라서', '한참은 걸었지만' 등을 고려하면 '한참'과 마찬가지로 '오래'도 명사로 쓰인다고 할 수 있다. 조사가 뒤에 결합되기 때문이다.

- 4년 만의 <u>만남</u>(명사)
- 4년 만에 <u>만남</u>(동사)
- <u>보기</u>의 표현을 상세히 분석해
보자(명사).
- 황금을 <u>보기</u>를 돌같이 하라
(동사).

일반적으로 '-에'는 동사와 연결되는 것이 특징이다. (3가)는 '명사+명사' 구조이니 맞는 표현이다. '**4년 만의 만남**도 부질없다'라는 식의 문장은 매우 자연스럽다. (3나)의 '4년 만에 만남'은 '4년 만에 만나다'를 줄여서 쓰는 경우이다. '이 문제 시험에 나옴'에서 '시험에 나옴'과 같은 구조이다. '시험에 나오다'가 줄어서 '시험에 나옴'으로 되는 것이다. (4가), (4나)의 차이는 '4년 후의 내 처지'를 생각하는 것과 '(현재의) 내 처지'를 4년 후에 생각하는 것의 차이이다. 다만 (4나)는 (4가)에 비해 자연스럽지 못한 측면이 있다. (4나)와 같이 쓰는 경우에는 '4년 후에'를 동사 앞으로 이동할 수 있는 반면, (4가)와 같이 쓰는 경우는 이동할 수가 없다. 바로 이 차이이다. '학교에 나무가 휘어졌다'에서 '학교에'를 뒤를 보내어 '나무가 학교에 휘어졌다'로 바꿀 수 없으면 '학교의'로 써야 할 가능성이 높다. 이와 달리 '-에'가 결합된 경우는 '학교에 나무가 많다', '나무가 학교에 많다' 등과 같이 '-에'가 자유롭게 이동될 수 있다는 특징이 있다. 대중가요 '어머나'에서 '소설 속에 영화 속에 멋진 주인공은 아니지만'은 맞는 표현일까? '아니지만' 앞으로 '소설 속에'를 이동할 수 있는지 판단해 보자. 이동이 불가능하다. 그러므로 '소설 속의 영화 속의 멋진 주인공은 아니지만'이라고 해야 한다.

이상과 같은 설명으로 모든 것이 해결되는 것은 아니다.

'꽃 중의 꽃(원방연)' 가사를 아래에 제시한다. 밑줄 친 '-의/에'에 주의하면서 읽어 보자.

꽃 중의 꽃 무궁화 꽃 삼천만<u>의</u> 가슴<u>에</u>
피었네 피었네 영원히 피었네.
백두산 상상봉에 한라산 언덕 위에
민족의 얼이 되어 아름답게 피었네.

별 중의 별 창공의 별 삼천만<u>의</u> 가슴<u>에</u>
빛나네 빛나네 영원히 빛나네.
이 강산 온 누리에 조국의 하늘 위에
민족의 꽃이 되어 아름답게 빛나네.

> (5) 가. 꽃 중의 꽃, 별 중의 별
>   나. 우리가 기술 개발의 매진해야 한다(×).
>   다. 우리가 기술 개발의 매진을 해야 한다(×).
>
> (6) 가. 그 아버지에 그 아들, 그 감독에 그 제자
>   나. 만에 하나, 열에 아홉은 꽝

(5가)는 '명사+의+명사' 구조이므로 '**꽃 중에 꽃**', '**별 중에 별**'이라 써서는 안 된다. (5나)는 '기술 개발에'를 과도하게 교정하여 '기술 개발의'로 쓴 것이니 주의를 하면 될 것이다. (6)은 설명이 복잡하다. 그냥 관용적 표현 정

도로 외는 것이 좋겠다.

> 🔖 **원리는?**
> 구조적으로 '4년 만의 해후'라는 구성은 관형격 조사로 연결되었기에 뒤에 명사가 뒤
> 따라야 한다. '4년 만에 해후함'은 '만'에 부사격 조사 '-에'가 결합되었기에 뒤에는
> 서술어가 와야 한다.

◻ **심화** 다음 ①~④ 중 틀린 부분은?

너를 사랑하고도

전유나

너를 사랑하고도 늘 외로운 나는
가눌 수 없는 ①슬픔에 목이 **메이고**
어두운 방 ②구석에 꼬마 인형처럼
멍한 눈 들어 창밖을 바라만 보네.
너를 처음 보았던 그 느낌 그대로
내 ③가슴속에 머물길 원했었지만
서로 다른 사랑을 꿈꾸었었기에
난 너의 마음 가까이 갈 수 없었네.
저 산 하늘 노을은 항상 나의 ④창에
붉은 입술을 **부딪쳐서** 검게 멍들고
멀어지는 그대와 나의 슬픈 사랑은
초라한 모습 감추며 돌아서는데
이젠 더 이상 슬픔은 없어
너의 마음을 이제 난 알아
사랑했다는 그 말 난 싫어
마지막까지 웃음을 보여 줘.

'메이고(×)'는 '메고'로 충분하다. '헤매다/헤매이다'와 '설레다/설레이다'와 같은 유형이다.

'부딪혀서'가 아니다. '노을이 창에 입술을 부딪쳤다(의인법)'. 관련 설명은 앞 강에 제시되어 있다.

'영주의 부석사'는 '영주에 있는 부석사'라는 뜻이다. '-의'의 의미 중 '-
에 있는'을 떠올린다면 위 문제의 답을 찾을 수 있다. 김소월의 '진달래꽃'
에 나오는 '영변에 약산 진달래꽃'도 같은 방식으로 접근할 수 있다.

46 '오뚜기 / 오뚝이' 마요네즈

'누네띠네'라는 과자가 있다. 혹자는 맞춤법을 어겼다고 비판한다. 글쓴이는 생각이 다르다. 그 나름대로 광고 전략이 담겨 있는 좋은 아이디어로 보인다. '눈에 띄네'처럼 띄어쓰기까지 했다면 광고 효과를 제대로 얻지 못했을 것이다.

상품명 내지 상품을 출시한 기업체명이 맞춤법과 관련되어 있는 특별한 예가 있다.

> (1) 오뚜기 마요네즈 / 오뚝이 마요네즈
> cf. 광고에 의하면 초창기에는 '마요네스'로 표기하였다.

어떻게 적은 것을 많이 보았는가? 대부분 '오뚜기'라고 대답한다. 당연하다. 그런데 맞춤법에 맞게 쓴 것은 무엇일까?

1980년대에는 (1)에 제시된 두 가지 제품이 일시적으로 공존해 있었다. 1970년대 초반부터 건실하게 입지를 다져온 기업 '오뚜기'는 1980년대 들어서 '마요네즈'와 '케첩', '카레' 등을 바탕으로 일류 기업으로 발돋움하였다. 후발 주자가 있었으니 그중 하나가 바로 '오뚝이'라는 상표를 들고 나온 회사였다. 당시 한글 맞춤법에 따르면 '오뚜기'가 맞는 표기였다. 정확지는 않지만 1985년쯤 오뚜기 제품이 1,100원 정도였다면 오뚝이 제품은 900원 정도였던 것으로 기억된다. 가격은 200원 정도 차이가 있었지만 글쓴이는 딱 한 번만 '오뚝이' 제품을 구입했던 듯하다. 2% 부족한 정도가 아니었다. 맛의 차이가 컸다. 그러니 회사 '오뚝이'는 살아남기 어려웠을 것이다. 오래지 않아 자취를 감추어 버린 것으로 안다. 이윽고 1989년이 되었다. 한글 맞춤법이 개정되었다. 현행 한글 맞춤법이다. '오뚝이'가 맞는 것으로 되었다. 기존의 '오뚜기' 회사 관계자는 어이(?)가 없다고 하였을지 모른다. 고유 상표의 표기를 바꿀 수는 없다. '오뚝이'라는 회사가 망하지 않고 있었으면 좋을

'오뚝이'의 '-이', '학생답다'의 '-답-' 등은 생산성이 높다. 특히 후자는 거의 모든 명사에 결합된다(병원답다, 학생답다, 거지답다, *병원스럽다, *학생스럽다, *거지스럽다). '-질'도 생산성이 높은 접사이다(댓글질, 발길질, 삿대질, 두목질 등). 다만 '짓'은 접사가 아니다. '하는 짓'처럼 관형어의 수식을 받기도 하는 명사이다. 그러니 '걸레질', '발길질'은 파생어이고, '눈짓', '고갯짓'은 합성어이다.

- 일을 시키래서가 아니라 제가 저절로 짓이 나면 아무도 못 말렸습죠(박완서, 《미망》).
- 총각이 말하는 것과 짓하는 것이 밉지 않아서…(홍명희, 《임꺽정》).

뻔했다. 맞춤법에 관한 한 말이다. '오뚜기'에서 '오뚝이'로 개정한 이유는 언중들이 '오뚝'에 대하여 인식을 하고 있는 것으로 판단했기 때문이다.

(2)에 제시된 두 표기의 발음은 같다. 그런데 각각을 대비해 보면 '오뚜기/오뚝이'와 관련된 맞춤법의 원리를 알 수 있다.

> (2) 가. 아무튼/아뭏든
> 나. 하여튼/하옇든
> 다. 여하튼/여핳든
> 라. 어떠튼/어떻든

각각의 뒤쪽 항에서 화자들이 '든'을 제외한 특정 형태, '아뭏–', '하옇–', '여핳–', '어떻–'을 인식하느냐 인식하지 못하느냐로 판단하면 된다. 4가지 중 형태에 대한 인식이 가능한 것이 있다. 그것이 바로 '어떻–'인데 '어떻–'은 다른 단어에서도 많이 활용된다. **'어떻게'**, '어떻지' 등은 모두 '어떠하다'와 관련된 준말이다. '아뭏–'과 '하옇–', '여핳–' 등의 형태는 화자들이 무엇인지 이해하기 어렵다. 다른 단어에서 쓰이지 않기 때문이다. '소리대로 적되 어법에 맞도록 함'을 잘 적용할 수 있는 대표적인 예이다. 또 다른 대표적인 예로 자주 거론되는 것이 '얽히고설킨/얽히고섥힌/얼키고섥힌/얼키고설킨'이다. 언중은 '얽–'이라는 단어를 알고 있다. '얽고', '얽어' 등으로 활용된다. 그러니 '얽히고'로 적는 것이 어법에 맞다. 마찬가지로 '설킨'과 '섥힌' 중 무엇이 맞는지를 검토하면 된다. '섥–'에 대해 화자들이 인식할 수 있을까? '섥고', '섥어'는 들어 본 적이 없다. 그러니 소리대로 '설킨'으로 적는 것이 당연하다. '얽히고설킨'만 맞는 표기이다. 형태에 대한 인식이 중요하다. (3)을 통해서 보다 쉽게 접근할 수 있다.

> (3) 찾겠다/찿겠다/찾겠다

무엇이 맞는지 알아보기 위해서는 '–아도/어도', '–아라/어라', '–아야/어

'어떻해'는 어법에 맞지 않는 표기이다.

• 어떡해(O), 어떠해(O), 어떻해(×)
• 어떻게 하다: 어떻게 하고, 어떻게 해(준 어떡해)
• 어떠하다: 어떠하고, 어떠해
• 어찌하다: 어찌하고, 어찌해

'–아도/어도', '–으면' 등의 결합을 통해 얻은 음소를 특히 형태음소(≒형태를 제대로 밝힌 음소)라 한다.

야', '-으면' 중 어느 하나만 붙여 보면 된다. 명령의 상황을 만들어 보자. '(어서) 차자라'와 같이 발화하니 'ㅈ' 받침 '찾-'을 이끌어 낼 수 있다. 마찬 가지로 '머거라'에서는 'ㄱ' 받침 '먹-'을 얻어 낼 수 있는 것이다. '접시에 있는 꿀을 혀로 □고 있다'에서 □을 채우고 싶다면 명령의 상황을 만들어 보라. '얼른 할타라'라고 발음한다. 그러니 'ㄾ' 받침 '핥-'이 필요한 것이다. 다만 형용사에는 명령형을 쓸 수 없으니 동사든 형용사든 '할트면'과 같이 '-으면'을 결합하는 방법이 좋을 수 있다. '할트면'에서 'ㄾ'이 확인되는 것 이다.

대체적으로는 언중의 인식 여부로 이해하면 되지만 사실은 맞춤법 각 항별로 세부 기준이 있음을 간과해서는 안 된다(보다 확실한 기술은 47강을 참조할 수 있다). 일단은 생산성 있는 접사가 매우 중요하다고 해 두자.

> ↩ **원리는?**
>
> '더욱이', '일찍이', '어떻든'에서는 '더욱', '일찍', '어떻-'에 대한 형태 인식이 있다 고 보면 되고 '아무튼', '하여튼'에서는 '아뭏-', '하옇-'에 대한 형태 인식이 없다고 보면 된다. 일반적으로 **형태 인식 유무**에 따라 형태를 밝혀 적느냐 소리대로 적느냐가 결정될 수 있다.

47 숙이다, 수그리다 – 맞춤법 원리를 제대로 이해해야

고등학생의 국어 노트를 본 적이 있다. 아직도 89년 이전의 맞춤법으로 가르치는 분이 있다는 것을 알았다. 저명한 학자의 저서에서도 그런 점은 확인된다. 맞춤법이야 학문이라고 하기는 어려우니 이해는 된다. 고대국어 연구에 심취하다 보면 맞춤법이 무슨 대수겠는가?

맞춤법을 처음부터 끝까지 독파하기란 쉬운 일이 아니다. 글쓴이조차도 대학에서 정서법 과목을 개설하고 나서야 맞춤법 규정의 허와 실을 찾아 샅샅이 읽어 보려고 애쓰고 있다. 허와 실을 찾는 노력 없이 전 조항을 기계적으로 받아들이기에는 따분한 감이 없지 않다.

그러다 보니 국어학 전공자라도 잘못 이해하고 있는 것이 있다. 이와 관련하여 하나를 아래에 제시한다. 소위 접사 '–히', '–이'와 관련된 것이다.

(1) 조용히, 솔직히, 깊숙이, 깨끗이

1989년 이전에는 '조용', '솔직', '깊숙', '깨끗'에 '–하다'를 붙여 말이 되면 'X히'로 적고, 말이 안 되면 'X이'로 적되, 어근이 'ㅅ'으로 끝나면 'X하다'를 붙여 말이 되더라도 'X이'로 적는다고 했다. 지금도 이렇게 가르치는 분이 있다. 이를 따르면 '조용하다', '솔직하다', '깊숙하다'는 말이 되므로 모두 'X히'로 적어야 하겠지만 현행 맞춤법은 그렇지 않다. '조용히', '솔직히', '**깊숙이**'라고 써야 한다. 이 셋 중에는 '깊숙이'가 문제된다. 이제는 끝 음절이 '이'로 발음되느냐, '히'로 발음되느냐가 중요하다. 전형적인 서울 사람들이 '깊숙히'라고 발음하지 않는다는 뜻이다. 전형적인 서울 사람은 어떤 사람을 지칭하는지 잘 새겨 보기 바란다. 이 규정을 두고 못마땅해 하는 사람이 많다. 서울 토박이 10명에게서 "우리는 '깊숙히'라고 하지 않는데 저쪽 변두리 사람들이나 강 건너 사람들이 자꾸 '깊숙히'라 하더라고"라는

'깊숙이'와 조금은 관련이 있을까. 사설시조에 '수기수기'가 보인다.

어이 못 오던다 므슴 일로 못 오던다.
너 오는 길우희 무쇠로 성(城)을 뽀고 성(城) 안헤 담 뽀고 담 안헤란 집을 짓고 집 안헤란 두지 노코 두지 안헤 궤(櫃)를 노코 궤(櫃) 안헤 너를 결박(結縛)ᄒ여 노코 쌍(雙)비목 외걸새에 용(龍) 거북 ᄌᆞ물쇠로 수기수기 곰갓더냐 네 어이 그리 아니 오던다.
흔 둘이 셜흔 놀이여니 날 보라 올 흘리 업스랴.

말을 듣는다면 어떨까?

한글 맞춤법은 소리대로 적는 것이 우선이다. '시월'을 '십월'이라 적고 '오뉴월'을 '오륙월'이라고 적자고 하면 좋겠는가? 지금 서울 사람들 중 '십월', '오륙월'이라고 하는 사람도 있다. 서울에 산다고 해서 다 서울 사람은 아니다. 그러면 또 따지고 들면 된다. '먹구', '하구'라고 말하니까 '−고'를 '−구'로 바꾸자고. 장사에도 상도덕이 있듯이 맞춤법에도 도덕이 있다. 그 도덕은 여러 가지 측면이 있지만 3대 이상의 서울 토박이와 관련될 것이다.

접사 '−이', '−히' 관련 규정(제51항)을 간단하게 기술하기로 한다. 서울 사람이 '이'라고 발음하는 것과 '히'라고 발음하는 것이 중요하다. '이'라 발음하면 '이'로 적고 '히'라 발음하면 '히'로 적는다는 것이다. 바로 '소리대로'를 강조한 조항이다. 얼마나 좋아졌는가? 규정이 이렇게 되면서 큰 시험에는 나올 일이 없어졌다. 이와 관련한 문제를 내는 사람은 적어도 국어 전공자는 아니다. 글쓴이는 주요 국어 시험 문제를 출제할 때 규칙적인 유형, 원리적인 유형만을 대상으로 한다. 그러면 사실, 수험생 반응은 무척 안 좋다. 수험서에 없는 것도 나오니 말이다. 그런데 다음과 같은 문제 유형은 어떤가.

(2) 다음 중 표준어가 아닌 것은?
　　① **짜장면**　　② 으시시하다　　③ 아귀찜　　④ 강냉이

'짜장면/자장면'은 복수 표준어이다. 2011년 8월에 '짜장면←zhajiangmian[炸醬麵])'도 표준어가 되었다.

정답은 ②번이다. 하나하나 외워야 하니 힘들다. 그런데 외워도 그 외운 단어 하나에만 적용된다. 하나를 알면 하나를 아는 데서 그치고 마는 이런 문제는 좋은 문제가 아니다. 원리에 딱 들어맞는 것이라든가 틀린 이유가 명확한 것만을 대상으로 하여도 출제할 문제는 많다.

또 하나 전공자들도 잘못 받아들이는 것이 있다. '오뚝이'라고 써야 하나 '오뚜기'라고 써야 하나 고민되는 사람이 있을 것이다. '(콧날이) 오뚝하다'라는 말을 들어 보았을 것이다. '오뚝'이 '오뚝이/오뚜기' 말고도 다른 환경

에서 사용되는 것이다. 다른 환경에서 사용되기 때문에 '오뚝이'가 맞는 표현이라고 가르치는 것은 사실상 틀린 설명이다. '수그리다', '오그리다' 등은 '숙으리다', '옥으리다'로 쓸 수도 있다. 국어사전에 '숙다', '옥다'는 말이 있기 때문이다. 심지어 '숙이다'라는 말도 알고 있다. 그런데 결정적인 제한이 있다. '-이'와 '-으리다'는 차원이 다르다는 것이다. '-이'는 매우 활발하게 사용되는 형태이지만 '-으리다'는 매우 제한적으로 사용되는 형태이다. 생산성의 차이이다. '-음'은 어떨까? 일상생활에서 많이 쓰는지를 고민하면 된다. 사용 빈도에 관한 기준을 명확히 할 수는 없지만 그래도 많이 활용되는 형태가 언중의 의식과 밀접하게 관련된다고 보는 것이다. '죽음'과 '주검'의 표기 차이를 통해 그 일면을 짐작할 수 있다. '-음'은 많이 쓰이는 것이고 '-엄'은 거의 쓰이지 않는 것이니 표기에 차이를 두는 것이다.

생산성이 높은 접사에는 어떤 것들이 있을까? 아주 거칠게 말하면 '-이(-)', '-히(-)', '-음' 정도뿐이다. '-이(-)', '-히(-)', '-음' 정도만 알면 2% 부족하지만 98%는 맞는 것이다. 이들을 아래에 제시하기로 한다.

> (3) 가. -이: 깊숙이, 깨끗이, 실없이, 더욱이 // 바둑이, 오뚝이 등
> 나. -이-: 먹이다, 깜빡이다 등
> 다. -히: 솔직히, 익히, 급히 등
> 라. -히-: 먹히다, 잡히다 등
> 마. -음: 졸음, 걸음, 믿음 등

앞에서 설명한 '얽히고설키다'의 발음 '얼키고설키다'에는 '-이-', '-히-'가 개재될 가능성이 농후하기에 **형태를 밝힐 수 있는 것**은 밝혀서 적혀야 한다. 이때 '얽-', '섥-'이 존재하는지를 따지면 되는 것이다. '얽-'은 우리의 인식 속에 있는 것이기에 '얽히-'로 적어야 하고, '섥-'은 우리의 인식 속에 없는 것이기에 그냥 소리대로 '설키-'로 적어야 한다. 생산적인 접사 '-이(-)', '-히(-)' 등이 무시할 수 없는 큰 기준으로 작용한다는 것이다.

형태소를 두 부류로 나누기도 한다. '형성소'와 '구성소'가 그것인데 생산성이 높다면 그 형태를 형성소로 본다.

- -이, -음, -었-: 형성소
- -으라-, -엄-, -더-: 구성소

형태를 밝혀서 적는 것이 형태음소적 표기법이다. '얼키고설키-'로 표기한다면 그것은 음소적 표기법이다.

48 형태음소적 표기법과 음소적 표기법

형태음소적 표기법과 음소적 표기법을 흔히들 표의주의 표기법과 표음주의 표기법에 대응시킨다. 이를 이해하기 위해 먼저 음소는 무엇이고 형태음소는 무엇인지 알아볼 필요가 있다. 음소는 자음과 모음을 가리킨다고 생각하면 된다. 형태음소라는 말은 얼른 개념이 떠오르지 않는다. 형태를 밝힌 음소라고 생각하면 어떨까?

일단 글자를 모른다고 생각하고 발음을 적은 것에서 출발하자. 食의 의미를 갖는 '먹고', '머거', '멍는'을 예로 들어 보자. '먹고'와 '머거'에서는 '먹 -'이 공히 확인된다. 그런데 '멍는'에서는 '먹-'이 나타나지 않고 '멍-'이 확인된다. 이 둘을 이형태라고 한다. 그 차이는 종성의 'ㄱ'과 'ㅇ'이다. 이형태 '먹-'과 '멍-' 중에 진짜가 있다. 바로 '먹'이 진짜이다. 'ㄱ'과 'ㅇ' 중 형태를 제대로 밝힌 음소는 'ㄱ'이라는 것이다. 이 'ㄱ'이 바로 형태음소이다. 'ㅇ'은 임시로 탈을 쓰고 있는 것이라 생각하면 된다. 이때 'ㄱ'으로 쓰는 표기를 형태음소적 표기라 하고 'ㅇ'처럼 소리 나는 대로 쓰는 표기를 음소적 표기라 한다. 형태음소적 표기로 적으면 뜻을 쉽게 짐작할 수 있다는 점에서 표의주의 표기라고도 한다. 반면 '멍는'으로 쓰면 그 자체를 통해 뜻을 짐작하기 어렵다. 이는 음을 중시한 표기이므로 표음주의 표기라고 한다.

다만 보다 명확하게 해야 할 것이 있다. '찾아'와 '차자'의 차이에 대해 검토하기로 한다. 둘 다 형태음소적 표기라 하는 경우가 많다. 그런데 논리적으로는 그렇지 않다. '차자'는 음절을 중시한 표기이다. 소리 나는 대로 썼다고 해서 모두 표음주의라고 하면 안 된다. '차자'는 연철이고 '찾아'는 분철이다. 그래서 **15세기 표기**를 음절적이라고도 하고 음소적이라고도 하는 것이다. 바로 '차자'로 표기하는 것이 '음절적'에 해당하는 것이고 '찾고'로 표기하는 것이 '음소적'에 해당하는 것이다. 즉 '차자'와 '찾아'는 연철과 분철

15세기의 《용비어천가》와 《월인천강지곡》에는 '깊고'와 같은 형태음소적 표기(현대식 맞춤법)가 나타난다. 이보다 일반적인 표기는 '깊고'가 아니라 '깁고(음소적 표기)'이다. '찾고'는 '찻고'로 표기되는 것이 일반적이다(8종성). 현재는 음절 끝에서 'ㅅ'을 발음할 수 없지만 당시에는 'ㅅ'을 발음할 수 있었다. '옷'을 [os] 비슷하게 발음했다는 것이다. '밋트'라고 써 있다면 영단어 'mist'처럼 읽었다는 뜻이다. 조선관역어에서는 '의복[옷]'을 '臥思' 두 글자에 대응시키고 있다 (199쪽 참조).

의 차이이지 음소적, 형태음소적 표기의 차이는 아니다. '차자'는 형태음소적이라 해도 되고 음소적이라 해도 된다. 왜냐하면 형태를 밝힌 음소가 드러나 있기 때문이다. 또 그 소리도 드러나 있기 때문이다. 그래서 형태음소적 표기법, 음소적 표기법이라 하는 구별은 '깊고/깁고'에서와 같이 자음어미가 통합되었을 때, 비로소 의미가 있는 것이다. 여기에서 '차자'와 '찾아'를 '표음'과 '표의'로 구분해 볼 필요도 있다. 전자가 표음주의이고 후자가 **표의주의**이다. 이제 개념을 충분히 익힌 것으로 이해된다.

> 형태음소적 표기법과 표의주의 표기법은 완전히 같은 말이 아니다. '깊고/깁고'에서와 같이 자음어미가 통합될 때에만 같은 의미로 쓰인다.

> **원리는?**
> 자음으로 시작하는 어미 '-고'류가 통합할 때 '깊고'처럼 형태를 밝혀서 적는 것은 형태음소적 표기법이라 하고 '깁고'처럼 소리대로 쓰는 것은 음소적 표기법이라 한다. 중세국어 시기에는 주로 음소적 표기법을 따랐다.

심화 이형태와 기저형

'먹고, 머거, 멍는'에서의 '먹-', '멍-'과 같이 형태는 다른데 그 기능이 동일한 경우 그들을 이형태 관계에 있다고 한다. 아래의 밑줄 친 부분에 대해 이해하면 된다. (1)에는 이형태 둘이, (2)에는 이형태 넷이 확인된다.

 (1) 물이, 차가
 (2) 잡았다, 먹었다, **갔다**(가+ㅆ+다), 하였다

이형태 '먹-'과 '멍-' 중에는 진짜가 있는데 이를 기저형이라고 한다. 이형태 '멍-'을 가지고 다른 것들 즉 '먹고, 머거, 멍는'을 설명해 낼 수 있어야 한다. '멍+는→먹는'은 범언어적으로 볼 때, 정상적인 과정이 아니다. 'ㄴ' 앞에서 'ㅇ'이 'ㄱ'으로 변동될 수는 없다. 그러면 또 다른 이형태 '먹-'을 가지고 '먹고, 머거, 멍는'을 설명해 보자. 자음동화(비음화), 즉 비음 'ㄴ' 앞에서 파열음 'ㄱ'이 비음 'ㅇ'으로 변동하는 규칙을 통해 '먹+는→멍

> '갔다'를 '가+ㅆ+다'로 분석하지 않고 'ㄱ+았+다'로 분석하면 이형태가 하나 준다. 동모음은 어간의 모음이 탈락한다고 보는 것이 보다 합리적이나 여기에서는 편의상 이해하기 쉬운 쪽을 택했다. 경북 방언의 '가고', '갔다'에서 보듯이 후자에는 어간 모음이 탈락하여 악센트가 사라졌다.

는'의 과정을 설명할 수 있으므로 '먹-'을 기저형으로 설정할 수 있다. (1)의 '-이', '-가'처럼 어떤 하나의 이형태를 통해 다른 이형태를 설명할 수 없는 특별한 경우도 있다. (2)에서의 '-였' 또한 다른 이형태 '-았-', '-었-', '-ㅆ-'과 달리 특별한 것으로 간주되어야 한다.

'-이', '-가'처럼 한 이형태를 통해 다른 이형태를 음운론적으로 설명할 수 없다면 그것은 어휘부(lexicon)에 둘 다 등재되어야 한다. 이런 유형을 복수 기저형이라 한다. '-았-', '-었-', '-ㅆ-'은 그 관계를 음운론적으로 설명할 수 있으니 이들은 복수 기저형의 관계가 아니다. 다만 '-였-'이 끼이면 '-았-', '-었-', '-ㅆ-'과 '-였-'은 복수 기저형의 관계가 되는 것이다.

49 '개', '계양', '갹출', '거울'의 사전 등재순

초등학교에서부터 다음과 같은 문제를 많이 접했을 것이다. 글쓴이도 '국어학개론' 중간고사 기간에 자주 출제하는 문제 유형이다. 어떤 사람은 제대로 외우지 않아 계속 틀리게 된다. 쉽게 익히는 방법을 알아보자.

유치원에서부터 배우는 모음 10개는 다음과 같다.

(1) ㅏ, ㅑ, ㅓ, ㅕ, ㅗ, ㅛ, ㅜ, ㅠ, ㅡ, ㅣ

이것은 사실 국어 공부를 하는 데 매우 긴요한 무기이다.

이 모음 10개로 다른 모음도 만들 수가 있다. (2가)에 10개를 제시하고 다시 똑같은 열 개를 (2나)에 그대로 제시해 보자.

(2) 가. ㅏ, ㅑ, ㅓ, ㅕ, ㅗ, ㅛ, ㅜ, ㅠ, ㅡ, ㅣ
    나. ㅏ, ㅑ, ㅓ, ㅕ, ㅗ, ㅛ, ㅜ, ㅠ, ㅡ, ㅣ

(2나)의 각 모음 바로 옆에 작대기 'ㅣ'를 그으면 **(3)과 같은 모음(?) 20개**가 생성된다. 'ㅏ' 바로 옆에 작대기 'ㅣ'를 그으면 'ㅐ'가 되는 식으로 나머지를 모두 만들 수 있다.

(3) 가. ㅏ, ㅑ, ㅓ, ㅕ, ㅗ, ㅛ, ㅜ, ㅠ, ㅡ, ㅣ
    나. ㅐ, ㅒ, ㅔ, ㅖ, ㅚ, ㆀ, ㅟ, ㆌ, ㅢ, ㅣㅣ

(3)에 바로 사전 배열의 묘미가 숨어 있다. 사전에서 모음은 'ㅏ'가 가장 먼저 놓인다. 그 다음에는 'ㅐ'가 놓인다. 그 다음이 'ㅑ'이다. (3)에서 확인할 수 있는 'ㅐ'에서 'ㅑ'의 방향은 우상향이다. 그 우상향으로 화살표를 그려 보자. 우상향으로 화살표를 모두 넣어 보면 (4)와 같은 그림이 완성된다.

> (3나)의 'ㅣㅣ'는 [ji/yi]이다. 영단어 year[jiər]의 발음 기호에 나타나 있다. 한국인이 노래를 부를 때 발음되기는 하지만 한글로 나타낼 수는 없다.

(4) ㅏ　ㅑ　ㅓ　ㅕ　ㅗ　ㅛ　ㅜ　ㅠ　ㅡ　ㅣ

　　↓　↗　↓　↗　↓　↗　↓　↗ ……

　　ㅐ　ㅒ　ㅔ　ㅖ　ㅚ　ㅚ　ㅝ　ㅞ　ㅢ　ㅖ

　　(4)는 사전에서 모음이 배열되는 순서를 암시적으로 보여 준다. 'ㅏ' 다음이 'ㅐ', 'ㅐ' 다음이 'ㅑ', 'ㅑ' 다음이 'ㅒ'이다. 이 정도면 규칙을 간파할 수 있을 것이다. 어려운 것이 하나도 없다. 'ㅏ, ㅑ, ㅓ, ㅕ, ㅗ, ㅛ, ㅜ, ㅠ, ㅡ, ㅣ', 10개를 확정하고 나머지 열 개는 어떻게 만든다고 하였는가? 'ㅏ, ㅑ, ㅓ, ㅕ, ㅗ, ㅛ, ㅜ, ㅠ, ㅡ, ㅣ'를 한 번만 더 적고 작대기 'ㅣ'를 긋는다. 그러고 나서 우상향 화살표를 그려 넣으면 순서를 확인할 수 있다.

　　이제 이번 49강의 제목을 다시 보자. (4)를 바탕으로 하였을 때 제목에 제시된 단어(개, 계양, **갹출**, 거울)는 다음과 같은 순서로 사전에 실리게 됨을 알 수 있다.

　　(5) 개, 갹출, 거울, 계양

　　이제 문제를 하나 더 풀어 보자. 단어가 굉장히 많다. 인내심을 가지고 사전 등재순으로 정리해 보자.

　　(6) 깨, 개, 게, 가게, 갸름하다, 겨울, 거울, 개, 계수나무, 궤, 고름, 교통, 과일, 괘, 괴롭다, 귀, 규정, 구름, 깃발, 글

　　정답은 (7)에 제시한다.

　　(7) 가게, 개, 갸름하다, 걔, 거울, 게, 겨울, 계수나무, 고름, 과일, 괘, 괴롭다, 교통, 구름, 궤, 귀, 규정, 글, 깃발, 깨

　　이제 단모음, 순수 모음을 찾으러 나서 보자. 우리는 앞에서 'ㅏ, ㅑ, ㅓ, ㅕ, ㅗ, ㅛ, ㅜ, ㅠ, ㅡ, ㅣ'는 국어를 배우는 데 매우 긴요한 무기라고 했다.

- 갹출(醵出): 같은 목적을 위하여 여러 사람이 돈을 나누어 냄. ≒거출.
- 각출(各出): 「1」각각 나옴. 「2」각각 내놓음.
  ¶ 재벌 기업마다 수재 의연금의 각출/갹출을 약속하였다.

cf. 수재의연금 각출자(가나다순)에 대해 가나다순으로 수정해 보자
　　이에리사, 이여름, 이어진, 이애린, 이예린, 이양희…

바로 'ㅑ, ㅕ, ㅛ, ㅠ'를 빼면 나머지는 순수한 모음이 된다. 소위 단모음이라는 것이다. 6개를 확인하였다. 'ㅑ, ㅕ, ㅛ, ㅠ'는 y를 앞세운 이중모음이다. 소위 **상향이중모음**이라는 것이다. 위에서 얻은 단모음에 '아래 아(/ㆍ/)'를 더하면 15세기 국어의 단모음 7개가 확인된다. 이후 /ㆍ/의 음가가 소실된다. /ㆍ/는 기능부담량(단어를 담당하는 양)이 굉장히 컸다. 중세국어에서 두어 단어를 꺼내면 거기에는 적어도 하나는 /ㆍ/ 음이 들어가 있을 정도로 막강한 영향력을 가지고 있었다. '가루'는 'ᄀᆞᄅᆞ', '하루'도 'ᄒᆞᄅᆞ', '말씀'도 '말ᄊᆞᆷ', '아침'도 '아ᄎᆞᆷ', '남'도 'ᄂᆞᆷ', '가늘다'도 'ᄀᆞᄂᆞᆯ다', '가르치다'도 'ᄀᆞᄅᆞ치다', 실로 엄청나게 많은 단어에서 /ㆍ/가 확인된다.

이렇게 영향력이 큰 /ㆍ/가 없어진다고 생각해 보라. 언어생활에 큰 위기가 올 것이다. 이를 보완하는 방식이 생겨난다. 그것이 바로 'ㅐ'와 'ㅔ'인 것이다. 세종 당년에는 '매'는 '마이[may]'처럼 '메'도 '머이[məy]'처럼 읽는다. 그러다가 /ㆍ/의 지위가 흔들리면서 그 책임을 'ㅐ', 'ㅔ'에게 넘겨준다. 드디어 현대국어처럼 발음하게 된 것이다. 그러다가 나중에 'ㅚ[ö]', 'ㅟ[ü]'가 생겨나게 된다. 세종 당년에는 'ㅚ'는 '오이[oy]', 'ㅟ'는 '우이[uy]'라고 읽히던 것이다.

요컨대 /ㆍ/가 없어지면서 두 모음이 생기게 되면 비로소 8모음이 되는 것이다. 이것이 영·정조 시대 즉 근대국어 단계라고 생각하면 된다. 이후에 'ㅚ[ö]'와 'ㅟ[ü]'가 생겨 드디어 현대국어의 10모음이 완성된 것이다. 이후 100년이 지나기도 전에 다시 '**ㅐ'와 'ㅔ'는 합류**의 길을 걷게 된다. 그래서 9모음을 발화하는 지역도 많아지게 되었다. 그러니 배경지식이 없다면 '게거품'으로 써야 할지 '개거품'으로 써야 할지 망설여지기도 한다.

심화 남북한 사전 등재순의 차이

북한에서의 사전 등재순은 우리와 차이가 있다. 우리는 'ㄱ' 다음에 'ㄲ'이 놓인다. 반면, 북한은 다음과 같은 순서로 등재된다.

공명도가 낮은 데에서 높은 데로 이동한다고 해서 상향이중모음이라 한다. 공명도는 울리는 정도, 잘 들리는 정도라고 생각하면 되는데 모음이 반모음이나 자음에 비해 더 멀리 퍼져 나가는 것은 당연하다 하겠다. ya의 경우 반모음 y의 공명도는 낮고 모음 a의 공명도는 높으니 우상향으로 화살표가 그려질 것이다. 그래서 ya는 상향이중모음이다. 반면 '의자'에서 '의ɰy/iy'는 모음 'ㅡ'와 반모음 y의 순서이므로 우하향으로 화살표를 그릴 수 있다. 그래서 하향이중모음이라고 한다. 현대국어에서 하향이중모음은 이것 하나뿐이다. 중세국어 시기에 'ㅐ', 'ㅔ'는 ay, əy로 발음되는 하향이중모음이었다.

'ᄀᆞᄂᆞᆯ다〉ᄀᆞ늘다〉가늘다'를 통해 /ㆍ/의 소실 과정을 알 수 있다. 1단계 소실은 비어두에서, 2단계 소실은 어두에서 일어났는데, 글자는 1933년에 폐기되었다. /ㆍ/는 음소 표시 기호이다.

두 모음 'ㅐ'와 'ㅔ'의 발음을 구분하지 못하면 두 모음이 합류되었다고 한다. 경북 북부 지역을 제외한 대부분의 경상도 지역에서는 'ㅡ'와 'ㅓ'가 구분[변별]되지 않는다.

ㄱ ㄴ ㄷ ㄹ ㅁ ㅂ ㅅ ㅈ ㅊ ㅋ ㅌ ㅍ ㅎ ㄲ ㄸ ㅃ ㅆ ㅉ ㅇ

중대한 차이는 된소리가 뒤쪽에 따로 몰려 있다는 것이다. 'ㅇ'도 음가가 없으니 맨 뒤로 보낸 것이다. 사실은 우리와 꽤나 다르다고 해야 할 것이다.

'가을, 까치, 남자, 다리, 딸기, 약국, 자석, 차, 하늘'이 남한의 사전 등재 순이라면 '가을, 남자, 다리, 자석, 차, 하늘, 까치, 딸기, 약국'이 **북한**의 사전 등재순인 것이다.

남한과 다른 북한식 표기 중 대표적인 것으로 '연못이였다', '연못이여서', '되였다', '되여 서'류를 들 수 있다.

50 자모의 순서와 명칭 – 한글 맞춤법 제4항

한글 맞춤법 제4항에는 자모의 순서와 명칭이 제시되어 있다. 자모의 순서와 명칭이 오늘날과 같이 된 이유를 최세진의 ≪훈몽자회≫를 통해 알 수가 있다. ≪훈몽자회≫를 보도록 하자.

≪훈몽자회≫: 1527년(중종 22년)에 최세진이 어린이들을 위해 지은 한자 학습서. 그 범례(凡例, 옆 사진)에는 세종이 창제한 28자에서 'ㆆ'을 제외하고 언문자모(諺文字母) 27자를 제시하였다.

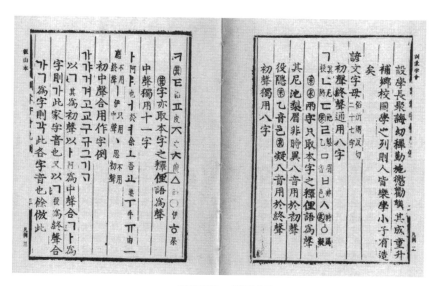

최세진의 ≪訓蒙字會≫

중요한 것은 '초종성 통용 팔자'와 '초성 독용 팔자'이다. 아래에 알기 쉽게 제시해 본다.

(1) 가. 초종성 통용 팔자

其役 尼隱 池末 梨乙 眉音 非邑 時衣 異凝

나. 초성 독용 팔자(초성에만 쓰이는 글자)

箕 治 皮 之 齒 而 伊 屎

초종성 통용 팔자(초성과 종성에 공히 쓰이는 글자–8종성과 관계)에서 각각의 첫 글자는 초성의 음가, 두 번째 글자는 종성의 음가를 나타내는 것이다. 예를 들어 其役이라면 첫 글자 其는 초성 'ㄱ'의 음가, 두 번째 글자 役은 종성 'ㄱ'의 음가를 표시해 주는 것이다. 로마자로 표시할 수 있었다면 'ㄱ'은 g 또는 k 정도에 대응시키는 것으로 마무리 지을 수 있었다. 그런데 주지하듯이 당시에는 로마자가 유입되지 않았다. 유일하게 권위를 가진 문자는 한자였다. 그래서 한자음에 의지하여 글자의 음을 제시해 줄 수밖에 없었다. 'ㄱ'이라는 글자를 만들어 놓고 '각'이라고 적어 놓으면 어떻게 읽는지 모르니 다른 나라 글자에 의지하는 것은 당연하다 하겠다.

만일 ∞(미얀마 글자)을 자모 하나로 만들었다고 치자. 음가에 대한 설명이 없으면 황당하지 않겠는가? 똑같은 이치이다. 'ㄱ'을 만들고 음가를 설명하지 않으면 안 되는 것이다. 세종은 'ㄱ'에 대해 君으로 설명했다. 'ㄱ'은 君이라는 글자의 첫소리라고 하였다. 중국은 여러 운서에서 見이라는 글자를 통해 'ㄱ'의 음가를 보여 주었다. 세종은 그것을 받아들이지 않고 君을 택한 것이다. 그 이유는 독자적 노선과 관련이 있을 것이다(후술). 후대의 최세진의 ≪훈몽자회≫에서는 이를 받아들이지 않고 '其役(기역)'으로 음가를 알려 주었다. '기'는 '군', '견', '구', '국' 등을 대표하는 음이라고 생각하면 된다. 이들에는 공통적으로 'ㄱ'이 확인된다. 여러 가지 중 '기'가 선택된 이유는 '니은', '리을', '미음' 등을 참고하면 알 수 있다. 주지하는 바와 같이 **규칙성**이 있다. 'ㅣ으'가 공통적으로 들어가 있는 것이다. 그렇다면 '기윽'이라야 정상이다. '니은'과 비교해 보라. 그러면 '디은'이라야 정상이고 '시읏'이라야 정상이라는 것을 알 수 있다. 그러니 '기역', '디귿', '시옷'은 불규칙한 형태라고 할 수 있다. 초성의 음을 가르쳐 주기 위해 'ㅣ'로 끝나는 음을 공히 사용했는데 그 또한 '其', '技', '岐', '嗜' 등에서 아무 글자나 선택될 수도 있었다. 소위 '견모(見母)'에 해당하는 것 중 'ㅣ' 음을 가진 한자 '其'가 임의로 택해진 것이다. 문제는 규칙적 형태라고 할 수 있는 '기윽', 거기서 두 번째, '윽' 음을 가진 한자가 없었다는 것이다. 사실 필요한 것은 종성의 'ㄱ'

북한은 규칙적인 쪽을 택하였다(기윽 니은 디은 리을 미음 비읍 시읏 이응 지읒 치읓 키읔 티읕 피읖 히읗).

이다. 그러므로 '각(角)', '곡(谷)', '목(木)', '복(腹)' 등이 모두 후보가 될 수 있었다. '각', '곡'을 택했으면 우리는 지금 '기역'이라 칭하지 않고 '기각', '기곡'이라 칭할 것이다. 그래도 너무 튀지 말아야 하기에 '각', '곡', '목', '복'보다는 '악', '옥', '억', '역'이 더 좋았을 것이다. 선택된 글자 '역'에 필연성은 없었다는 뜻이다. 그래서 우리가 현재 '기역'이라 부를 수 있게 된 것이다.

사실은 '각'이라는 생소한 모양[글자]을 종이에 써 놓고 읽을 수 있게끔 발음기호를 표시해야 했다. 其役을 활용한다면 초성의 자음과 종성의 자음만을 읽게 된다. 자모 'ㅏ'를 읽어야 하니 그에 따른 음 '阿(아)'도 제시해야 하는 것이다. 자모 'ㅏ'를 만들어 놓고 같은 방법으로 음가 '阿'를 제시한 것이다. 그래서 **'각'이라는 새로운 글자 조합**은 其阿役에 대응시켜 읽으면 되는 것이었다. 물론 '기아역'으로 읽지 않고 당연히 '각'으로 읽은 것이다.

일단 세종이 창제한 정음은 한자를 아는 사람들에게 퍼져 나가야 한다. 발음기호가 한자로 되어 있으니 당연하다 하겠다. 세종이 만든 생소한 글자는 모르더라도 그에 대응된 한자 其는 읽을 수 있으니, '고'의 'ㄱ'은 '其'의 'ㄱ'과 동일하게 발음하라는 뜻이다. 예를 들어 '윽'이라는 글자[모형]가 적혀 있다고 하자. 그러면 'ㄱ'을 어떻게 발음해야 하는가? 其役의 役을 참고하여 발음하라는 것이다. '역'하고 끝을 닫아 버리는 기분으로, '으그'라 하지 말고 '윽'이라 발음하라는 것이다. 'ㅏ'는 阿에 대응시키면 되는데, 예를 들어 '가'라는 글자가 등장하면 其에서의 초성 'ㄱ'과 阿의 한자음 [a]를 연결하여 '가'라 발음하라는 뜻이다. 이것이 후대에 와서 'ㄱ'의 자모 명칭이 되었다. 그래서 우리는 이를 '기윽'이라고 하지 않고 '기역'이라고 한다. 전통이 매우 존중된 것이다. 어떻든 '기역'이라는 명칭은 《훈몽자회》 범례 덕분에 생긴 것이다. 발음기호를 표시한 기역이 졸지에 자모 명칭이 된 것이다.

'ㄱ'보다 음가를 제시하기 더 어려웠던 것은 'ㄷ'과 'ㅅ'의 경우이다. 먼저 'ㄷ'은 다소 복잡해진다. 'ㄷ'은 池末에 대응되어 있다. 규칙적 형태 '디읃'을

'각'이라는 생소한 '기호[모양]'를 기호♨과 관련지어 설명해 보자. ♨은 온천 내지 목욕탕을 기호화한 것이다. 특정 의미를 기호화한 것을 글자 '각'이라 생각하면 된다. 그래서 이를 언어의 기호성이라고 한다. 언어 기호는 형식[음성]과 내용[의미]을 담고 있는데 이 둘의 관계는 필연적이지 않다(언어의 자의성). 저렇게 생겼기에 '나무'라고 한다면 필연적인 관계가 되어서 다른 나라에서도 '나무'라고 해야 한다. 음성과 의미의 관계가 필연적이지 않기에 나라마다 특정 사물을 가리키는 말이 다 다를 수 있는 것이다.

고려하면 '은' 음을 가진 한자가 필요했다. '은' 음을 가진 한자는 없었기에 어쩔 수 없이 다른 방법을 동원할 수밖에 없었다. ㉰처럼 동그라미 표시를 둔 것이다(p.177 그림 참조). ○ 표시는 음으로 읽지 말고 뜻으로 읽으라는 것이다. 池의 당시 음은 '디'였다. '해가 지고'에서의 '지고'는 당시 '디고'였으니 관련성을 생각해 보면 이해할 수 있겠다. 그래서 '디'는 문제가 되지 않는다. '디'는 초성의 발음을 가르쳐 주는 것이다. ○가 표시된 末의 당시 '뜻[釋]'은 '귿/귿'이었다. 그것이 근대국어 단계에 이르러 '끝'으로 변한 것이다. 중세국어 시기에는 강한 발음 소위 경음, 유기음이 흔치 않았다.

'귿'을 포함해 '코', '칼', '뿌리' 같은 단어는 15세기 때에는 초성이 모두 평음이었다(곻, 갏, 불휘). 그것이 경음이나 유기음으로 변한 것은 임진왜란을 전후해서이다. 사실 뜻으로 읽는 전통은 옛날부터 전해져 내려오던 방식이었으니 당시에는 낯설지 않았다. 어떻든 '디귿'에서 중요한 것은 첫 번째 글자, '디'의 초성 'ㄷ'과 두 번째 글자 '귿'의 종성 'ㄷ'이다. 예를 들어 '두'를 발음할 때 그 초성 'ㄷ'은 池를 참고하라는 뜻이다. '갇'을 발음하려면 其役에서의 其, 모음 阿, 동그라미 친 末의 종성을 참고하여 읽으라는 뜻이다.

마찬가지로 규칙적인 형태 '시옷'에서 '옷' 음을 가진 한자가 없기 때문에 ㉰에서와 같은 방식을 취해야 했다. 역시 ㉰처럼 동그라미를 치는 방식을 활용할 수밖에 없었다. 그래서 선택된 글자가 '衣(옷 의)'였다. 음으로 읽지 말고 뜻으로 읽으면 된다. '옷'에서 중요한 것은 '오'까지가 아니라 종성의 'ㅅ'이다. 예를 들어 '웃'이라는 글자의 종성 발음은 '옷' 발음의 'ㅅ'처럼 하라는 뜻이다.

한편 (1)의 ≪훈몽자회≫를 다시 잘 관찰해 보면 '이응'까지는 두 글자로 배당되어 있음을 알 수 있다. 그 이유를 아시리라 판단된다. 이 8가지 글자는 초성에도 쓰이고 종성에도 쓰이기 때문이다. 다만 'ㄱ, ㄴ, ㄷ, ㄹ, ㅁ, ㅂ, ㅅ, ㅇ', 이 8가지를 제외한 나머지는 초성에만 쓰인다. 소위 초성 독용 팔자라는 것이다. 그래서 ≪훈몽자회≫ 범례에는 이 8가지 글자에 한 글자만 배당되어 있는 것이다(53강 '8종성' 참조).

심화 언어의 자의성(사회성, 역사성)

앞서 언어의 자의성은 약술한 바 있다. 다시금 강조하면서 언어의 사회성, 역사성과의 관련성을 살펴보기로 한다.

기호 ♨이 온천을 나타내듯이 기호 '나무'는 木을 나타낸다. ♨이 기호이듯이 글자 '나무'도 기호라는 것이다(언어의 기호성). 기호 '나무'는 형식[음성]과 내용[의미]과의 관계가 필연적이 아니라 임의적이기에(언어의 자의성), 이를 언어 사회에 가져오려면 사회 성원 간의 약속이 있어야 한다(언어의 사회성). 바로 이러한 자의성 때문에 언어의 사회성도 파생되고 언어의 역사성도 파생되는 것이다. 음성과 의미 사이의 관계가 필연적이 아니기에 세월이 지나면서 음성이 바뀔 수도 있고(아츰〉아츰〉아침), 의미가 바뀔 수도 있다(**얼골 體**〉容). 이것이 바로 언어의 역사성이다.

'얼골'은 의미가 축소된 것이다. 의미가 확대된 대표적인 예로는 '다리(사람의 다리에서 물건에 하단부까지도 이르게 됨)'를 들 수 있다. 한편 의미가 전성된 예도 있다. '어리-', '어엿브-'에서 확인된다. 전자는 15세기에 '어리석-', 후자는 '불쌍하-'라는 뜻을 가졌었다. cf. '분별', '방송', '발명'이 15세기에는 '근심', '석방', '변명'이라는 뜻을 가졌었다.

말 업슨 청산(靑山)이요 태(態) 업슨 유수(流水)ㅣ로다
갑 업슨 청풍(靑風)이요, 님ᄌ 업슨 명월(明月)이라
이 중(中)에 병(病) 업슨 이 몸이 분별(分別) 업시 늙으리라.
(성 혼)

51 선조들의 표기 욕구 – 한자의 음독, 석독

여기에서는 우리 선조들의 표기 수단에 대해 공부하려 한다. 훈민정음 창제 이전, 선조들은 한자를 빌려서 표기하는 것이 일반적일 수밖에 없었다. 음으로 읽는 음독(音讀)과 뜻으로 읽는 **석독(釋讀)의 방식**이 그것이다. 아래의 일본어 자료가 도움이 될 듯하다.

• 석독=훈독=새김
• 소주 상표 眞露를 석독한 것이 '참이슬'이다.

> (1) 山田(야마다), 田中(다**나까**), 中日(**주**니찌), 每日(마이니찌)

中은 '나까'라 읽히기도 하고 '주'로 읽히기도 한다. 일단 '나까'는 음독이 아니다. '주'는 우리의 한자음 '중'을 참고하건대 음독일 가능성이 높다. 이렇듯 일본어에는 석독과 음독의 전통이 아직도 남아 있다. 우리는 현재 음독으로만 읽지만 지명 표기에는 석독의 흔적이 꽤 남아 있다. '대전(大田)'을 '한밭'이라 하고 '웅진(熊津)'을 '곰나루'라 하고 '마포(麻浦)'를 '삼개', '춘포(春浦)'를 '봄개'라 하는 것이 그것이다. 관련하여 다음과 같은 식으로 생각해 보자.

'혁거세(赫居世: 블그나이)'와 친하게 지내던 사람이 있었다고 하자. 자신의 존재를 후세에 알리고 싶다. 어떻게 할까? 한자도 전래되지 않은 상황이라면 난감할 수 있다. 자신과 혁거세가 어깨동무하고 있는 것을 그릴 수 있겠다. 그러다가 표현의 한계에 부딪히게 된다. 마침 한자가 들어와 있다면 어땠을까? 친구의 이름을 '개똥'이라 하자. 개똥이의 친구 중에는 '블그나이'도 있다는 사실을 표현하고 싶다. '개'라는 음을 가진 한자는 많은데 불행히도 '똥'이라는 음을 가진 한자는 없다. 그러면 포기를 해야 하는가? 아니다. '犬便[개 견, 똥 변]'이라고 쓰면 된다. '犬便(견변)'이라 쓰고 석독을 하면 된다. 바로 '개똥'이라는 이름은 이렇게 표기되었던 것이다. 똑같은 한자 犬便을 두고 예전 사람들은 '개똥'이라고 읽었는데 현대인은 '견변'이라고 읽는다. 현대인들은 음으로만 읽기 때문에 '개똥'이 '견변'으로 둔갑한 것이다. '혁거세'도 마찬가지이다. 당시 사람들은 '赫居世(혁거세)'라 적고 '블그나이' 정도로 읽었을 텐데 현대인들은 아쉽게도 '혁거세'라고 읽을 수밖에 없다. **혁거세(赫居世)**가 불구내(弗矩內)와 병치된 기록이 ≪삼국유사≫에 전한다. 서로 다른 석 자의 한자 두 세트를 적어 놓고 동일한 음 '블그나이'로 읽는 것이다. 여기에서 '석독'과 '음독'을 이해하면 된다. '불구내(弗矩內)'는 음으로 읽은 것이다. '불구내(弗矩內)'의 당시 음은 '블그나이' 정도였다('ㅐ'는 '아이' 정도로 'ㅔ'는 '어이' 정도로 읽혔다). 赫居世는 당시 '붉을/붉을(〉밝을) 혁', '살 거', '누리 세' 정도로 읽혔을 것이다. 그러면 '블거누리' 정도가 된다. '赫 붉 居 거 世 누리〉뉘'. 차례로 석독, 음독, 석독을 하여 '블그나이/블거나이' 정도로 읽혔으리라 짐작할 수 있다. 어떻든 서로 다른 석 자의 한자 두 세트는 발음이 비슷해졌다. 여기에서 신라의 시조는 혁거세가 아니라 '블그나이/블ㄱ나이' 정도로 불렸다고 보는 것이 좋겠다.

요컨대 동굴에 그림을 새겨서 후대에 알리려는 방식이 한계에 부딪히게 되어 인명, 지명 등의 고유명사 표기를 하려는 욕구가 생기게 되었다. 이것이 바로 '犬便[개똥]'과 '赫居世[불구내]' 시대이다. '犬便(견변)'이라 적고 '개똥'으로 읽었다는 뜻이다. 赫居世라 적고 '블그나이/블ㄱ나이' 정도로 읽었다는 뜻이다. 이것이 바로 우리 선조들의 표기 인식이었다.

인명을 살펴보았으니 지명으로 넘어가 보자. 의사 표현에 대한 우리 선조들의 피눈물 나는 갈망이 서서히 드러나는 것이다. 개똥이라는 사람이 '새말'에 살았다는 것을 후세에 알리고 싶다. **'개똥'**이는 '犬便'이었다. '새말'은 바로 '신촌(新村)'이나 '신리(新里)', '신동(新洞)'이 될 것이다[새 신, 마을 촌/리/동]. 우리나라에는 수많은 '새말'이 있다. 특정 마을에서 분파되어 나오면 거기가 '새말/새마을'이 되는 셈이다. 가장 흔히 볼 수 있는 지명 중 하나가 바로 신촌, 신리 등이다. 새말과 비슷한 또 다른 마을 이름으로 '신기(원광대 정문 옆쪽 마을)', 혹은 '신기촌(인천 혹은 성주에 있는 마을)'이 있

赫居世 或云 弗矩內

'광명사상'이 바로 '블그나이(붉은 해 / 밝은 해)'와 관련되어 보인다.

'똥/떡'의 방언형으로는 '시동/시덕'이 존재한다. 15세기 어형 '똥', '떡'을 참고할 수 있다. 한편, 광해군 시기의 상궁으로 金介屎(김개시=김개똥)가 있었다. '개시'가 '개똥'으로 읽힐 수 있는 것은 屎의 뜻이 '오줌똥'이기 때문이다. 屎를 석독하면 介屎는 '개똥'이 된다는 뜻이다.

다. '新基[새 신, 터 기]'라 적고 '새터'라 읽었으며, '新基村[새 신, 터 기, 마을 촌]'이라 적고 '새터말'이라 읽었다는 것이다. 그 이유를 이제는 알 것이다.

서울시 2기 지하철(5~8호선) 역명은 이러한 석독의 정신과 관계된다. 성북구 석관(石串)의 '돌고지', 은평구 신사(新寺)의 '새절', 마포구 아현(兒峴)의 '애오개' 등이 유명하다. '애오개'에 대해 설명해 보려 한다. '兒峴: 아이 아, 고개 현'에서 나온 말이다. 원래는 '애고개'인데 'ㄱ'이 탈락되었다. 그래서 '애오개'가 된 것이다. '애오개'는 '아이가 죽으면 버리는 곳'이다.

여기에 이르면 익산의 옛 지명 '裡里(이리)'는 '이리'로 읽히지 않았을 가능성을 생각해 볼 수 있다. 裡里의 음과 뜻은 각각 '솝 리', '마을 리'이다. 13세기 향약구급방에는 현대어의 '속'을 '솝'이라 하였다. 裡里의 첫 글자를 뜻으로 읽고 둘째 글자를 음으로 읽으면 바로 '솝리'가 되는 것이다. 자음동화가 되면 자동적으로 '솜니'로 발음되는 것이다. '솝리', '솜니', '솜리'를 발음해 보라. 모두 발음이 같다는 것을 알 수 있다. 아쉽게도 전북 익산에서는 이것을 '솜리'로 적고 있을 뿐이다.

다음으로는 관직명에 대해 검토해 보자. 신라에는 '角干(각간)'이라는 최고 관등이 있었다. 과연 어떻게 읽혔을까? 음독을 하면 각간이지만 '혁거세', '신촌' 관련 표기들로 미루어 볼 때 '각간'으로 읽힐 가능성은 별로 없어 보인다. 김유신은 角干(각간), 大角干(대각간), 太大角干(대대각간)을 거치게 된다. 진성여왕이 '각간 위홍'과 '대구화상'에게 삼대목을 편찬케 했다는 기록도 있다. 본격적으로 ≪삼국사기≫에 병치된 기록, '**각간(角干)**', '**서발한(舒發翰)**' 등을 통해 그 독법을 알아보기로 하자.

중세국어의 'ㄱ' 탈락은 세 가지 환경에서 나타난다.

• y 뒤 'ㄱ' 탈락: 애고개〉애오개, 몰애고개〉몰애오개
• 'ㄹ' 뒤 'ㄱ' 탈락: 믈과〉믈와, 울거늘〉울어늘
• 서술격 조사 뒤 'ㄱ' 탈락: 말씀이고〉말씀이오, 하늘이거니〉하늘이어니

大輔. 南解王七年, 以脫解爲之. 儒理王九年, 置十七等. 一曰 伊伐湌【或云 伊罰干, 或云 于伐湌. 或云 角干, 或云 角粲, 或云 舒發翰, 或云 舒弗邯】. 二曰 伊尺湌【或云 伊湌】. 三曰 迊湌【或云 迊判, 或云 蘇判】. 四曰 波珍湌【或云 海干, 或云 破彌干】. ≪三國史記≫ 권 38

---

(2) 角干 或云 舒發翰 或云 舒弗邯(권 38)

(2)에 제시된 角干(각간)은 '뿔 각', '방패 간'이다. '干(간)'은 '翰(한)/邯

(한)'과 병치되어 있다. 사실 干은 칭기즈칸, 쿠빌라이칸의 '칸', '가한' 등 우두머리를 뜻하는 것이다. 15세기 '쌀'을 표기한 것이 '舒發(서발)/舒弗(서불)'이다. 그러므로 '각간'은 우리의 예상과 전혀 다른 '스블한' 정도로 읽혔을 가능성이 높다. 또 '각간'을 酒多로 표기한 사례도 보인다. '술 주', '많을 다'이다. '술'의 고어는 '수블', '많다'의 고어는 '하다'이다. '시절이 하 수상하니 올동말동ᄒ여라'에서 '하'는 '많이/몹시'라는 뜻이다. 관련성을 이해할 수 있을 듯하다. '한비 들으쇼셔 한비 들으쇼서'는 '많은 비/큰 비 떨어지소서'라는 뜻이니 酒多 역시 '수불한/스벌한/서벌한'과 비슷하게 읽힌 것으로 이해할 수 있다.

또 다른 관직명, 우리가 잘 아는 '이사금(尼師今)'도 '치질금(齒叱今)'과 병치되어 있다. '치질금'이 어감이 안 좋은 듯하다. 국사 교과서를 편찬한 초창기에 '치질금'이라고 했다면 우리 입에 '이사금'은 오르내리지 않았을지도 모른다. 마찬가지로 '齒叱今(치질금)'의 첫 글자는 '니 치'이므로 '치질금'의 '치'는 뜻인 '니'로 읽은 것이다. 그러니 '니스금' 정도로 읽혔을 확률이 높다. 즉 두 가지 표기는 오로지 하나로만 읽혔다는 것이다. 그것이 바로 '닛금'인 것이다(**叱은 고대국어에서 'ㅅ'을 표기한 것이다**). 15세기 이전에는 '닛'을 지금처럼 발음하지 않았다. 'ㅅ'을 종성에서 발음했다는 증거는 많다. 그러니 '닛금'은 '니스금'과 비슷해진다는 뜻이다.

우리는 지금까지 인명, 지명, 관명에 대해 개략적으로 살펴보았다. 이런 식으로 우리 선조들은 한자를 이용해 표현 욕구를 어느 정도 채워 나갈 수 있었던 것이다. 그런데 이에 만족할 수는 없었다. 문장 단위로 표현해 보고 싶은 욕구가 생길 것은 자명하다. 다음 강에서 그 일면을 확인해 보기로 하자.

인명 '이쁜이'를 어떻게 적을 것인가? 첫째 음절, 셋째 음절의 '이'는 伊를 쓰면 된다. 그런데 된소리가 있는 둘째 음절의 '쁜'이 문제이다. 이때 향찰에서 'ㅅ'을 나타낸 叱이 활용되었다. '쁜'과 음이 비슷한(?) '쓴'을 이용하는 것이다. '分(분)' 위에 '叱(ㅅ)'을 써서 '쓴'을 만드는 것이다(이쁜이=伊叱分伊).

□ **심화** **거칠보/거칠부**

우리는 신라의 국사를 편찬한 '거칠부'를 알고 있다. 실제 당시에도 거칠
부라고 했을까? 그 가능성은 꽤 높다. '이사부'도 있기에 아래에 있는 夫의
독법, **宗의 독법**에 대해서 정밀하게 검토할 필요가 있다. 거칠부는 ≪삼국사
기≫에 다음과 같이 제시된다.

(3) 居柒夫 或云 荒宗

고유명사가 '或云(다시 말해)' 앞뒤로 나열되어 있는데 음독 표기와 석독
표기의 관점에서 접근해 보면 실마리가 풀린다. 먼저 음으로 모두 읽으면
'거칠부 : 황종'이다. '거칠 황'을 생각하면 전항의 '거칠(居柒)'과 후항의 '황
(荒)'이 연결된다. 남은 것은 전항에서는 夫이고 후항에서는 宗이다.

유독 인명에 夫와 宗이 많이 사용된다. '거칠부' 비슷하게 읽힌 것은 자명
한데 보다 정확한 음을 알고 싶은 것이다. 夫와 宗은 음으로 연결되기는 어
렵다. 어떻든 4가지 가능성이 있다. 두 글자 각각이 음과 뜻이 있으니 조합
을 하는 방식은 2×2이다. 현대국어의 관점이지만 '지아비'와 '마루', '지아
비'와 '종', '부'와 '마루', '부'와 '종', 어느 하나도 비슷한 음을 보이는 것이
없다. '지아비 부'와 '마루 종'을 상기해 보자. 일단 높다는 것은 짐작이 된
다. '마루'는 '산마루', '호두마루' 등의 '마루'인바 15세기에는 'ᄆᆞᄅᆞ'로 나타
난다. 우리는 이러한 대응 관계를 풀기 위해 'ᄆᆞᄅᆞ'의 유의어를 찾아 나선
다. 자전에 따르면 宗은 '마루', '근원', '근본', '우두머리'라는 뜻을 가진다.
실로 고귀한 뜻이 많이 나열되어 있다. 혹시 이 고귀한 뜻과 관련되는 한 음
절짜리 고유어는 없을까? 혹시 '대들보'의 '보'는 아닐까? 바로 글쓴이가
주장하려는 것이 '宗-보 종/들보 종/대들보 종'이다. 보다 확실한 자료가
있다.

(4) 上梁 直墨勒我根大(집ᄆᆞᄅᆞ 올이다) ≪조선관역어≫

드라마 '선덕여왕'의 염종(廉宗)은 신라시대 거대 상단을 이끄는 상인으로 등장한다. ≪삼국사기≫에는 염종이 제27대 선덕여왕 때의 반란자로 기록되어 있다. 647년 상대등 비담과 함께 반란을 일으켰으나 김유신 군대에 패해 처형되었다.

조선 초기에 판본이 성립된 것으로 보이는 ≪조선관역어(朝鮮館譯語)≫는 ≪화이역어(華夷譯語)≫ 속에 들어 있는 대역 어휘집이다.

(4)에서는 '들보 梁'이 '(집)ᄆᆞᄅᆞ[直墨勒]'에 대응되어 있다. 宗의 '뜻[釋]'이 바로 'ᄆᆞᄅᆞ'요 '(대들)보'라는 것이다. 신라의 국사를 편찬한 사람은 '거칠보/거칠부'처럼 불렸을 텐데, 여기서 중요한 것은 'ᄆᆞᄅᆞ'의 유의어로 '보/부'가 존재했을 가능성이 있다는 것이다.

📖 심화 지명 보충

앞서 '새마을(새말)/신촌(신리, 신동)', '아현/애오개' 등의 지명에 대해 알 아보았다. 몇 가지 중요한 사항을 더 언급해 보려 한다.

논산에 왜 하필 훈련소가 있을까? 바로 황산벌 때문인 듯하다. 훈련소가 황산벌과 떨어져 있기는 하지만, 백제군사박물관 옆쪽 계단을 오르면 거기 에 펼쳐지는 곳이 황산벌이라고 한다.

국어국문학과의 국어사 시간이다. 강의를 하면서 복학생들에게 물어 보곤 한다. 논산훈련소 출신 있느냐고. 연이어 물어 본다. 이상한 논리이지만 훈련 소가 왜 논산에 있어야 하느냐고. 쉽게 대답하지 못한다. 황산벌이 바로 논산 에 있다고 일러 준다. 논산에는 유명한 큰 저수지 탑정호가 있다. 그 입구에 서 위쪽 가까이에 백제군사박물관이 있는데 그 바로 북쪽 편이 바로 황산벌이 다. 학생들의 반응이 그렇게 좋지는 않다. 익산에 있는 원광대학교를 다니지 만 미륵사지에도 잘 가지 않는 듯하다. 손안의 멋진 기계 탓일지도 모른다.

글쓴이가 생각하기에 백제군사박물관은 너무도 좋은 곳이다. 성인에게는 어린 시절의 추억을 되새기게 한다. 굴렁쇠, 팽이 등 여러 가지 놀이가 있다. 활쏘기, 말타기 등도 할 수 있다. 성인에게나 아이들에게나 관광하기 매우 좋 은 곳이다. 주말마다 관광객으로 넘쳐 난다. 무료라서 그런 것은 아니다.

잡설이 길어졌다. 학생들과 다시 대화한다. '왜 황산부리라고 하지 않고 황산벌이라고 했을까'라는 질문을 던진다. 보충 설명이 필요하겠다. '서라 벌', **'달구벌'**을 알 것이다. 여기에서의 '벌'은 신라말이다. 이 '벌'은 백제에 서는 '부리(夫里)'로 나타난다. 충남 부여는 대략 1400년 전에는 '소부리'라

'달구벌'의 '달구'가 변해서 '대구'에 이르렀다. '대구'의 이전 시 기 하향이중모음 '다이구(Taygu)'의 y와 '달구'의 종성 'ㄹ'이 밀 접하게 관련될 듯하다.

불렸다. 황산벌은 백제 땅이므로 적어도 '황산부리'라고 해야 한다. 그런데 역사는 승자 입장에서 기록되는 경향이 있다. 그러니 신라어 계열의 지명 요소인 '벌'이 선택되었을 것이다. 그런데 바로 '황산'이라는 한자어 지명이 그다지 유쾌하지 않다. '신촌'을 '새마을'이라 하고 '웅진'을 **곰나루**, '대전'을 '한밭', '마포'를 '삼개', '이리'를 '솝리'라 한다고 했다. 통일신라 시기 경덕왕 때(757년) 고유어 지명을 일률적으로 한자어 지명으로 바꾸게 된다. 그때 '한밭', '새말' 같은 고유어 유형이 '대전', '신촌' 같은 한자어 유형으로 바뀌게 된다. 논산 곳곳에 '놀뫼'라는 표기가 보인다. '놀뫼'는 '노릇-, 누르-'와 관계된다. 황산(黃山)이 '누를 황', '뫼 산'임을 감안한다면 '놀뫼'는 충분히 이해될 수 있다. 그러니 황산벌은 '놀뫼부리' 정도로 불렸으리라 짐작된다.

'부리(夫里)'와 관련해 수원 창룡문 근처(사대문 안)에 '동창부리'라는 동네가 떠오른다. 매향동 일원으로 기억된다. 근처에 행궁이 있고 그 안쪽으로 들어가면 동창부리 1길부터 2길, 3길 등이 쭉 나타난다. 적어도 '부리'는 천오백 년 전의 지명이다. 한강 유역을 백제가 점령했을 때 지명이 그대로 계승된 것이다. 한강 유역은 백제(근초고왕)가 가장 먼저 차지했고, 이후 고구려(장수왕), 신라(진흥왕)가 차례로 점령하였다. 더 놀라운 것은 수원의 '매홀'이다. **'매홀'**의 忽(홀)은 '부리(夫里)'에 대응되는 고구려 말이다[주몽의 부인 소서노(召西奴)에게는 두 아들 온조와 비류가 있었다. 온조는 한강 유역 위례성에 도읍을 정하고 비류는 미추홀(현재의 인천)에 도읍을 정했다]. '매홀'은 장수왕이 밀고 내려온 이후 붙여진 지명일 가능성이 높다. ≪삼국사기≫의 기록을 참고할 수 있다.

(1) 水城郡 本高句麗 買忽郡 景德王改名 今水州(권35)
　　 수성군 본고구려 매홀군 경덕왕개명 금수주
　　 수성군은 본래 고구려의 매홀군이었는데 경덕왕이 이름을 바꾸었다.
　　 지금은 수주이다.

다음은 신동엽 시인의 '껍데기는 가라'이다. 여기에 '곰나루'가 나타난다.

껍데기는 가라. / 사월(四月)도 알맹이만 남고 / 껍데기는 가라. // 껍데기는 가라. / 동학년(東學年) 곰나루의, 그 아우성만 살고 / 껍데기는 가라. // 그리하여, 다시 / 껍데기는 가라. / 이곳에선, 두 가슴과 그곳까지 내 논 / 아사달과 아사녀가 / 중립(中立)의 초례청 앞에 서서 / 부끄럼 빛내며 / 맞절할지니. // 껍데기는 가라. / 한라(漢拏)에서 백두(白頭)까지 / 향그러운 흙가슴만 남고 / 그 모오든 쇠붙이는 가라.

'매홀'은 수원에도 있지만 오산에서도 많이 볼 수 있다. 오산에는 '매홀어린이집'부터 '매홀초등학교', '매홀중학교', '매홀고등학교'까지 확인된다.

⑴을 통해 우리는 고려시대까지의 수원 지명을 더듬어 볼 수 있다. ≪삼국사기≫는 고려시대 때 김부식이 지었다. 그래서 '今(이제 금)'은 당연히 고려시대를 가리킨다. 당시에는 수주라고 불렸음을 알 수 있다. 통일신라의 경덕왕이 한자어 지명으로 바꾼 것은 757년이라 했다. '매홀'이라는 지명을 '수성'으로 바꾸었다는 말이다. 지금 수원에는 수성고등학교도 있다.

≪삼국사기≫에 충남 부여는 '所夫里(소부리)'라 기록되었다. 전북 익산에는 '이리(裡里, 솝 리, 마을 리)'라는 곳이 있었다. 이리의 옛 지명은 '솝리/솜리'이다. '솝리'의 '솝'을 두 음절로 발음하면 '소브'가 된다. 결국 '소부리'와 '솝리'가 같아지게 된다. '이리(裡里)'라 적고 '소부리' 정도로 읽었던 것이다. '소부리', '솝리'는 그 지역의 중심이라는 뜻이다('**솝**〉속', '솝리'를 익숙한 말로 풀어내면 '속 마을'이 된다). 중심지(core, center)일 것이다. 곳곳에 '새말(新里)'이 있듯 '소부리[서울]' 관련 지명도 이따금 확인된다. '센터'이니까 말이다. 그런데 '새말'과 같이 그리 흔한 것도 아니다. 센터라도 작은 구역의 센터는 아니었던 듯하다. 이상에서 이리[솝리]는 적어도 특정 지역의 크나큰 중심지였을 가능성이 있다는 것을 언어학적으로 이해하였다.

≪향약구급방≫ '所邑朽斤草(솝서근풀)': 고려시대에 '솝'을 '솝'이라 한 기록이다. 15세기에는 '솝'과 더불어 신형인 '속'이 등장한다. 이후 구형인 '솝'은 사라지게 되어 현재 우리는 '솝'이라고 하지 않고 '속'이라고 하는 것이다.

52 한글 탄생 이전의 표기 – 구결, 이두, 향찰

인명, 지명, 관명 등의 고유명사 표기로는 표현의 욕구가 만족될 수 없었다. 그 과정에서 구결, 이두, 향찰 등이 생겨나게 되었다.

일반적인 구결은 일종의 토(吐)라고 생각하면 쉽다. 아래에서 밑줄을 그은 것이 토이다. 한문을 번역하기 쉽게 도와주는 것이다.

(1) 樹欲靜而風不止하고 子慈養而親不待라
    수욕정이풍부지   자욕양이친부대

(1)을 구결 '–하고', '–라'에 맞추어 해석하면 다음과 같다.

(2) 나무가 고요하고자 하나 바람은 그치지 아니하고
    자식이 봉양하고자 하나 어버이는 기다려 주지 않으니라.

구결문 '天地之間萬物之衆涯 唯人伊 最貴爲尼'에서 토를 빼면 한문 원문이 된다. (3)에서도 마찬가지이다.

그런데 삼국시대에는 한글이 창제되지 않았으니 **구결 표기**를 어떻게 했겠는가? 한자를 빌려서 할 수밖에 없었다.

(3) 樹欲靜而風不止爲古 子慈養而親不待羅

원문에 위와 같이 집어넣은 것이 구결이다. 그러다가 선조들은 복잡한 글자를 파 넣을 때 애로사항을 겪게 되었다. 그래서 약체들이 등장하게 되었다. 현재 중국의 간체와도 논리는 같다고 할 수 있다. 爲古는 ﺡ ㅁ, 羅는 'ㅅ/ㅉ'와 같이 한자의 일부를 따서 만들게 되었다. 목판에 파 넣기도 수월해진 것이다.

조금 쉬운 것, 짧은 것으로 접근해 보자.

(4) 受落水爲古 → 受落水 ﺡ ㅁ(수락수하고)

(5) 落水乙受ㅎ(낙수를 받고)

(4)는 구결의 단계이다. 한문 원문에 구결을 씌우는 것에 만족할 수 없었던 사람들은 한 단계 더 발전적인 모습을 보이게 된다. 受落水를 우리말 어순으로 표현하고 싶었던 것이다. 그래서 (5)와 같은 '落水乙受ㅎ-낙수를 받고'가 표기되기에 이르렀다. '-을/를'에 해당하는 乙, 어미 '-고'에 해당하는 ㅎ를 이용하여 '낙수를 받고'를 만들어 낸다. 이것이 바로 **이두의 단계**이다. 受落水를 우리말로 옮길 시 '받고'라는 서술어는 맨 마지막에 위치한다. 즉 첫 글자 受를 마지막에 해석해야 하는 어려움이 있었다. 그것을 우리말 어순으로 표기하고자 한 것이 바로 이두이다. (5)에서 '受'의 위치가 뒤에 놓였음을 확인할 수 있다.

여기에 만족할 수 없었던 선조들은 '낙수'를 순우리말로 표현하고자 했던 것이다. 이것이 바로 향찰의 단계이다. 향찰은 우리말 표기를 위한 전면적 노력의 결정체, 차차표기(借字表記)의 집대성이라고 할 만하다. 얼마나 대단한 작업인지 검토해 보자.

드디어 우리말 표기를 위한 전면적 노력의 결정체 향찰을 살펴보게 된다. 소위 '바라고'라는 신라어 표현을 望古로 표기하기에는 성에 차지 않았다. '바라고'는 3음절이니 선조들은 '望良古(발아고)'와 같은 음절 맞추기 작업을 한 것이다. '望良古'를 보고 누가 '바라고'로 받아들일까? 아무튼 구체적으로 들어가 보자.

(6) 浮良落尸水乙 受ㅎ
　　떨어질 물을 받고

'낙수'의 신라어는 무엇이었을까? 그것이 '뜰어딜 믈'이든 '뜰아딜 믈'이든 그것을 표현해 보고 싶었을 것이다. 그것이 바로 '浮良落尸水'이다. 음으로만 읽으면 '부량락시수'이다. 그렇게 적어 놓고 당시 지식인들은 '떨어질

초기 이두 자료

• 南山新城作(남산에 신성을 짓다)
• 三人天前誓 今自三年以後(삼인이 하늘 앞에 맹서한다. 지금부터 3년 후)

구결, 이두, 향찰에 대해 간략히 말하면 구결은 조사[토] 정도로 생각할 수 있다. 이두는 우리말 어순이라고 생각하면 크게 무리는 없다. 그 다음 향찰은 우리말 표기의 정수라 할 수 있다. 일반적으로 실사는 석독자를, 허사는 음독자를 배당하면 된다.

물' 비슷하게 읽었던 것이다. 어떻든 '낙수를 받고'보다는 '뜨라딜 물(들어질 물, 듣는 물)을 받고'라고 하여 우리말 음절을 제대로 표기하려 애쓴 노력이 보인다. 대단한 선조이다.

'제망매가'에는 다음과 같은 구절이 있다.

> (7) 浮良落尸葉如
>   뻐딜 닙다히(양주동 교수 해독)
>   뜰어딜 닙곤(김완진 교수 해독)

'낙엽'의 신라 말이 그대로 '제망매가'에 등장한다. '浮良落尸'만 고려해 보기로 하자.

일단 '뻐딜'은 잘못된 해독이다. '뜰아딜'로 해독될 가능성이 크다. 浮良落尸의 浮는 '뜨-'라는 뜻을 가진다. 良은 대략 현대국어 '잡아'의 '아'를 표기한 것이라 보면 된다. '잎이 지-', '해가 지-'의 옛말은 '디-'이다. 尸는 'ㄹ'을 나타낸다. 그래서 落尸는 '딜'로 읽힌다. '작아질', '많아질'의 '-아질', 이것의 옛말인 '-아딜'의 향찰 표기가 바로 良落尸이다. 당연히 어렵다. 문제는 '浮(뜰 부)'이다. 공기 중의 '부유(떠다니는)' 먼지, '부상(철로 위에 떠서 가는)' 열차 등에 쓰이는 '부'이다. '뜨는' 것과 '떨어지는' 것은 조금 다르다. 원칙적으로 제대로 선택된 글자가 아니라고 할 수 있다. 이도 넓게는 '석독자'에 해당한다. '떨어지-'는 落을 쓰면 된다고 하겠지만 落은 '디-'를 나타내는 것이다. 일부 동해안 지역뿐 아니라 경북 북부 지방 대부분에서 '뜰른다, 뜰꼬, 뜰쩨, 뜰으면, 뜰어'라는 발화를 들을 수 있다. 표준어로는 '듣-(**듣는다, 듣고, 듣지**, 들으면, 들어)'이다. 바로 어간 '뜰-(엄밀히는 '뜷-')'을 浮로 표기한 것이다. 그래서 해독은 '뜨라딜 닙'이 되어야 한다. 어떻든 향찰 浮良落尸를 '뜨라딜' 정도로 읽는다는 것은 무척이나 곤혹스런 일이다. 향가 문학이 쇠퇴한 이유를 알 것이다. 바로 몇 세기 후 우리의 은인 세종이 등장한다.

초기부터 '良'이 '아'로 읽히지는 않은 듯하다. 처음에는 '稼良(얼아)', '入良(들아)' 등의 발음 '어라', '드라'가 한몫을 했을 가능성이 있다. '어라', '드라'를 재분석하니 '얼+아', '들+아'가 된다. 이런 의식이 생긴 이후부터 '아'로도 표기되었을 수 있다. 신라 수도인 경주를 포함하여 경북 동해안 쪽에 가면 '입아', '묵아', '접아', '잡아' 등을 들을 수 있다. 이때의 어미 '-아'가 1500년 전에 바로 良으로 표기된 것이다. 그러니 '뜰어딜'보다는 '뜰아딜'로 해독하는 것이 좋다. '이가라(이기어라)', '빠자도(빠지어도)', '기탸(끼치어/남기어)' 등도 참고할 수 있다. 또 '듣-'을 '뜰는다/뜰꼬/뜰어'라고 하는 경북 북부 방언도 있음을 상기하자.

尸가 'ㄹ'을 나타내는 이유는 아직 명확히 밝혀지지 않았다. '履(신 리)'의 부수 尸과 관련시키기도 한다.

시조에서의 '듣다(drop)'

청강에 비 듯는 소릐 긔 무어시
우읍관듸
만산홍록(滿山紅綠)이 휘두르며
웃는고야
두어라 춘풍(春風)이 몃 날이리
우을 쩨로 우어라(봉림대군).

바람 불으소서, 비 올 바람 불
으소서
가랑비 그치고 굵은 비 들으소서
한길이 바다이 되어 님 못 가
게 하소서(작자 미상).

🔲 심화 위대한 은인 세종

무왕과 관련된 '서동요'에는 '선화공주님은 … 얼아두고'라는 표현이 등장한다. '얼아두고'의 '얼–'을 한자로 표현하면 嫁이다. 이 한자의 경우 현재는 '시집가다' 정도로 알려져 있으나 당시의 뜻은 '얼–'이었다. 우리가 잘 아는 '어른'이라든가 '어르신'은 '얼다'에서 나온 말이다. '얼다'는 사람으로 치면 '하룻밤을 같이하다' 정도의 의미가 된다. '얼'에서 바로 '얼운〉어른', '얼으신〉어르신'이 나온 것이다. '어른'은 얼어 본 경험이 있는 사람, '어르신'은 '얼어 본 경험이 있으신 분'이라는 뜻이다. 그러면 '얼어두고'는 '사랑해 두고' 정도의 의미로 파악될 텐데 — '멀어'의 경주 말은 '멀아', '접어'의 경주 말은 '접아'인 것을 감안하면 — 당시에는 '얼아두고'라 했을 가능성이 높다. **'얼아두고'**를 표기하려 한 노력이 바로 '嫁良置古(가량치고)'이다. 嫁만으로는 부족했다. 당시 사람들은 당연히 4음절로 발음했을 것이기 때문에 '嫁良置古'라는 네 글자가 필요했던 것이다. 이것이 바로 향찰(향가의 표기)의 원리이다. '嫁良置古'의 첫 번째 글자, 세 번째 글자는 뜻으로 읽으니 '얼[얼 가]'과 '두[둘 치]'로 해독되는 것이다. 그런데 이런 대응을 익히는 것이 결코 쉬운 일은 아니다. 향찰이 그만큼 어려웠으니 오래 지속되기 힘들었던 것이다.

위대한 은인 세종은 백성들이 'magadugo'라고 발음하면 — 향찰의 원리대로라면 '防良置古(방량치고)' 정도로 기록될 텐데 — '막아두고'라고 적게 하고 싶었던 것이다. 어린[어리석은] 백성이 말하고자 하는 바가 있어도 제 뜻을 능히 펴지 못할 사람이 많으니 그를 어엿비[불쌍히] 여긴 끝에 — 오랜 시간의 비밀 프로젝트 끝에 — 훈민정음을 창제한 것이다.

흔히들 훈민정음은 세종의 명을 받아 집현전에서 만든 것으로 알고 있지만 여러 가지 근거에 의해 친제설에 무게가 실린다. '내 이를 위ᄒᆞ야 어엿비 너겨 새로 스믈 여듧 글ᄌᆞ를 ᄆᆡᇰᄀᆞ노니'는 차치하고라도 ≪훈민정음≫이라는

'얼아두고'에서의 부사형 어미 '–아'와 관련하여 동해안 방언에서의 특이 형태를 소개한다. 글쓴이는 울진에서 2003년 85세 제보자에게 '스무날아'라는 말을 명확히 들었다. 이는 알타이어족의 처격 조사 '–아/어'에 대응하는 것이다. '스무날에'라는 말이 표준어이다. 1980년 심마니 말에서도 확인된다. 현재 경주말. '주마(주미+아, 주머니에)', '기타(기티+아, 귀퉁이에)' 등을 통해서도 그 존재를 알 수 있다. 경주가 어디인가? 신라의 수도이다. 신라의 표준어는 경주 말이었던 것이다.

우리는 세종의 쾌업 덕분에 독서도 하면서 많은 정신적인 자양분도 제공받고 있다. 한글이 없었다면 포털 사이트 검색도 만만치 않을 것이다. 죄다 영어로 된 글을 읽어야 할지도 모른다. 문자 생활에서의 대혁명이다. 일자무식이 될 법한 우리를 개화시켜 놓은 위대한 은인이다. 세종께서는 여주 영릉에 잠들어 있다. 영릉에 가면 꼭 감사의 인사를.

책에는 '君虯快業(군규쾌업)'이라는 숨어 있는 글자가 들어 있다. 바로 '임금과 어린 용이 **쾌업을 이루었다**'라는 뜻이다.

세종은 'ㄱ' 음가를 제시하기 위해 君을 제시하였다. 'ㄱ'은 '君'이라는 글자의 첫소리라고 하였다(ㄱᄂᆫ 엄쏘리니 君ㄷ字 처섬 펴아나ᄂᆫ 소리 가ᄐᆞ니라). 중국은 여러 운서에서 '見'이라는 글자를 통해 k 또는 g의 음가를 보여주었다. 세종은 그것을 받아들이지 않고 君을 택한 것이다. 그 다음 글자가 바로 'ㄲ' 음을 가르쳐 주기 위한 虯(끃, 당시 중국에서 이를 'ㄲ' 비슷하게 읽음)였고, 그 다음 글자가 'ㅋ' 음을 가르쳐 주는 '快(쾌)'였다. 그다음이 'ㆁ[ŋ]'의 음을 가르쳐 주기 위한 '業(업)'이었던 것이다. 이것을 서울대의 임홍빈 교수가 십여 년 전에 찾아낸 것이다. 자음 관련 술어는 중국의 것(아음 설음 등)을 따랐는데 음을 지시하는 글자는 왜 중국의 전통을 따르지 않았을까 하는 의구심에서 출발한 큰 업적이다.

당시 집현전에는 그 책임자라 할 수 있는 최만리가 있었다. 최만리는 훈민정음 창제에 대한 반대상소문으로 유명하다. 집현전에서 반대상소문이 올라갔다는 것은 시사하는 바가 크다. '君虯快業(군규쾌업)'이라는 말 속에는 믿을 만한 사람은 가족밖에 없다는 생각이 깔려 있다. 설총이 만든 이두도 있는데 왜 굳이 무익한 글자를 만드시나 하는 것이 최만리의 생각이다. 당시의 기득권층은 글자가 만들어지는 것에 반대할 수밖에 없었다. 글자나 해시계 등이 만들어지는 것은 당시 질서에 대한 도전이다. 바로 중국에 대한 도전이었던 것이다. 그러니 식자층은 중국과의 관계를 명분 삼아 훈민정음 창제에 반대하였다. 거센 반발에 부딪힐 것을 예상한 세종은 한글 창제를 비밀 프로젝트로 진행할 수밖에 없었다. 거기에 믿을 만한 조교가 필요했는데 그들이 바로 특정한 날을 위해 미리 키워 온 몇몇 집현전 학사들이었다고 할 수 있다.

세종은 외국학자들에게 높이 평가되고 있다. 그 이유를 'ㄱ', 'ㄲ', 'ㅋ'으로 설명하겠다. 'ㄱ'을 발음할 때 전 세계 공통으로 혀 모양이 'ㄱ'과 같이 된다. 혀의 뿌리가 목구멍을 막는 모양을 상형한 것이다. 이 정도의 정신이라면 세종이 로마에 태어났어도 'ㄱ' 비슷하게 자형을 만들었을 것이다. 아울러 'ㄲ', 'ㅋ'을 'ㄱ'과 **한 묶음**으로 인식한 것도 놀랍다. 이것이 모두 혀뿌리가 목구멍을 막는 것과 관계되기 때문이다. 조음위치는 같되 조음방법이 다르다고 인식한 것이다. 'ㅋ'에 이르면 감탄이 절로 난다. 'ㅋ'은 'ㄱ'에 비해 획이 하나 추가된 셈이다. 그 획 하나가 바로 날숨이 더 많이 나간다는 표시이다. 외국학자들이 찬사를 보낼 수밖에 없다. 음성학적 지식이 없었다면 'ㄱ', 'ㄲ', 'ㅋ'가 전혀 다른 모형으로 표시되었을 수 있다. 그러면 지금까지 한글은 남아 있지 못하고 도태되었을 것이다. 사용하기에 불편하니 당연하다 하겠다.

로마자에는 P에서 출발한 기호가 몇 있다. P와 B까지는 세종의 정신과 비슷하다. 둘 다 입술을 이용하는 파열음이기 때문이다. R도 모형은 이들에 닿아 있다. 그런데 세종이라면 R을 P 모양과 관련짓지 않았을 것이다. R의 발음은 P, B와 매우 다르기 때문이다.

53 세종 때의 종성 발음 – 8종성

현재 우리는 7개의 종성만을 발음하고 산다. 15세기, 세종 당년에는 어떠했을까? 우선 현대국어부터 살펴보기로 하자. 현대국어에서 실제로 표기에 사용되는 자음은 (1)에 제시된 19개이다.

> (1) ㄱ, ㄴ, ㄷ, ㄹ, ㅁ, ㅂ, ㅅ, ㅇ, ㅈ, ㅊ, ㅋ, ㅌ, ㅍ, ㅎ, ㄲ, ㄸ, ㅃ,
> ㅆ, ㅉ

'음절의 끝소리 되기/중화'라는 용어보다는 '평파열음화'라는 용어가 보다 구체적이면서도 합리적이다.

그런데 왜 자꾸 우리는 **7개의 종성**이라고 하는가? 그 이유는 종성의 '성'에 있다. '聲'은 글자가 아니라 '음'이다. 다음을 읽어 보자.

> (2) 가. 옫, 옷, 옺, 옻, 옽, 옸, 옾
> 나. 옿
> cf. 놓-

(2가), (2나) 모두 같은 음으로 읽힐 것이다. '옷'을 '오스'로 읽는 사람은 없을 것이다. '옷', '옽', 모두 같은 발음이다. 이를 음성기호 [ot̚]으로 나타낸다. [t̚]에서의 '̚'는 파열을 시키지 말라는 뜻이다. 마지막 숨을 내뱉지 말고 닫으라는 뜻이다. **불파음**인 것이다. check를 '체크'라고 발음하는 이도 있고 '첵'이라고 발음하는 이도 있다. 전자는 파열시킨 것이고 후자는 파열시키지 않은 것이다. 심지어 'ㅎ' 받침이 있는 '옿'조차도 우리는 '옫[ot̚]'으로 읽는다. (3)에 제시된 것도 읽어 보자.

불파음 t̚ = t̚

> (3) 가. 압, 앞, 앏
> 나. 악, 앜, 앆

(3가)는 [p̚], (3나)는 [k̚]로 발음된다. 결국 이를 한글 자모로 옮기면

'ㅂ', 'ㄱ'이 되는 것이다.

'ㅂ', 'ㄷ', 'ㄱ'은 위에서 확인한 바 있다. '옴', '온', '옹', '올'을 통해 'ㅁ', 'ㄴ', 'ㅇ', 'ㄹ'이 종성에서 발음된다는 것을 알 수 있다. 이로써 7종성을 확인하였다. 종성은 바로 음절의 끝소리이다. 그래서 우리는 중고등학교 시절 바로 '음절의 끝소리 7가지'라는 말을 익혀 온 셈이다. 다시 말해 음절말에서 발음할 수 있는 음이 7가지라는 것이다. 그래서 이를 음절말 제약이라고도 한다. 이에서 파생되는 규칙이 음절말 평파열음화인 것이다. 파열음에는 'ㅂ', 'ㄷ', 'ㄱ'이 있다. 나머지 넷 'ㅁ', 'ㄴ', 'ㅇ', 'ㄹ'은 공명음이라고 한다. 공명음은 울림의 정도가 높은 소리라고 생각하면 되고 그러한 음은 비공명음에 비해 음파가 더 멀리 간다고 생각하면 된다. 그러면 더 잘 들릴 가능성도 있을 것이다. 악기의 공명판을 생각할 수 있겠고 영어 단어로는 echo도 생각해 볼 수 있다.

한편, 15세기에는 종성으로 몇 가지를 발음할 수 있었을까? 조선이 건국될 즈음, 당시 사람들의 발음을 적어 놓은 자료가 있다.

(4) 衣服 臥思, 花 果思 ≪조선관역어≫

(4가)에 보면 '옷'을 두 글자로 적고 있는 것이 특이하다. '꽃'에 해당하는 '곳(←곶)'도 마찬가지이다. 그런데 '곶'은 특이하다. ≪용비어천가≫ 2장의 다음 구절을 떠올려 보자.

(5) 불휘 기픈 남ᄀᆞᆫ ᄇᆞᄅᆞ매 아니 뮐ᄊᆡ 곶 됴코 여름 하ᄂᆞ니
    ᄉᆡ미 기픈 므른 ᄀᆞᄆᆞ래 아니 그츨ᄊᆡ 내히 이러 바ᄅᆞ래 가ᄂᆞ니

'곶'은 받침이 'ㅈ'이다. 그런데 위에서 확인할 수 있는 바와 같이 중국인이 적은 표기는 果思이다. 이것을 현대 중국인에게 읽히면 어떻게 될까? '고스' 정도로 읽는다. 조선 건국 당시에도 이와 비슷했다고 보면 된다. 현대 한국인의 경우 '밭둑'이라고 쓰나 '받둑'이라고 쓰나, 읽을 때는 똑같은 것과 같

'기픈 심'에서의 '기픈'은 이어적기를 한 것이다. 연철이라고도 한다. '심이(분철)'도 이어적기를 하면 '시미'가 된다.

'고지 눈믈을 쓰리게코'에서 'ㅈ' 종성의 '곶(花)'을 확인할 수 있다.

은 이치이다. 마찬가지로 당시에는 '곳 됴코'로 쓰나 '곳 됴코'로 쓰나 발음이 같았다는 것이다. 즉 'ㅅ', 'ㅈ', 'ㅊ'는 음절말에서 'ㅅ'으로 발음되었다는 것이다.

(6) 가. 星 別二
나. 陽 別

(6가)의 二는 당시 중국인이 'ㄹ' 종성을 표시하는 방식이다. '이, 얼, 싼, 쓰'에서 '얼'의 'ㄹ'을 생각하면 된다.

'이영보래(以影補來)'라는 말이 있다. 세종 당년에 중국 한자음은 벌써 우리의 현실음과 많은 괴리를 두고 있었다. 別, 月처럼 'ㄹ'을 종성으로 하는 한자의 경우, 우리는 15세기 당시에도 또 지금도 '별', '월'로 읽어 왔다. 그런데 현대 중국인들은 이것을 '별', '월'로 읽지 않는다. 'ㄹ' 종성 없이 비에[bié], 유에[yuè] 정도로 읽는다.

세종은 당시 한자음이 중국과 달라서 한자음 표준화 사업에도 심혈을 기울였다. 그 노력 중 하나가 이영보래이다. '**잉형봉링**'에서 '형'과 '링'가 중요하다. '以A補B'라는 어구는 A로써 B를 보완한다는 뜻이다. A가 바로 '형'이고 B가 바로 '링(꼭지 없는 ㅇ은 발음되지 않기에 편의상 '링'로 적음)인 것이다. 더 엄격히 말해 A는 '형모(影母)'이고 B는 '링모(來母)'이다. 여기에서 '형모'는 'ㆆ' 음으로 시작하는 글자류 정도로 이해하면 된다. '링모'도 'ㄹ' 음으로 시작하는 글자류 정도로 이해하면 된다. '형'과 '링'는 각각 'ㆆ' 초성을 가진 한자 대표, 'ㄹ' 초성을 가진 한자 대표이다. 그럼 '이영보래'는 다음과 같이 해석된다. '형모'로써 '링모'를 보충한다는 것이다. 곧 'ㆆ'로 'ㄹ'을 보완한다는 뜻이다.

당시의 음, 즉 別, 月의 음은 '볋', '웛'로 적혀 있다. 조선인은 '별', '월'이라고 하는데 중국인은 '볃', '월'처럼, 발음 후에 여운을 남기는 것이 아니라 '볃', '웓'과 비슷하게 끝막음을 하는 듯했다. 여기에서 표준 한자음을 정비

'잉형봉링(以影補來)'라는 방식 자체에도 동국정운식 한자음 표기가 적용되었다. '月印千江之曲 上(월인천강징콕 쌍)'도 참고할 수 있다.

해야겠다는 생각을 한 것이다. 그 방식 중 하나가 바로 이영보래였다. '별', '월'이라는 발음은 중국음[이상음]과 동떨어져 있으니 이를 중국음에 가깝게 표기해야 했다. 바로 '볋', '웛'과 같은 표기가 탄생하게 된 것이다. 이것이 동국정운식 한자음 표기이며 그 동국정운식 표기 방식 중 한 가지가 이영보 래인 것이다.

다시 《조선관역어》로 돌아와야 한다. '별(star)'은 別二, '햇볕'은 別이 다. 당시 사람들은 '별', '볃'으로 발음했다. 로마자를 중국인이 알고 있었다 면 byeol, byeot으로 표기했을 수도 있다. 그런데 불행히도(?) 당시에 로마 자는 건너오지 못했다. 그렇기에 한자를 이용하여 표기하는 방법밖에 없었 다. '볃'에 대응할 한자는 마침 '別'이 있었다. 조선에서는 '별'로 읽지만 중 국인은 이를 '볃'으로 읽기 때문이다. 그러니 陽은 別로 끝내 버렸다. 문제는 하늘에 있는 별이다. 別로 하려니 발음이 너무 다른 것이다. 조선 사람은 '별'이라 하는데 중국인은 '볃'이라 하니 말이다. 그래서 고안해 낸 방법이 **말음을 첨기하는 방식**이다. 別二, 강제로 '벼+얼'을 발음해서 '별'과 같은 발음 으로 흉내 내라는 뜻이다. 의병장 신돌석의 '돌(乭)' 자를 생각해 보자. 石乙 (乭), 앞 글자는 '돌 석'이다. 이것을 '돌'로 읽고 그 말음 글자 'ㄹ'을 '乙(새 을)'로 덧붙인 셈이다.

어쨌든 중국인의 귀에는 '옷', '옫', '올'이 다르게 들리는 것이다. 'ㅅ'을 위해서는 思를, 'ㄹ'을 위해서는 二를 첨기했던 것이다. 대신 'ㄷ' 말음은 한 글자로 족했다. 결과적으로 현대와 달리 '옷'과 '옫'이 당시에는 구분되었다 는 것이다.

우리는 앞에서 현대 한국인은 음절말에서 'ㄱ, ㄴ, ㄷ, ㄹ, ㅁ, ㅂ, ㅇ', 7 가지를 발음할 수 있다고 했다. 세종 연간의 사람들은 이들 7가지뿐만 아니 라 'ㅅ'도 발음할 수 있었다는 것이다. 실로 놀라운 일이 아닐 수 없다. 그래 서 8종성이라고 하는 것이다. '닛금'이라고 적히면 '[nisgim]니ㅅ금'과 비슷 하게 읽었다는 것이다. sister는 '시스터'라 읽는다. 사실은 '싯터'라고 씌어

향가의 '야음(夜音)'도 말음 첨 기 방식이다. '밤'은 夜로 충분 한데 거기에 말음 'ㅁ'을 덧붙 인 것이다. '길'도 道乙로 표기 되었는데 '길'은 사실 道로 충 분하다. 그런데 말음 'ㄹ'을 위 해 乙을 덧붙인 것이다. 이러한 말음 첨기 방식의 한자 로는 '돌(乭)', '걸(乬)'을 들 수 있다.

있으면 당시인들은 [sistə]로 읽었다는 것이다. '싯터'라고 씌어 있으면 현대인은 당연히 '시스터'라 읽지 않는다. '싣터', '시터' 정도로 읽게 된다.

이러한 8종성법 때문에 다음과 같은 표기들이 나타나게 된다. 밑줄 친 형태들에 주목하자.

> (7) 가. 기퍼, 기프며, <u>깁고</u>(깊-)
> 　　　브터, 브트며, <u>븓고</u>(븥-)
> 　　　차자, 차즈며, <u>찻고</u>(찾-)
> 　　나. 부피, 부프로, <u>붑도</u>(북)
> 　　　고지, 고즈로, <u>곳도</u>(꽃)

(7)에 제시된 종성 'ㅂ', 'ㄷ', 'ㅅ'은 어미 '-고' 또는 조사 '-도' 앞에서 다른 자음이 변동된 것이다. 'ㅍ'이 'ㅂ'으로, 'ㅌ'이 'ㄷ'으로, 'ㅈ'이 'ㅅ'으로 변동되었다.

그런데 이마저도 ≪용비어천가≫와 ≪월인천강지곡≫에서는 본음을 밝혀서 적고 있다. 드디어 (7)과 달리 (8)에서는 밑줄 친 'ㅍ', 'ㅌ', 'ㅈ' 종성 표기들이 확인된다.

> (8) 가. 기퍼, 기프며, <u>깊고</u>
> 　　　브터, 브트며, <u>븥고</u>
> 　　　차자, 차즈며, <u>찾고</u>
> 　　나. **부피, 부프로, <u>붚도</u>**
> 　　　고지, 고즈로, <u>곶도</u>

이들 두 문헌을 제외하면 15세기 자료들은 (7)에서와 같은 8종성법을 따랐다.

낙랑공주는 호동왕자를 위해 '붚〉북(鼓)'을 찢는다(cf. 쇠붚〉쇠북). 이렇듯 'ㅂ' 계열이 'ㄱ' 계열로 변화한 것을 'P〉K'라고 한다(PK 교체). 이런 유형으로는 '솝〉속(裏)', '브섭〉부엌(廚)' 등을 들 수 있다. '병ㄱ소배(병 속에)'에서의 'ㄱ'은 사이시옷 유형이라 생각하면 된다.

□ **심화** ≪조선관역어≫의 格以 관련

지금은 '게'라고 적고 '게'라고 읽지만 15세기에는 어땠을까? 당시의 언어를 반영한 ≪조선관역어≫에는 格以라고 되어 있다. 현대 중국인도 '거이' 정도로 읽는다. 소위 **하향이중모음**으로 알려진 것이다. 충청도 일부 지역에서는 '괴기'를 '고이기' 하고 '핵교'는 '하이꾜'라고 한다. 우리가 노래할 때 '날 좀 봐요'를 '날 좀 봐이요'라고 하는 것도 비슷한 맥락으로 이해하면 된다. 소위 반모음이라 하는 것을 첨가하여 이중모음식으로 발음하는 것이다.

　반모음과 관련하여 다음도 확인하여야 한다. '락쉬예 산힝 가 이셔 하나 빌 미드니잇가'에서 '락쉬(洛水)예'가 중요하다. 'suy쉬' 반모음 y 뒤에서 반모음 y가 첨가되어 '예'가 된 것이다.

　다시 강조하지만 15세기 문헌을 접할 때 표기 '게'나 '개'가 '거이'나 '가이'로 발음되었음을 간과해서는 안 된다. 'ᄒᆞᄂᆞᆫ 배라'를 'ᄒᆞᄂᆞᆫ 바이라'로 읽으면 뜻을 보다 쉽게 짐작할 수 있다. '안잿더시니'를 '안자잇더시니'로 읽으면 무슨 말인지 쉽게 이해할 수 있는 것과 같은 이치이다. 이와 관련하여 다음을 생각해 보자.

　(9) 소의 새끼 : 송아지 = 말의 새끼 : 망아지 = 개의 새끼 : X

　'쇼아지'의 후행 성분 '-아지(축소사라 한다)'의 'ㅇ'이 종성화하면서 '송아지'가 된 것이다. 이와 관련되는 것으로는 '부어>붕어', '이어>잉어' 등을 들 수 있다. 그러면 '말+아지'는 'ㄹ' 탈락을 통해 '망아지'가 될 수 있다. 그러면 '개'의 새끼는 '갱아지'가 되는 것이 정상이다. 그런데 '개'의 15세기 표기는 '가히'이다(가히>가이>개). ≪계림유사≫에는 '犬曰 家狶'라고 되어 있다. 그러니 '강아지'가 파생될 수 있었던 것이다.

반모음(활음) y는 IPA로는 j 이다.

- ja= ㅑ
- jə= ㅕ
- jo= ㅛ
- ju= ㅠ

54 기타 – 맞춤법과 표준어 몇몇, 로마자/외래어

- '십여 원'에서 '-여'는 접미사이다.
- 십 원짜리
- 지금으로부터 30만 년 전

간10(間) 의존명사. ≪표준국어대사전≫

「1」한 대상에서 다른 대상까지의 사이.
¶ 서울과 부산 간 야간열차.
「2」(일부 명사 뒤에 쓰여) '관계'의 뜻을 나타내는 말.
¶ 부모와 자식 간에도 예의를 지켜야 한다.
「3」('-고 –고 간에', '-거나 –거나 간에', '-든지 –든지 간에' 구성으로 쓰여) 앞에 나열된 말 가운데 어느 쪽인지를 가리지 않는다는 뜻을 나타내는 말.
¶ 공부를 하든지 운동을 하든지 간에 열심히만 해라.

간16(間) 접사. ≪표준국어대사전≫

「1」(기간을 나타내는 일부 명사 뒤에 붙어) '동안'의 뜻을 더하는 접미사.
¶ 이틀간/한 달간/삼십 일간.
「2」(몇몇 명사 뒤에 붙어) '장소'의 뜻을 더하는 접미사.
¶ 대장간/외양간.

※ 맞혀 보세요(띄어쓰기)

1. (지금으로 부터, 지금으로부터) **십여 년 전**

2. (그밖에, 그 밖에)

3. (나빠질 밖에, 나빠질밖에). cf. '-ㄹ밖에'를 사전에서 찾아보자.

4. (**이웃간, 이웃 간**) cf. 3년간

5. (먹어야 겠다, 먹어야겠다) cf. 먹어야 하겠-

6. (좋은 걸, 좋은걸) 어떡해.

7. (좋은걸, 좋은 걸) 먹어.

8. (내 사랑인 걸요, 내 사랑인걸요).

9. (외출시, 외출 시)

10. 나사가 넘으면 다시는 (못쓴다, 못 쓴다).

11. 얘야, 어른한테 그런 말하면 (못쓴다, 못 쓴다).

12. (김영수씨, 김영수 씨)   (김영수님, 김영수 님)

   (김씨, 김 씨)   (김군, 김 군)   (김양, 김 양)

13. (갔으니망정이지, 갔으니 망정이지)

14. 그는 너무 (믿음 직하다, 믿음직하다).

15. 배고픈 새가 모이를 (먹었음 직한데, 먹었음직한데)

16. 그녀가 사표를 냈다는 것이 (사실임 직하다, 사실임직하다).

17. 1년 동안 (괄목할만한, 괄목할 만한) 성장을 이루었다.

18. 그냥 모르는 척 (살만한데, 살 만한데) 말이야.

19. (산만 한, 산 만한) 파도   (형만 한, 형 만한) 아우

20. (5년만에, 5년 만에) 만났다.

21. 그는 거짓말을 (잘한다, 잘 한다).

22. (잘하면, 잘 하면) 올해도 풍년이 들겠다.

23. 배가 아파 제대로 먹지 (못한다, 못 한다).

24. 수술 부위가 터져서 오늘은 물놀이를 (**못 해, 못해**).

25. 싸움다운 싸움도 (못 하고, 못하고) 일패도지되었다.

• 수영 못 해(불능)
• 수영 못해(미숙)

26. (연인들, 연인 들)은 끼리끼리 흩어졌다.

　　과일에는 사과, 배, (감들, 감 들)이 있다.

27. (간듯, 간 듯) (갈테야, 갈 테야)

28. (김씨, 김 씨)가 박 군과 이 양을 (돕는대, 도운대).

※ 맞혀 보세요(표준어 위주)

1. 바다로 (쌀인, **싸인**) 섬

2. 너무 (가까와, 가까워)

3. 물을 단숨에 (들이키고, 들이켜고)

4. 탄로날까 봐 (안절부절이다, 안절부절했다, 안절부절못했다).

'싸다(포위, 포장)'와 '쌓다(적층)'를 구분하자.

• 싸다/싸이다
• 둘러싸다/둘러싸이다
• 쌓다/쌓이다

5. (**우뢰**, 우레) 소리

6. (요컨데, 요컨대) (예컨데, 예컨대)

'우레('우르-'에 접사 '-에'가 결합됨)'는 고유어이다. 雨雷와 관련지을 필요가 없다.

7. (짜집기, 짜깁기) cf. 지워라(×)/기워라(○)

8. (애닯은, 애달픈) 사연이구먼.

9. (알멩이, 알맹이) (**돌맹이, 돌멩이**)

10. (총뿌리, 총부리)를 겨눈다.

11. (자랑스런, 자랑스러운)

12. (아다시피, 알다시피) (아다마다, 알다마다)

13. (아무려면, 아무러면) 어때?

　　cf. 아무렴('아무려면'의 준말)

사투리를 알면 맞춤법에 도움이 될 수 있다.

'돌미/돌밍이(돌맹이)', '돌삐/돌뺑이(돌맹이)', '미다(메다)', '비다(베다)', '시다(세다)', '시 개(세 개)', '니 개(네 개)'… *돌맹이

14. 이 책은 (내 꺼다, 내 거다).

15. (넓죽넓죽, 넙죽넙죽) 잘도 받아먹데그려.

(넙죽넙죽, 넓죽넓죽) 썰다.

(넙적다리, 넓적다리)

- 꺼림직하다/께름직하다/꺼림 칙하다/께름칙하다
- 오손도손/오순도순
- 삐치다/삐지다
- 무너뜨리다/무너트리다
- 자장면/짜장면

이상은 복수 표준어이다.

- 주책이다(○), 주책없다(○), 주책이 없다(○)
- 엉터리이다(○), 엉터리다(○), 엉터리없다(○)

16. 뭔가 (**꺼림칙하다, 께름칙하다, 꺼름칙하다**). - 복수 표준어

17. (깡총깡총, 깡충깡충)

18. (그리고 나서, 그러고 나서)

19. (돐, 돌)

20. (나즈막한, 나지막한) cf. 나직히

21. 난 아무것도 안 (바래, 바라). (나무래다, 나무라다)

　　cf. 풋내기, 시골내기, 신출내기 // 세 살배기, 진짜배기 // 냄비

22. (해질 녁, 해질 녘)　　　　　　(동녁, 동녘)

23. (괴발새발, 괴발개발, 개발새발) 쓴 글씨 - 복수 표준어

24. (수염소, 숫염소) cf. 숫양, 숫염소, 숫쥐 / 수나사, 수펄(×)

- 그제사〉그제야
- 이제사〉이제야
- 오늘사〉오늘이야(표준어), 오늘싸(전남 방언)

25. 야단을 쳤더니 (**그제서야, 그제야**) 정신을 차렸다.

26. 자두가 너무 (조그만하다, 조그마하다).

27. (간대니까, 간다니까)

28. (오는구만, 오는구먼)

29. 오던 눈도 (개이고, 개고) 하늘에는 구름 한 점 없다.

30. (갈래야, 가려야) 갈 수 없네. cf. 할래야 할 수 없다(×).

31. (고냉지, 고랭지)

32. 무척 (가없은, 가여운, 가엽은) 사람 cf. 가엾다(○)/가엽다(○)

'(날이) 새다'는 목적어를 취하지 않는 자동사이므로 '밤을 새다'는 잘못이다. '밤을 새우다'가 맞다.
방탄소년단의 'Fake love'의 일부분이다. 밑줄 친 부분의 쓰임이 맞는지 검토해 보라.

… 보고 싶다 보고 싶다 얼마나 기다려야 또 몇 밤을 더 <u>새워</u>야 널 보게 될까 만나게 될까 …

33. (트기, 튀기)

34. 너는 밤을 너무 자주 (**새는, 새우는**) 것 같구먼.

35. (넌즈시, 넌지시)

36. (객적다, 객쩍다)

37. (새삼스래, 새삼스레)

38. (바램, 바람)이 있다면, (애기, 아기)가 건강히 자라는 거지.

cf. 사램(×), 에미(×)

39. (건너방, 건넌방) cf. 건넛방–건너편 방, 건넌방–마루 건너 방

40. (건너마을, 건넛마을) cf. 건넌마을(×)

41. (예쁘다말다, 예쁘다마다)

42. (**내노라는, 내로라는**) 선수 cf. 내로라하다/산이로다

43. (멀지 않아, 머지않아) 독립이 된다.

44. 개구리가 (움추리고, 움츠리고) 있는 이유를 아니?

　　입을 (오무리고, 오므리고)

45. 탐이 나면 (**사려므나, 사려무나**).

46. (으시대다, 으스대다) (으시시하다, 으스스하다)

　　(부시시하다, 부스스하다)

47. (가려고, 갈려고) 하면 어디든지 갈 수 있다.

48. (안스럽다, 안쓰럽다) cf. 한스럽다, 쑥스럽다

49. 이 자리를 (빌어, 빌려)

50. (멋장이, 멋쟁이) (미쟁이, 미장이) (점장이, 점쟁이)

51. (뿌리채, 뿌리째) (송두리채, 송두리째) (통채로, 통째로)

52. (깊숙히, 깊숙이) (철저이, 철저히) (깨끗히, 깨끗이)

53. 역시 이 집 김밥은 맛이 (틀려, 달라).

54. (**좋으네요, 좋네요**) (좋니, 좋으니)? 좋으냐(○)?

　　(짙으네요, 짙네요) (짙니, 짙으니)? 짙으냐(○)?

　　(하야네요, 하얗네요) (하얍니다, 하얗습니다)

55. 모든 것을 (**일절, 일체**) 말하지 마.

　　(일체, 일절)의 질문을 삼가라.

56. 담 (넘어, 너머) 있는 나무

57. (헛튼소리, 허튼소리)

58. 그 일을 (할이만치, 하리만치) 범상치 않은 인물이다.

'나이다'의 옛말은 '나이로다'이다. '나이로다'가 간접 인용되면 '나이로라는(내로라는)'이 된다. '… 사람이다'의 간접 인용 '… 사람이라는', '… 사람이라고' 참조.

–(으)려무나: 해라할 자리에 쓰여, 부드러운 명령이나 허락을 나타내는 종결 어미. '–(으)렴'보다 한층 더 친근한 어감을 띤다.

어서 먹으려무나./있고 싶으면 있으려무나.

• 좋으니?(○) cf. 좋으니(까)
• 좋으네(×)

• 일절: 뒤에 부정어가 옴
• 일체: '모두'라는 뜻

59. (오며는, 오면은) 싸움만 해.

그는 (갔지만은, 갔지마는) 난 외롭지 않아.

60. (뿐만 아니라, 그뿐만 아니라)

(이럼에, 이러매) 눈감아 생각해 볼밖에 / 겨울은 강철로 된 무지갠가 보다.

61. 그대 (**있음에, 있으매**) 내가 있다.

62. (헤깔리다, 헷갈리다) cf. 헛갈리다, 헛똑똑이

63. 염주의 구슬 (낟알, 낱알) cf. 낱개

곡식 (낟알, 낱알) cf. 안 벗긴 것

64. 공부를 (하겠끔, 하게끔) 노력하자.

65. 울지 (**마란, 말란**) 말이야.

• 어서 와: 오란 말이야 / 와란 말이야(×)
• 하지 마: 하지 말란 말이야 / 하지 마란 말이야(×)

66. (**삼짓날, 삼짇날**) (동짓달, 동짇달)

삼월 삼질(삼짇날, 이튿날, 숟가락)
cf. 좁쌀, 부릅뜨다, 휩쓸다, 접때, 몹쓸 / 암탉, 수캐, 암컷, 수컷

67. (눈곱, 눈꼽) (눈섭, 눈썹)

68. (홑몸, 홀몸)도 아닌데 장시간의 여행은 무리다.

69. 홍수로 강물이 (붓기, 붇기) 시작했다.

70. 열 문제 모두 (맞췄다, 맞혔다).

• 불리우-(×), 특징지우-(×), 설레임(×), 헤매임(×)
• 이중 피동(×): 보여지다, 되어지다, 놓여지다
• 이중 사동(○): 씌우-, 태우-, 세우-, 재우-, 띄우-, 틔우…
• 본디말/준말: 외우-/외-(왰다), 태우-/태-

71. 돌석이라 (**불리우는, 불리는**) 사람이 있었다.

72. 그렇게 (특징지어진, 특징지워진) 사람들

73. 전망이 (밝다라는, 밝다는) 것은

74. 목적에 (알맞는, 알맞은) 일을 골라라.

곱지 (않는, 않은) 시선

75. 눈 (덮힌, 덮인)

76. 오늘이 (몇일, 며칠)이지.

77. (지꺼리다, 지껄이다) (망서림, 망설임) (간지리다, 간질이다)

'끌탕'의 뜻을 찾아보고 '애끊-', '애끓-'과 비교해 보자.

78. (옳바른, 올바른) cf. 싫증, 골병, **끌탕**, 골탕

79. (가능한, 가능한 한) 열심히 하자.

80. (학생으로써, 학생으로서) 할 일을 했을 뿐이다.

이렇게 (기술함으로서, 기술함으로써) 이득을 얻는다.

81. 우산을 (받히고, 받치고) 간다.

    문이 저절로 (닫쳤다, 닫혔다).

    내가 이 차를 (**부딪혔다**, **부딪쳤다**).

    저 나무에 (부딪쳐서, 부딪혀서) 부상을 당했다.

'박다/박히다'(앞 목적어와의 관계를 잘 파악하자)

82. 눈을 (지긋이, 지그시) 감고 있는 사람

83. (딱다구리, 딱따구리) cf. 딱딱+우리

84. 떨어지지 않게 (반드시, 반듯이) 놓아라.

85. 마음을 (조리고, 졸이고)　　간장에 (**조리고**, **졸이고**)

• 졸았다
　(① 위협에 겁먹다 ② 증발되었다)
• 간장을 졸이다(증발)
• 간장에 조리다(요리)

86. 속을 (썩히고, 썩이고)　　재주를 (썩이고, 썩히고)

    감자를 (썩이고, 썩히고)

87. 푸른 색을 (띈다, 띤다).

    단어 사이를 (띈다, 띤다).

88. (**걷잡아도**, **겉잡아도**) 이틀이면 된다.

    (걷잡을, 겉잡을) 수 없는 폭풍

걷잡다: 대충 어림잡다
cf. 겉만 봐도 안다

89. (**김치찌게**, **김치찌개**) (오무라이스, 오므라이스)

    (육계장, 육개장) (떡볶기, 떡볶이) cf. 떡 볶기: 행위

'(족)집게', '지게' 외 모든 것은 '-개', '덮개', '찌개' 등

☞ **정답 게시** – https://cafe.naver.com/spelling18

🔲 **심화** 로마자 표기법

1) 자음: 소리나는 대로(다만 파열음 뒤 된소리는 미반영)

　　독립문→동님문 Dongnimmun

　　승리→승니 seungni 벚꽃→벋꼳 beotkkot

　　굳이→구지 guji 별이→벼리 byeori (cf. 별 byeol)

　　※ 경음화 미반영: 합정 Hapjeong　cf. 짜다 jjada

　　　　격음화 반영: 놓고 noko, 잡혀 japyeo, 다만 체언 ㄱ, ㄷ, ㅂ 뒤에서

는 주의를(묵호 Mukho, 집현전 Jiphyeonjeon)

2) 모음: 외국 oeguk, 원탁 wontak, 유희 Yuhui,

벚꽃 beotkkot, 대구 Daegu, 승패 seungpae

3) 발음 혼동: jung-ang

4) 인명: Hong Bit(-)na

5) 행정구역: Inwang-ri

6) 성씨: Gim, Tak, Choe, No(h), Ga(h)ng, S(h)in, Yi(Im), Oh, Wu

🔲 심화 외래어 표기법

로브스터, 어댑터, 워크숍, 주스, 소파, 슈퍼맨, 슈퍼마켓, 심포지엄, 알
코올[알콜(×)]

커트(hair cut)
cf. 컷(scene), 세트, 트로트

1) 받침은 7개로 한정됨(받침은 'ㄷ' 안 씀)

   로봇, 로켓 // 네트워크, 플루트(장모음) ; 케이크, 스카우트, 테이프,
   스케이트(이중모음)

2) s는 'ㅅ'으로: 시즌, 세일, 사이코, 사이즈, 사인, 센스

3) f는 'ㅍ'으로: 파일, 카페, 스태프, 프라이, 프라이팬, 프라이드치킨

4) 장모음과 ou 발음 반영 안 함

   수프[수우프(×)], 볼링[보울링(×)], 윈도[윈도우(×)]

5) 원어 발음 존중: 마오쩌둥, 호날두(포르투칼)/호나우두(브라질)

   cf. 리포트, 토픽, 콤마, 톱, 로큰롤=록, 콤플렉스, 액세서리, 미스터
      리, 소시지, 탤런트, 배터리, 케첩, 메시지, 디지털, 센터, 앙코르,
      뷔페, 데뷔

6) 관용 존중

   카메라, 텔레비전, 라디오, 세미나, 가스……

한글 맞춤법

문교부 고시 제88-1 호(1988. 1. 19.)

제1장 총   칙

제1항   한글 맞춤법은 표준어를 소리대로 적되, 어법에 맞도록 함을 원칙으로 한다.

제2항   문장의 각 단어는 띄어 씀을 원칙으로 한다.

제3항   외래어는 '외래어 표기법'에 따라 적는다.

제2장 자   모

제4항   한글 **자모**의 수는 스물넉 자로 하고, 그 순서와 이름은 다음과 같이 정한다.

자모는 음소 문자 체계에 쓰이는 낱낱의 글자를 말한다(=알파벳). 자음자모/모음자모. 최세진도 《訓蒙字會》에서 언문자모 27자라고 하였다('ㆆ' 제외). 자음과 모음을 줄여서 자모라고 한 것이 아니다. '자모(字母)'와 '자음(子音)'은 첫 한자가 다르다.

ㄱ(기역)	ㄴ(니은)	ㄷ(디귿)	ㄹ(리을)	ㅁ(미음)
ㅂ(비읍)	ㅅ(시옷)	ㅇ(이응)	ㅈ(지읒)	ㅊ(치읓)
ㅋ(키읔)	ㅌ(티읕)	ㅍ(피읖)	ㅎ(히읗)	
ㅏ(아)	ㅑ(야)	ㅓ(어)	ㅕ(여)	ㅗ(오)
ㅛ(요)	ㅜ(우)	ㅠ(유)	ㅡ(으)	ㅣ(이)

[붙임 1]   위의 자모로써 적을 수 없는 소리는 두 개 이상의 자모를 어울러서 적되, 그 순서와 이름은 다음과 같이 정한다.

ㄲ(쌍기역)	ㄸ(쌍디귿)	ㅃ(쌍비읍)	ㅆ(쌍시옷)	ㅉ(쌍지읒)	
ㅐ(애)	ㅒ(얘)	ㅔ(에)	ㅖ(예)	ㅘ(와)	ㅙ(왜)
ㅚ(외)	ㅝ(워)	ㅞ(웨)	ㅟ(위)	ㅢ(의)	

[붙임 2]   사전에 올릴 적의 자모 순서는 다음과 같이 정한다.

자 음 : ㄱ ㄲ ㄴ ㄷ ㄸ ㄹ ㅁ ㅂ ㅃ ㅅ ㅆ ㅇ
　　　　ㅈ ㅉ ㅊ ㅋ ㅌ ㅍ ㅎ

모 음 : ㅏ ㅐ ㅑ ㅒ ㅓ ㅔ ㅕ ㅖ ㅗ ㅘ ㅙ ㅚ
　　　　ㅛ ㅜ ㅝ ㅞ ㅟ ㅠ ㅡ ㅢ ㅣ

제5항의 예를 통해 단어보다는 형태소가 적절함을 알 수 있다. 또 '까닭 없이 나는 된소리는 그 음절 초성에 적는다'라고 하는 것이 이해하기에 훨씬 쉽다.

까닭 있는 된소리
1. '받+고' 유형
2. '안+고' 유형
3. '발단, 결승, 절정' 유형
4. '어찌할#바' 유형
5. '열#개' 유형
6. '봄+비', '산+비' 유형
7. '이번#주' 유형

제3장 소리에 관한 것

제1절   된소리

제5항   한 **단어** 안에서 **뚜렷한 까닭** 없이 나는 된소리는 다음 음절의 첫소리를 된소리로 적는다.

1. 두 모음 사이에서 나는 된소리

소쩍새	어깨	오빠	으뜸	아끼다
기쁘다	깨끗하다	어떠하다	해쓱하다	가끔
거꾸로	부썩	어찌	이따금	

2. 'ㄴ, ㄹ, ㅁ, ㅇ' 받침 뒤에서 나는 된소리

산뜻하다	잔뜩	살짝	훨씬	담뿍
움찔	몽땅	엉뚱하다		

제5항의 1, 2에서 용례 배열 기준에 대해 검토해 보자. 품사별, 가나다순 및 관련 조건(ㄴ, ㄹ, ㅁ, ㅇ)이 일률적으로 적용되어야 한다.

다만, 'ㄱ, ㅂ' 받침 뒤에서 나는 된소리는, **같은 음절이나 비슷한 음절이 겹쳐 나는 경우**가 아니면 된소리로 적지 아니한다.

국수	깍두기	딱지	색시	싹둑(~싹둑)
법석	갑자기	몹시		

같은 음절이 겹쳐 난다(?) 비슷한 음절이 겹쳐 난다(?) 13항 참조.
cf. '짭짤하다', '짭쪼름하다' 중 틀린 것이 있다.

제2절 구개음화

제6항　'ㄷ, ㅌ' 받침 뒤에 **종속적 관계**를 가진 '‒이(‒)'나 '‒히‒'가 올 적에는, 그 'ㄷ, ㅌ'이 'ㅈ, ㅊ'으로 <u>소리나더라도</u> 'ㄷ, ㅌ'으로 적는다.(ㄱ을 취하고, ㄴ을 버림.)

왜 종속적 관계라는 표현을 쓴 것인지 고민해 보자. 뒤에 접사, 조사라는 술어도 제시되어 있으니 굳이 종속적 관계라는 표현을 쓸 필요는 없어 보인다.

- ‒이: 맏이
- ‒이‒: 먹이다
- ‒이(‒): 맏이, 먹이다
cf. 막‒둥이: IC 둘 다 접사

ㄱ	ㄴ		ㄱ	ㄴ
맏이	마지		핥이다	할치다
해돋이	해도지		걷히다	거치다
굳이	구지		닫히다	다치다
같이	가치		묻히다	무치다
끝이	끄치			

제3절 'ㄷ' 소리 받침

제7항　'ㄷ' 소리로 나는 받침 중에서 'ㄷ'으로 적을 근거가 없는 것은 'ㅅ'으로 적는다.

'웃어른'의 '웃‒'은 접사이다. ≪표준국어대사전≫

뭇사람: 물(무리)+ㅅ+사람

… 빈 삼긴 제도야 지묘혼 덧 흐다마는 엇디흔 우리 물은 ㄴ 는듯흔 판옥선을 주야의 빗기 투고 임풍영월호딕 흥이 전혀 업는게오. … 박인로 '선상탄'

덧저고리	돗자리	엇셈	**웃어른**	핫옷
무릇	사뭇	얼핏	자칫하면	**뭇[衆]**
옛	첫	헛		

제4절 모 음

제8항 '계, 례, 몌, 폐, 혜'의 'ㅖ'는 'ㅔ'로 소리나는 경우가 있더라도 'ㅖ'로 적는다.(ㄱ을 취하고, ㄴ을 버림.)

ㄱ	ㄴ		ㄱ	ㄴ
계수(桂樹)	게수		혜택(惠澤)	헤택
사례(謝禮)	사레		계집애	집
연몌(連袂)	연메		핑계	핑게
폐품(廢品)	페품		계시다	게시다

다만, 다음 말은 본음대로 적는다.

게송(偈頌)　　　게시판(揭示板)　　　휴게실(休憩室)

소리 나는 경우가 있더라도: 서울말에서 'ㅔ'로 소리가 나기도 한다는 말이니 '계', '례' 등으로 발음하는 이가 많다는 의미이다.

cf. 《표준국어대사전》에는 '소리나다'라는 단어가 없으므로 띄어 쓴 것이다.

제9항 '의'나, 자음을 첫소리로 가지고 있는 음절의 'ㅢ'는 'ㅣ'로 **소리나는 경우가** 있더라도 'ㅢ'로 적는다.(ㄱ을 취하고, ㄴ을 버림.)

ㄱ	ㄴ		ㄱ	ㄴ
의의(意義)	의이		큼	닝큼
본의(本義)	본이		띄어쓰기	띠어쓰기
무늬[紋]	무니		씌어	씨어
보늬	보니		틔어	티어
오늬	오니		희망(希望)	히망
하늬바람	하니바람		희다	히다
늴리리	닐리리		유희(遊戱)	유히

제5절 두음 법칙

• 두음법칙도 결국은 i, y[j]가 중요- 그것 때문에 구개음화된 'ㄴ[n]'이 실현된다. 녀[nyə〉ɲyə〉yə], 니[ni〉ɲi〉i]
• 움라우트나 구개음화, 'ㄴ' 첨가 현상에도 i, y가 중요하다. ① 아기/애기, 학교/핵교 ② 길/질, 학교/학조 ③ 집일/짐닐, 공염불/공념불

제10항 한자음 '녀, 뇨, 뉴, 니'가 단어 첫머리에 올 적에는, 두음 법칙에 따라 '여, 요, 유, 이'로 적는다.(ㄱ을 취하고, ㄴ을 버림.)

ㄱ	ㄴ		ㄱ	ㄴ
여자(女子)	녀자		유대(紐帶)	뉴대
연세(年歲)	년세		이토(泥土)	니토
요소(尿素)	뇨소		익명(匿名)	닉명

어두의 'ㄴ'이 실현되는 예: 니(〈네), 한 냥, 한 닢, 년놈, 녀석

다만, 다음과 같은 의존 명사에서는 '냐, 녀' 음을 인정한다.

냥(兩)   냥쭝(兩-)   년(年)(몇 년)

[붙임 1] 단어의 첫머리 이외의 경우에는 본음대로 적는다.

남녀(男女)   당뇨(糖尿)   결뉴(結紐)   은닉(隱匿)

[붙임 2] <u>접두사처럼 쓰이는 한자가 붙어서 된 말이나 합성어에서, 뒷말의 첫소
리가 'ㄴ' 소리로 나더라도 두음 법칙에 따라 적는다.</u>

신여성(新女性)   **공염불(空念佛)**   남존여비(男尊女卑)

신-, 공-: 접두사
cf. 결산⌢연도, 사업⌢연도, 회계⌢
연도 ≪표준국어대사전≫

[붙임 3] 둘 이상의 단어로 이루어진 고유 명사를 붙여 쓰는 경우에도 붙임 2에
준하여 적는다.

한국여자대학   대한요소비료회사

제11항 한자음 '랴, 려, 례, 료, 류, 리'가 단어의 첫머리에 올 적에는, 두음 법칙에
따라 '야, 여, 예, 요, 유, 이'로 적는다.(ㄱ을 취하고, ㄴ을 버림.)

'랴', '려', '례', '료', '류', '리'
등에는 y, i가 있다.

ㄱ	ㄴ		ㄱ	ㄴ
양심(良心)	량심		용궁(龍宮)	룡궁
역사(歷史)	력사		유행(流行)	류행
예의(禮儀)	례의		이발(理髮)	리발

다만, 다음과 같은 의존 명사는 본음대로 적는다.

리(里): 몇 리냐?
리(理): 그럴 리가 없다.

[붙임 1] 단어의 첫머리 이외의 경우에는 본음대로 적는다.

왜 하필 'ㄴ'이나 모음 뒤일까?
'신라', '인류'를 발음하면 'ㄴ-
ㄹ'은 'ㄹ-ㄹ'로 변동된다. 같
은 식으로 '진렬'을 발음해 보
자. '질렬'이 우리의 발음은 아
니다. 모음 뒤 'ㄹ'을 표기한
'비렬한 (인간)'도 발음해 보자.
항상 현실음이 우선된다. '소리
대로 적되'가 우선이라는 뜻이
다. 이 규칙은 한자음 '렬', '률'
일 경우에만 적용시켜야 한다.
'룡', '력' 등은 이 규칙과 관계
없다. '비룡', '시력'이 '비용',
'시역'으로 발화되지 않는다.

개량(改良)	선량(善良)	수력(水力)	협력(協力)
사례(謝禮)	혼례(婚禮)	와룡(臥龍)	쌍룡(雙龍)
하류(下流)	급류(急流)	도리(道理)	진리(眞理)

다만, **모음이나 'ㄴ' 받침** 뒤에 이어지는 '렬, 률'은 '열, 율'로 적는다.(ㄱ을 취하고,
ㄴ을 버림.)

ㄱ	ㄴ		ㄱ	ㄴ
나열(羅列)	나렬		분열(分裂)	분렬
치열(齒列)	치렬		선열(先烈)	선렬
비열(卑劣)	비렬		진열(陳列)	진렬
규율(規律)	규률		선율(旋律)	선률
비율(比率)	비률		전율(戰慄)	전률
실패율(失敗率)	실패률		백분율(百分率)	백분률

[붙임 2] 외자로 된 이름을 성에 붙여 쓸 경우에도 <u>본음대로 적을 수 있다.</u>

신립(申砬)   최린(崔麟)   채륜(蔡倫)   하륜(河崙)

[붙임 3] 준말에서 본음으로 소리나는 것은 본음대로 적는다.

국련(국제연합)   대한교련(대한교육연합회)

합성어는 실질형태소끼리의 결합이 아니다. '된장찌개'의 IC는 '된장'과 '찌개'인데 '된장'과 '찌개'는 다시 분석되므로 형태소 차원을 넘어선 것이다. 그래서 학교문법에서는 '어근'이라는 용어를 통해 정의하려 한다.

'역이용', '해외여행'에 'ㄴ'을 첨가해서 발음해 보라. 표준 발음은 아닌 듯하다.

[붙임 4] <u>접두사처럼 쓰이는 한자가 붙어서 된 말이나 **합성어**에서,</u> 뒷말의 첫소리가 'ㄴ' 또는 'ㄹ' 소리로 나더라도 두음 법칙에 따라 적는다.

역이용(逆利用)   연이율(年利率)   열역학(熱力學)   해외여행(海外旅行)

[붙임 5] 둘 이상의 단어로 이루어진 고유 명사를 붙여 쓰는 경우나 십진법에 따라 쓰는 수(數)도 붙임 4에 준하여 적는다.

서울여관   신흥이발관   육천육백육십육(六千六百六十六)

'라, 래, 로, 뢰, 루, 르'에는 y, i가 없다.

제12항 한자음 '**라, 래, 로, 뢰, 루, 르**'가 **단어**의 첫머리에 올 적에는, 두음 법칙에 따라 '나, 내, 노, 뇌, 누, 느'로 적는다.(ㄱ을 취하고, ㄴ을 버림.)

ㄱ	ㄴ		ㄱ	ㄴ
낙원(樂園)	락원		뇌성(雷聲)	뢰성
내일(來日)	래일		누각(樓閣)	루각
노인(老人)	로인		능묘(陵墓)	릉묘

[붙임 1] 단어의 첫머리 이외의 경우에는 본음대로 적는다.

쾌락(快樂)   극락(極樂)   거래(去來)   왕래(往來)
부로(父老)   연로(年老)   지뢰(地雷)   낙뢰(落雷)

고루(高樓)　　　광한루(廣寒樓)　　　동구릉(東九陵)　　　**가정란(家庭欄)**

가십난, 자개농
cf. '어린이난'은 2023년 8월 현재 ≪표준국어대사전≫에 없다.

[붙임 2] 접두사처럼 쓰이는 한자가 붙어서 된 단어는 뒷말을 두음 법칙에 따라 적는다.

내내월(來來月)　　　상노인(上老人)　　　중노동(重勞動)　　　비논리적(非論理 的)

제6절　겹쳐 나는 소리

제13항　한 단어 안에서 같은 음절이나 **비슷한 음절이 겹쳐 나는 부분은 같은 글자**로 적는다.(ㄱ을 취하고, ㄴ을 버림.)

'비슷한 음절이 겹쳐 나는 부분은 같은 글자로'에서 글자는 자모[낱자]가 될 수도 있고 음절을 이루는 한 글자가 될 수도 있다. 여기에서는 전자를 말한다.

'딱딱' 이하의 용례 배열 기준을 살펴보자

ㄱ	ㄴ		ㄱ	ㄴ
딱딱	딱닥		꼿꼿하다	꼿곳하다
쌕쌕	쌕색		놀놀하다	놀롤하다
씩씩	씩식		눅눅하다	눙눅하다
<u>똑딱똑딱</u>	똑닥똑닥		밋밋하다	민밋하다
<u>쓱싹쓱싹</u>	쓱삭쓱삭		싹싹하다	싹삭하다
연연불망(戀戀不忘)	연련불망		<u>쌉쌀하다</u>	쌉살하다
유유상종(類類相從)	유류상종		<u>씁쓸하다</u>	씁슬하다
누누이(屢屢-)	누루이		<u>짭짤하다</u>	짭잘하다

제4장　형태에 관한 것

제1절　체언과 조사

제14항　체언은 조사와 **구별하여 적는다.**

구별하여 적는다: 분철

• 깊어/빛을(현대국어)
• 기퍼/비츨(중세국어)
• 깁퍼/빗츨(근대국어)

떡이	떡을	떡에	떡도	떡만
손이	손을	손에	손도	손만
팔이	팔을	팔에	팔도	팔만
밤이	밤을	밤에	밤도	밤만
집이	집을	집에	집도	집만
옷이	옷을	옷에	옷도	옷만
콩이	콩을	콩에	콩도	콩만
낮이	낮을	낮에	낮도	낮만

꽃이	꽃을	꽃에	꽃도	꽃만
밭이	밭을	밭에	밭도	밭만
앞이	앞을	앞에	앞도	앞만
밖이	밖을	밖에	밖도	밖만
넋이	넋을	넋에	넋도	넋만
흙이	흙을	흙에	흙도	흙만
삶이	삶을	삶에	삶도	삶만
여덟이	여덟을	여덟에	여덟도	여덟만
곬이	**곬을**	**곬에**	**곬도**	**곬만**
값이	값을	값에	값도	값만

제2절 어간과 어미

제15항 용언의 어간과 어미는 <u>구별하여 적는다</u>.

먹다	먹고	먹어	먹으니
신다	신고	신어	신으니
믿다	믿고	믿어	믿으니
울다	울고	울어	(우니)
넘다	넘고	넘어	넘으니
입다	입고	입어	입으니
웃다	웃고	웃어	웃으니
찾다	찾고	찾아	찾으니
좇다	좇고	좇아	좇으니
같다	같고	같아	같으니
높다	높고	높아	높으니
좋다	좋고	좋아	좋으니
깎다	깎고	깎아	깎으니
앉다	앉고	앉아	앉으니
많다	많고	많아	많으니
늙다	늙고	늙어	늙으니
젊다	젊고	젊어	젊으니
넓다	넓고	넓어	넓으니
훑다	훑고	훑어	훑으니
읊다	읊고	읊어	읊으니
옳다	옳고	옳아	옳으니
없다	없고	없어	없으니
있다	있고	있어	있으니

외곬으로, 외골수(-骨髓)

• 외곬으로 생각하다.
• 그 사람 외골수야.

외곬, 외골수, 외고집, 외갈래,
외아들, 외따로, 외떨어지다,
외삼촌 등에서의 '외-'는 접사
이다.

… 거울 속에는 늘 거울 속의
내가 있소/잘은 모르지만 <u>외로</u>
<u>된</u> 사업에 골몰할게요//거울속
의 나는 참 나와는 반대요마는/
또 꽤 닮았소/나는 거울 속의
나를 근심하고 진찰할 수 없으
니 퍽 섭섭하오(이상, '거울').

[붙임 1] 두 개의 용언이 어울려 한 개의 용언이 될 적에, 앞말의 본뜻이 유지되
고 있는 것은 그 원형을 밝히어 적고, 그 본뜻에서 멀어진 것은 밝히어
적지 아니한다.

(1) 앞말의 본뜻이 유지되고 있는 것

넘어지다	늘어나다	늘어지다	돌아가다	되짚어가다
들어가다	떨어지다	벌어지다	엎어지다	접어들다
틀어지다	흩어지다			

• 넘어지다: '넘다'와 의미상 관련성이 있는가.
• 양말이 떨어지다: '떨다'와 의미상 관련성이 있는가.

(2) 본뜻에서 멀어진 것

드러나다   사라지다   쓰러지다

[붙임 2] 종결형에서 사용되는 어미 '-오'는 '요'로 소리나는 경우가 있더라도
그 원형을 밝혀 '오'로 적는다.(ㄱ을 취하고, ㄴ을 버림.)

ㄱ	ㄴ
이것은 책이오.	이것은 책이요.
이리로 오시오.	이리로 오시요.
이것은 책이 아니오.	이것은 책이 아니요.

[붙임 3] 연결형에서 사용되는 '이요'는 '이요'로 적는다.(ㄱ을 취하고, ㄴ을 버림.)

ㄱ	ㄴ
이것은 책이요, 저것은 붓이요,	이것은 책이오, 저것은 붓이오,
또 저것은 먹이다.	또 저것은 먹이다.

제16항 어간의 끝음절 모음이 'ㅏ, ㅗ'일 때에는 어미를 '-아'로 적고, 그 밖의
모음일 때에는 '-어'로 적는다.

제16항의 용례 배열 방식을 검토해 보자.

1. '-아'로 적는 경우

나아	나아도	나아서
막아	막아도	막아서
얇아	얇아도	얇아서
돌아	돌아도	돌아서
보아	보아도	보아서

2. '－어'로 적는 경우

개어	개어도	개어서
겪어	**겪어도**	**겪어서**
되어	되어도	되어서
베어	베어도	베어서
쉬어	쉬어도	쉬어서
저어	저어도	저어서
주어	주어도	주어서
피어	피어도	피어서
희어	희어도	희어서

예의 불균형: '겪어'와 같이 받침 있는 어간을 더 제시해 보자.

- 뽑-어
- 뺏-어=빼앗-아
- 만들-어
- 다듬-어

cf. 아파(아프-아), 바빠, 도와, 고와

'아니-오(종결 어미)', '예/아니-요(보조사)'

제17항 어미 뒤에 덧붙는 <u>조사 '－요</u>'는 '－요'로 적는다.

읽어	읽어요
참으리	참으리요
좋지	좋지요

제18항 다음과 같은 용언들은 어미가 바뀔 경우, 그 어간이나 어미가 원칙에 벗어나면 벗어나는 대로 적는다.

1. 어간의 끝 'ㄹ'이 줄어질 적

갈다:	가니	간	갑니다	가시다	가오
놀다:	노니	논	놉니다	노시다	노오
불다:	부니	분	붑니다	부시다	부오
둥글다:	둥그니	둥근	둥급니다	둥그시다	둥그오
어질다:	어지니	어진	어집니다	어지시다	어지오

'ㄹ' 탈락 현상을 준말로 처리하는 관점을 보인다.

[붙임] 다음과 같은 말에서도 'ㄹ'이 준 대로 적는다.

마지못하다	마지않다	(하)다마다	(하)자마자
(하)지 마라	**(하)지 마(아)**		

하지 마요(O): '하지 말아요', '하지 말아', '하지 말아라'도 2015년 12월에 표준어가 되었다.

2. 어간의 끝 'ㅅ'이 줄어질 적

긋다: 그어	그으니	그었다
낫다: 나아	나으니	나았다

잇다: 이어　　　　　　이으니　　　　　　이었다
짓다: 지어　　　　　　지으니　　　　　　지었다

3. 어간의 끝 'ㅎ'이 줄어질 적[1)]

그렇다:	**그러니**	**그럴**	**그러면**	**그러오**
까맣다:	까마니	까말	까마면	까마오
동그랗다:	동그라니	동그랄	동그라면	동그라오
퍼렇다:	퍼러니	퍼럴	퍼러면	퍼러오
하얗다:	하야니	하얄	하야면	하야오

- 그러해→그래
- 간다고 해→간대
- cf. 까매, 꺼메, 동그래, 둥그레, 하얘, 퍼레, 허예, 누레, 조그매, 커다래

4. 어간의 끝 'ㅜ, ㅡ'가 줄어질 적

푸다:	**퍼**	**펐다**		뜨다:	떠	떴다
끄다:	꺼	껐다		크다:	커	컸다
담그다:	담가	담갔다		고프다:	고파	고팠다
따르다:	따라	따랐다		바쁘다:	바빠	바빴다

- 푸+어→풔?
- 주+어→줘
- 배우+어→배워

5. 어간의 끝 'ㄷ'이 'ㄹ'로 바뀔 적

걷다[步]:	걸어	걸으니	걸었다
듣다[聽]:	들어	들으니	들었다
묻다[問]:	물어	물으니	물었다
싣다[載]:	실어	실으니	실었다

6. 어간의 끝 'ㅂ'이 'ㅜ'로 바뀔 적

깁다:	기워	기우니	기웠다
굽다[炙]:	구워	구우니	구웠다
가깝다:	가까워	가까우니	가까웠다
괴롭다:	괴로워	괴로우니	괴로웠다
맵다:	매워	매우니	매웠다
무겁다:	무거워	무거우니	무거웠다
밉다:	미워	미우니	미웠다
쉽다:	쉬워	쉬우니	쉬웠다

---

1) 고시본에서 보였던 용례 중 '그럽니다, 까맙니다, 동그랍니다, 퍼럽니다, 하얍니다'는 1994 년 12 월 16 일에 열린 국어 심의회의 결정에 따라 삭제하기로 하였다. '표준어 규정' 제17항이 자음 뒤의 '‒ 습니다'를 표준어로 정함에 따라 '그렇습니다, 까맣습니다, 동그랗습니다, 퍼렇습니다, 하얗습니다'가 표준어가 되는 것과 상충하기 때문이다.

다만, '돕 –, 곱 –'과 같은 단음절 어간에 어미 '– 아'가 결합되어 '와'로 소리나는 것은 '– 와'로 적는다.

돕다[助]: 도와	도와서	도와도	도왔다
곱다[麗]: 고와	고와서	고와도	고왔다

'여' 불규칙

7. '하다'의 활용에서 어미 '– 아'가 '– **여**'로 바뀔 적

하다:　하여　　　하여서　　　하여도　　　하여라　　　하였다

8. 어간의 끝음절 '르' 뒤에 오는 어미 '– 어'가 '– 러'로 바뀔 적

이르다[至]: 이르러	이르렀다	
노르다:	노르러	노르렀다
누르다:	누르러	누르렀다
푸르다:	푸르러	푸르렀다

학교문법에서 '르' 불규칙은 어간이 바뀌는 것, 'ㅎ' 불규칙은 어간과 어미가 바뀌는 것으로 분류된다.

• 가르+아→갈ㄹ/갈ㄹ+아
• 노랗+아→노래

위와 같이 분석될 경우 '가르–'에서의 어미 '–아'는 변동이 없음을 알 수 있다. 반면 어간 '노랗–'의 'ㅎ'은 없어졌고 어미 '–아/어'도 '애'로 바뀌었음을 알 수 있다.

9. 어간의 끝음절 '르'의 'ㅡ'가 줄고, 그 뒤에 오는 **어미 '– 아/– 어'가 '– 라/– 러'로 바뀔 적**

가르다: 갈라	갈랐다	|	부르다: 불러	불렀다
거르다: 걸러	걸렀다	|	오르다: 올라	올랐다
구르다: 굴러	굴렀다	|	이르다: 일러	일렀다
벼르다: 별러	별렀다	|	지르다: 질러	질렀다

제3절　접미사가 붙어서 된 말

제19항　어간에 '– 이'나 '– 음/– ㅁ'이 붙어서 명사로 된 것과 '– 이'나 '– 히'가 붙어서 부사로 된 것은 그 어간의 원형을 밝히어 적는다.

1. '– 이'가 붙어서 명사로 된 것

길이	깊이	높이	다듬이	땀받이	달맞이
먹이	미닫이	벌이	벼훑이	살림살이	쇠붙이

2. '– 음/– ㅁ'이 붙어서 명사로 된 것

'만듦'은 명사가 아니다.

걸음	묶음	믿음	얼음	엮음	울음
웃음	졸음	죽음	앎	**만듦**	

3. '－이'가 붙어서 부사로 된 것

같이   굳이   길이   높이   많이   실없이
좋이   짓궂이

4. '－히'가 붙어서 부사로 된 것

밝히   익히   작히

다만, 어간에 '－이'나 '－음'이 붙어서 명사로 바뀐 것이라도 그 어간의 뜻과 멀어진 것은 원형을 밝히어 적지 아니한다.

굽도리   다리[髢]   목거리(목병)   무녀리
코끼리   거름(비료)   고름[膿]   노름(도박)

> 코끼리: 공(15세기)+길+이
> cf. 곳블〉고뿔

[붙임] 어간에 '－이'나 '－음' 이외의 모음으로 시작된 접미사가 붙어서 다른 품사로 바뀐 것은 그 어간의 원형을 밝히어 적지 아니한다.

(1) 명사로 바뀐 것

귀머거리   까마귀   너머   뜨더귀마감
마개   마중   무덤   비렁뱅이   쓰레기
올가미   주검

(2) 부사로 바뀐 것

거뭇거뭇   너무   도로   뜨덤뜨덤   바투
불긋불긋   비로소   오긋오긋   자주   차마

(3) 조사로 바뀌어 뜻이 달라진 것

나마   **부터**   **조차**

> '－나마', '－부터', '－조차'는 분법화된 것이다(이 책에서는 편의상 조사 앞부분에도 하이픈을 넣는다). 동사 어간에 어미가 결합된 '남+아', '붙+어', '좇+아' 등이 조사로 변하였다.
>
> 생산성 있는 접사 '－이(－)', '－음' 등은 앞말과 분철하고 나머지는 연철하면 대체적으로 옳다.
>
> • 먹+이(생산성 ↑)→먹이
> • 붉+읏(생산성 ↓)→불긋
> • 막+암(생산성 ↓)→마감
> • 막+애(생산성 ↓)→마개

제20항 **명사 뒤에 '－이'가 붙어서 된 말은 그 명사의 원형을 밝히어 적는다.**

1. 부사로 된 것

곳곳이   낱낱이   몫몫이   샅샅이   앞앞이   집집이

2. 명사로 된 것

곰배팔이	바둑이	삼발이	애꾸눈이	육손이
절뚝발이/절름발이				

[붙임] '-이' 이외의 모음으로 시작된 접미사가 붙어서 된 말은 그 명사의 원형을 밝히어 적지 아니한다.

꼬락서니	끄트머리	모가치	바가지	바깥
사타구니	싸라기	이파리	지붕	지푸라기
짜개				

제21항 명사나 혹은 용언의 어간 뒤에 자음으로 시작된 접미사가 붙어서 된 말은 그 명사나 어간의 원형을 밝히어 적는다.

1. 명사 뒤에 자음으로 시작된 접미사가 붙어서 된 것

값지다	홑지다	넋두리	빛깔	옆댕이	잎사귀

2. 어간 뒤에 자음으로 시작된 접미사가 붙어서 된 것

낚시	늙정이	덮개	뜯게질
갉작갉작하다	갉작거리다	뜯적거리다	뜯적뜯적하다
굵다랗다	굵직하다	깊숙하다	넓적하다
높다랗다	늙수그레하다	얽죽얽죽하다	

다만, 다음과 같은 말은 소리대로 적는다.

⑴ 겹받침의 끝소리가 드러나지 아니하는 것

<table>
<tr><td>'널따랗다', '널찍하다', '넓적
하다' 등은 기억하기 만만치 않
다. 서남 방언 출신을 제외하면
대부분은 '넓고'를 '널꼬'로 읽
는다. 그러니 '넓적하다'를 '널
쩍하다'로 읽는 사람도 있다.</td><td>

할짝거리다	**널따랗다**	**널찍하다**	말끔하다
말쑥하다	말짱하다	실쭉하다	실큼하다
얄따랗다	얄팍하다	짤따랗다	짤막하다
실컷			

</td></tr>
</table>

⑵ 어원이 분명하지 아니하거나 본뜻에서 멀어진 것

넙치	올무	골막하다	납작하다

제22항 용언의 어간에 다음과 같은 접미사들이 붙어서 이루어진 말들은 그 어간을
　　　　밝히어 적는다.

1. '-기-, -리-, -이-, -히-, -구-, -우-, -추-, -으키-, -
　　이키-, -애-'가 붙는 것

맡기다	옮기다	웃기다	쫓기다	뚫리다
울리다	낚이다	쌓이다	핥이다	굳히다
굽히다	넓히다	앉히다	얽히다	잡히다
돋구다	솟구다	돋우다	갖추다	곧추다
맞추다	일으키다	돌이키다	없애다	

다만, '-이-, -히-, -우-'가 붙어서 된 말이라도 본뜻에서 멀어진 것은 소
　　　리대로 적는다.

도리다(칼로 ~)	드리다(용돈을 ~)	고치다
바치다(세금을 ~)	부치다(편지를 ~)	거두다
미루다	이루다	

2. '-치-, -뜨리-, -트리-'가 붙는 것

놓치다	덮치다	떠받치다	받치다밭치다
부딪치다	뻗치다	엎치다	부딪뜨리다/부딪트리다
쏟뜨리다/쏟트리다		젖뜨리다/젖트리다	
찢뜨리다/찢트리다		흩뜨리다/흩트리다	

[붙임] '-업-, -읍-, -브-'가 붙어서 된 말은 소리대로 적는다.

• 믿+업+다
• 웃+읍+다
• '믿+브+다', '슲+브+다', '곯
　+브+다', '앓+브+다'

미덥다	우습다	미쁘다

제23항 '-하다'나 '-거리다'가 붙는 어근에 '-이'가 붙어서 명사가 된 것은 그 원
　　　　형을 밝히어 적는다.(ㄱ을 취하고, ㄴ을 버림.)

ㄱ	ㄴ		ㄱ	ㄴ
깔쭉이	깔쭈기		살살이	살사리
꿀꿀이	꿀꾸리		쌕쌕이	쌕쌔기
눈깜짝이	눈깜짜기		오뚝이	오뚜기
더펄이	더퍼리		코납작이	코납자기

배불뚝이	배불뚜기	푸석이	푸서기
삐죽이	삐주기	홀쭉이	홀쭈기

[붙임] '-하다'나 '-거리다'가 붙을 수 없는 어근에 '-이'나 또는 다른 모음으로 시작되는 접미사가 붙어서 명사가 된 것은 그 원형을 밝히어 적지 아니한다.

개구리	귀뚜라미	기러기	깍두기	꽹과리
날라리	누더기	동그라미	두드러기	딱따구리
매미	부스러기	뻐꾸기	얼루기칼싹두기	

'개구리', '꾀꼬리' 등은 접사 '-이'가 결합된 듯한데도 앞말과 분철하지 않는다. 생산성 있는 접사 '-이(-)', '-음' 등은 앞말과 분철하고 나머지는 연철하면 대체로 옳다고 했는데 옆의 붙임 조항을 읽어 볼 필요가 있다. 개별 조항마다 연철, 분철 조건이 있으니 꼼꼼히 보아야 한다. ≪표준국어대사전≫에서도 '개구리', '꾀꼬리' 등은 더 이상 분석할 수 없는 단일어로 처리한다. 곧 접사 '-이'를 분석하지 않는다는 뜻이다.

제24항 '-거리다'가 붙을 수 있는 시늉말 어근에 '-이다'가 붙어서 된 용언은 그 어근을 밝히어 적는다.(ㄱ을 취하고, ㄴ을 버림.)

ㄱ	ㄴ	ㄱ	ㄴ
깜짝이다	깜짜기다	속삭이다	속사기다
꾸벅이다	꾸버기다	숙덕이다	숙더기다
끄덕이다	끄더기다	울먹이다	울머기다
뒤척이다	뒤처기다	움직이다	움지기다
들먹이다	들머기다	지껄이다	지꺼리다
망설이다	망서리다	퍼덕이다	퍼더기다
번득이다	번드기다	허덕이다	허더기다
번쩍이다	번쩌기다	헐떡이다	헐떠기다

제25항 '-하다'가 붙는 어근에 '-히'나 '-이'가 붙어서 부사가 되거나, 부사에 '-이'가 붙어서 뜻을 더하는 경우에는 그 어근이나 부사의 원형을 밝히어 적는다.

1. '-하다'가 붙는 어근에 '-히'나 '-이'가 붙는 경우

급히	꾸준히	도저히	딱히	어렴풋이	깨끗이

[붙임] '-하다'가 붙지 않는 경우에는 소리대로 적는다.

'갑작스럽다'라는 단어가 있다고 해서 '갑작'을 분석해 내고 '-이'를 붙여서 '갑작이'로 분철해서는 안 된다. 개별 조항마다 분철 및 연철 조건이 있다.

갑자기	반드시(꼭)	슬며시

2. 부사에 '-이'가 붙어서 역시 부사가 되는 경우

곰곰이	더욱이	생긋이	오뚝이	일찍이	해죽이

제26항 '–하다'나 '–없다'가 붙어서 된 용언은 그 '–하다'나 '–없다'를 밝히어 적
는다.

1. '–하다'가 붙어서 용언이 된 것

딱하다   숱하다   착하다   텁텁하다   푹하다

2. '–없다'가 붙어서 용언이 된 것

부질없다   상없다   시름없다   열없다   하염없다

제4절 합성어 및 접두사가 붙은 말

제27항 둘 이상의 단어가 어울리거나 **접두사가 붙어서** 이루어진 말은 각각 그 원형
을 밝히어 적는다.

국말이	꺾꽂이	꽃잎	끝장	물난리
밑천	부엌일	싫증	웃안	웃옷
젖몸살	첫아들	칼날	팥알	헛웃음
홀아비	홑몸	흙내		
값없다	겉늙다	굶주리다	낮잡다	맞먹다
받내다	벋놓다	빗나가다	빛나다	새파랗다
샛노랗다	시꺼멓다	싯누렇다	엇나가다	엎누르다
엿듣다	옻오르다	짓이기다	헛되다	

[붙임 1] 어원은 분명하나 소리만 특이하게 변한 것은 변한 대로 적는다.

할아버지   할아범

[붙임 2] 어원이 분명하지 아니한 것은 원형을 밝히어 적지 아니한다.

골병	골탕	끌탕	**며칠**	아재비
오라비	업신	여기다	부리나케	

[붙임 3] '이[齒, 虱]'가 합성어나 이에 준하는 말에서 '니' 또는 '리'로 소리날 때
에는 '니'로 적는다.

간니	덧니	사랑니	송곳니	앞니	어금니
윗니	젖니	톱니	틀니	가랑니	머릿니

접두사가 붙어서 이루어진 말
을 찾자.

할아버지(활음조): 한(大)+아버지
평안도에서는 조부를 '큰아바
디'라 하고, 백부는 '맏아바디'
라 한다.

몇 월 몇 일(×)/몇 월 며칠
(○). 우리가 '며 며딜'로 읽으
면 전자처럼 쓸 수 있다. '몇
원', '몇 앞'의 발음을 생각해
보자. '몇일'로 쓸 경우 절대
'며칠'로 읽힐 수 없다.

접동 / 접동 / 아우래비 접동 /
··· 아홉이나 남아 되는 오랍동
생을 / 죽어서도 못 잊어 차마
못 잊어 / 야삼경(夜三更) 남
다 자는 밤이 깊으면 / 이 산
저 산 옮아가며 슬피 웁니다(김
소월, '접동새').

cf. '형오라비 / 아우오라비'로
구분하는 지역도 있다. 그
래서 '아우래비'는 '아우오
라비'로 보는 것이 좋을 듯
하다.

제28항　끝소리가 'ㄹ'인 말과 딴 말이 어울릴 적에 'ㄹ' 소리가 나지 아니하는 것은
　　　　아니 나는 대로 적는다.

다달이(달 – 달 – 이)　　　따님(딸 – 님)　　　　마되(말 – 되)

마소(말 – 소)　　　　　　무자위(물 – 자위)　　바느질(바늘 – 질)

부나비(불 – 나비)　　　　부삽(불 – 삽)　　　　부손(불 – 손)

소나무(솔 – 나무)　　　　싸전(쌀 – 전)　　　　여닫이(열 – 닫이)

우짖다(울 – 짖다)　　　　화살(활 – 살)

제29항　끝소리가 'ㄹ'인 말과 딴 말이 어울릴 적에 'ㄹ' 소리가 'ㄷ' 소리로 나는 것
　　　　은 'ㄷ'으로 적는다.

삼짇날: 삼질(三日, 日의 예전
중국 발음이 '실') +ㅅ+날

반짇고리(바느질~)　　　사흗날(사흘~)　　　　**삼짇날(삼질~)**

섣달(설~)　　　　　　　숟가락(술 ~)이　　　　이튿날(이틀 ~)

잗주름(잘~)푿소(풀~)　　섣부르다(설~)

잗다듬다(잘~)　　　　　잗다랗다(잘~)

'윗옷'은 '다음과 같은 경우' (1)
~(3) 중 어디에 포함되는가.
≪표준국어대사전≫에서는 웃
옷, 웃국, 웃돈 등에 있는 '웃
–'을 접사로 보았다.

제30항　사이시옷은 **다음과 같은 경우**에 받치어 적는다.

1. 순 우리말로 된 **합성어**로서 앞말이 모음으로 끝난 경우

(1) 뒷말의 첫소리가 된소리로 나는 것

합성어를 어떻게 정의해야 할
까. 실질형태소끼리 결합된 단
어라고 할 때, 아래에서 문제
가 되는 단어는?

• 부슬비
• 집게손가락
• 섞어찌개

고랫재	귓밥	나룻배	나뭇가지	냇가
댓가지	뒷갈망	맷돌	머릿기름	모깃불
못자리	바닷가	뱃길	볏가리	부싯돌
선짓국	쇳조각	아랫집	우렁잇속	잇자국
잿더미	조갯살	찻집	쳇바퀴	킷값
핏대	햇볕	혓바늘		

예의 불균형: 뒷말의 첫소리
'ㄴ' 앞에서의 예가 상대적으로
부족하다. 뒷날, 이렛날, 머릿
내, 쇳내 등을 보충할 수 있다.

(2) 뒷말의 첫소리 'ㄴ, ㅁ' 앞에서 'ㄴ' 소리가 덧나는 것

멧나물	아랫니	텃마당	아랫마을	뒷머리
잇몸	깻묵	냇물	빗물	

(3) 뒷말의 첫소리 모음 앞에서 'ㄴㄴ' 소리가 덧나는 것

도리깻열	뒷윷	두렛일	뒷일	뒷입맛
베갯잇	욧잇	깻잎	나뭇잎	댓잎

2. 순 우리말과 한자어로 된 합성어로서 앞말이 모음으로 끝난 경우

(1) 뒷말의 첫소리가 된소리로 나는 것

귓병	머릿방	뱃병	봇둑	사잣밥
샛강	아랫방	자릿세	전셋집	찻잔
찻종	촛국	콧병	탯줄	텃세
핏기	햇수	횟가루	횟배	

(2) 뒷말의 첫소리 'ㄴ, ㅁ' 앞에서 'ㄴ' 소리가 덧나는 것

곗날	제삿날	훗날	툇마루	양칫물

(3) 뒷말의 첫소리 모음 앞에서 'ㄴㄴ' 소리가 덧나는 것

가욋일	사삿일	예삿일	훗일

3. 두 음절로 된 다음 한자어

곳간(庫間)	셋방(貰房)	숫자(數字)	찻간(車間)
툇간(退間)	횟수(回數)		

제31항 두 말이 어울릴 적에 'ㅂ' 소리나 'ㅎ' 소리가 덧나는 것은 소리대로 적는다.

1. 'ㅂ' 소리가 덧나는 것

댑싸리(대ㅂ싸리)	멥쌀(메ㅂ쌀)	볍씨(벼ㅂ씨)
입때(이ㅂ때)	입쌀(이ㅂ쌀)	접때(저ㅂ때)
좁쌀(조ㅂ쌀)	햅쌀(해ㅂ쌀)	

2. 'ㅎ' 소리가 덧나는 것

머리카락(머리ㅎ가락)	살코기(살ㅎ고기)	수캐(수ㅎ개)
수컷(수ㅎ것)	수탉(수ㅎ닭)	안팎(안ㅎ밖)
암캐(암ㅎ개)	암컷(암ㅎ것)	암탉(암ㅎ닭)

제5절 준 말

제32항 단어의 끝모음이 줄어지고 자음만 남은 것은 그 앞의 음절에 받침으로 적는다.[2]

'고', '세', '수', '차', '퇴', '회'는 단독으로 쓸 수 있다는 공통점이 있기는 하다. '개수(個數)'와 구별하여 '회·수(횟수, 숫자)' 정도만 외우고 있으면 일상생활에 큰 지장은 없다. 다만, '찻간(○)', '기찻간(×)'에 유의하자.

언어 화석

• 싸리, 쌀, 씨, 때
cf. '무릅쓰고', '몹쓸', '휩쓸고'에서의 'ㅂ'도 기원을 찾아보자('쓰-', '쓸-'이 후행 성분이었다).

• 않+돍, 않+글, 수+돍, 숳+개, 않+밖

아울러 제31항의 용례 배열 기준에 대해 살펴보자.

(본말)	(준말)
기러기야	기럭아
어제그저께	엊그저께
어제저녁	엊저녁
가지고, 가지지	갖고, 갖지
디디고, 디디지	딛고, 딛지

체언: 명사, 대명사, 수사

제33항 **체언**과 조사가 어울려 줄어지는 경우에는 준 대로 적는다.

(본말)	(준말)
그것은	그건
그것이	그게
그것으로	**그걸로**
나는	난
나를	날
너는	넌
너를	널
무엇을	뭣을/무얼/뭘
무엇이	뭣이/무에

'그거로, 이거로', '뭐를/무어를'은 비표준어로 처리되어 있다.

제34항 모음 'ㅏ, ㅓ'로 끝난 어간에 '-아/-어, -았-/-었-'이 어울릴 적에는 준 대로 적는다.

(본말)	(준말)		(본말)	(준말)
가아	**가**		**가았다**	**갔다**
나아	나		나았다	났다
타아	타		타았다	탔다
서어	서		서었다	섰다
켜	켜		켜었다	켰다
펴어	펴		펴었다	폈다

동모음탈락 현상: '가+아도→가도'에서 어간의 모음 'ㅏ'가 탈락한다고 하는 쪽이 보다 나을 듯하다. 동남방언의 '가도', '가서'와 '가′고'의 악센트를 대비해 볼 수 있다. '가′고'에서만이 어간 모음 'ㅏ'가 유지된다.

[붙임 1] 'ㅐ, ㅔ' 뒤에 '-어, -었-'이 어울려 줄 적에는 준 대로 적는다.

(본말)	(준말)		(본말)	(준말)
개어	개		개었다	갰다

---

2) 고시본에서 보였던 '온갖, 온가지' 중 '온가지'는 '표준어 규정' 제14항에서 비표준어로 처리하였으므로 삭제하였다.

내어	내	|	내었다	냈다
베어	베	|	베었다	벴다
세어	세	|	세었다	셌다

[붙임 2] '하여'가 한 음절로 줄어서 '해'로 될 적에는 준 대로 적는다.

(본말)	(준말)		(본말)	(준말)
하여	**해**	|	하였다	했다
더하여	더해	|	더하였다	더했다
흔하여	흔해	|	흔하였다	흔했다

제35항　모음 'ㅗ, ㅜ'로 끝난 어간에 '-아/-어, -았-/-었-'이 어울려 'ㅘ/ㅝ, 왔/웠'으로 될 적에는 준 대로 적는다.

옆 기술을 보면 '공부하여라'의 준말은 '공부해라'일 텐데, 우리가 자주 듣는 말 '공부해'는 무엇이 줄어든 말일까? 정답은 '공부하여'일 텐데, 이를 명령형으로는 쓰지 않는다. '잡아'와 '기어'는 어떤지 알아보자.

(본말)	(준말)		(본말)	(준말)
꼬아	꽈	|	꼬았다	꽜다
보아	**봐**	|	**보았다**	**봤다**
쏘아	쏴	|	쏘았다	쐈다
두어	둬	|	두었다	뒀다
쑤어	쒀	|	쑤었다	쒔다
주어	줘	|	주었다	줬다

[붙임 1] '놓아'가 '놔'로 줄 적에는 준 대로 적는다.

[붙임 2] 'ㅚ' 뒤에 '-어, -었-'이 어울려 'ㅙ, 왰'으로 될 적에도 준 대로 적는다.

두 요소가 하나로 주는 것을 축약으로 본다면 '보+아→봐'는 음절이 축약된 것이다. 음소가 축약된 것으로는 '놓+고→노코', '사이>새' 등을 들 수 있다. 원래의 축약은 음소 축약을 말하는 것이다.

(본말)	(준말)		(본말)	(준말)
괴어	**괘**	|	**괴었다**	**괬다**
되어	돼	|	되었다	됐다
뵈어	봬	|	뵈었다	뵀다
쇠어	쇄	|	쇠었다	쇘다
쐬어	쐐	|	쐬었다	쐤다

제36항　'ㅣ' 뒤에 '-어'가 와서 'ㅕ'로 줄 적에는 준 대로 적는다.

- 봬요/뵈요.
- 아뢨다/아뢰다
- 사뢔라/사뢰라
- 좨도/죄도
- 꽤서/꾀서
- 쫴야/쬐야

전자가 맞는 표기이다.

(본말)	(준말)		(본말)	(준말)
가지어	가져	|	가지었다	가졌다

견디어	견뎌	견디었다	견뎠다
다니어	다녀	다니었다	다녔다
막히어	막혀	막히었다	막혔다
버티어	버텨	버티었다	버텼다
치이어	치여	치이었다	치였다

제37항 '', '', 'ㅗ', 'ㅜ', 'ㅡ'로 끝난 어간에 '- 이 -'가 와서 각각 '', '', 'ㅚ', 'ㅟ, ㅢ'로 줄 적에는 준 대로 적는다.

(본말)	(준말)	(본말)	(준말)
싸이다	쌔다	누이다	뉘다
펴이다	폐다	**뜨이다**	**띄다**
보이다	뵈다	쓰이다	씌다

- 특별한 점이 눈에 띈다
- 선홍빛을 띤다

제38항 '', 'ㅗ', 'ㅜ', 'ㅡ' 뒤에 '- 이어'가 어울려 줄어질 적에는 준 대로 적는다.

(본말)	(준말)		(본말)	(준말)	
싸이어	쌔어	싸여	뜨이어	띄어	
보이어	뵈어	보여	쓰이어	씌어	쓰여
쏘이어	쐬어	쏘여	트이어	틔어	트여
누이어	뉘어	누여			

제39항 어미 '- 지' 뒤에 '않 -'이 어울려 '- 잖 -'이 될 적과 '- 하지' 뒤에 '않 -'이 어울려 '- 찮 -'이 될 적에는 준 대로 적는다.

(본말)	(준말)	(본말)	(준말)
그렇지 않은	그렇잖은	만만하지 않다	만만찮다
적지 않은	적잖은	변변하지 않다	변변찮다

제40항 어간의 끝음절 '하'의 ''가 줄고 'ㅎ'이 다음 음절의 첫소리와 어울려 거센소리로 될 적에는 거센소리로 적는다.

(본말)	(준말)	(본말)	(준말)
간편하게	간편케	다정하다	다정타
연구하도록	연구토록	정결하다	정결타
가하다	**가타**	흔하다	흔타

가타부타←가하다부하다

[붙임 1] 'ㅎ'이 어간의 끝소리로 굳어진 것은 받침으로 적는다.

않다	않고	않지	않든지
그렇다	그렇고	그렇지	그렇든지
아무렇다	아무렇고	아무렇지	아무렇든지
어떻다	어떻고	어떻지	어떻든지
이렇다	이렇고	이렇지	이렇든지
저렇다	저렇고	저렇지	저렇든지

[붙임 2] 어간의 끝음절 '하'가 아주 줄 적에는 준 대로 적는다.

(본말)	(준말)		(본말)	(준말)
거북하지	거북지		넉넉하지 않다	넉넉지 않다
생각하건대	생각건대		못하지 않다	못지않다
생각하다 못해	**생각다 못해**		섭섭하지 않다	섭섭지 않다
깨끗하지 않다	깨끗지 않다		**익숙하지 않다**	**익숙지 않다**

[붙임 3] 다음과 같은 부사는 소리대로 적는다.

결단코	결코	기필코	무심코	아무튼	요컨대
정녕코	필연코	하마터면	하여튼	한사코	

제5장 띄어쓰기

제1절 조 사

제41항 조사는 그 앞말에 붙여 쓴다.

꽃이	꽃마저	꽃밖에	꽃에서부터	꽃으로만
꽃이나마	**꽃이다**	**꽃입니다**	꽃처럼	어디까지나
거기도	멀리는	웃고만		

제 2 절 의존 명사, 단위를 나타내는 명사 및 열거하는 말 등

제42항 의존 명사는 띄어 쓴다.

아는 것이 힘이다.	나도 할 수 있다.
먹을 만큼 먹어라.	아는 이를 만났다.
네가 뜻한 바를 알겠다.	그가 떠난 지가 오래다.

관용 표현 '생각다 못해'는 '궁여지책으로'라는 뜻이다. '적당타', '다정타' 유형에 오염되면 '생각타 (모태)'로 발음할 것이다. 그런데 청장년층에서도 이 유형에 오염되지 않은 사람이 꽤 있다. 이는 시사하는 바가 크다. 사실은 이전 시기에도 이런 현상이 있었다.

• 고지 눈므를 쓰리게코(쓰리게 흐고)
• 하딕고 믈러나니 옥졀이 알픽셧다

'-하다'의 활용형 중 '-하지' 외에 '-하도록', '-하건대', '-하거나', '-하게-', '-하다', '-하더라' 등도 줄일 수 있다.

• 야속하다→야속다
• 야속하대→야속대(참 야속하다고 해)
• 야속하데→야속데(참 야속하더라)
• 적당하데요→적당테요(적당하더군요)
• 적당하지 않다→적당치 않다→적당찮다

'꽃이다', '꽃입니다'에서 확인되는 조사는 서술격 조사이다. 이 조사는 활용하는 것이 특징이다.

'나만큼 해 봐라'에서의 '만큼'은 조사이다.

제43항   단위를 나타내는 명사는 띄어 쓴다.

한 개	차 한 대	금 서 돈	소 한 마리
옷 한 벌	열 살	조기 한 손	연필 한 자루
버선 한 죽	집 한 채	신 두 켤레	북어 한 쾌

끝부분[어미]의 의미를 잘 이
해해야 한다. 붙여 쓸 수 있다
는 의미는 붙여 쓰지 않아도
된다는 말이다.

• 8개 / 8 개
• 제28사단 / 제28 사단

다만, 순서를 나타내는 경우나 숫자와 어울리어 쓰이는 경우에는 **붙여 쓸 수 있다.**

두시 삼십분 오초	제일과	삼학년	육층
1446년 10월 9일	2대대	16동 502호	제1실습실
80원	10개	7미터	

제44항   수를 적을 적에는 '만(萬)' 단위로 띄어 쓴다.

십이억 삼천사백오십육만 칠천팔백구십팔

12억 3456만 7898

두 말을 이어 줄 적에 쓰는 것
은 무엇인지 또 열거할 적에
쓰는 것은 무엇인지를 고민해
보고 '이사장 및 이사들'의 배
열 위치를 수정해 보라.

제45항   **두 말을 이어 주거나 열거할 적에** 쓰이는 다음의 말들은 띄어 쓴다.

국장 겸 과장	열 내지 스물	청군 대 백군
책상, 걸상 등이 있다	이사장 및 이사들	사과, 배, 귤 등등
사과, 배 등속	부산, 광주 등지	

제46항   단음절로 된 단어가 연이어 나타날 적에는 붙여 쓸 수 있다.

그때 그곳	좀더 큰것	이말 저말	한잎 두잎

제3절   보조 용언

제47항   보조 용언은 띄어 씀을 원칙으로 하되, 경우에 따라 붙여 씀도 허용한다.(ㄱ
을 원칙으로 하고, ㄴ을 허용함.)

'올 듯하다'는 붙여 쓸 수 있지
만 '올 듯(이)'는 붙여 쓰면 안
된다. 후자의 '듯'과 '듯이'는
명사이기 때문이다.

ㄱ	ㄴ
불이 꺼져 간다.	불이 꺼져간다.
내 힘으로 막아 낸다.	내 힘으로 막아낸다.
어머니를 도와 드린다.	어머니를 도와드린다.
그릇을 깨뜨려 버렸다.	그릇을 깨뜨려버렸다.
비가 올 듯하다.	**비가 올듯하다.**

그 일은 할 만하다.	그 일은 할만하다.
일이 될 법하다.	일이 될법하다.
비가 올 성싶다.	비가 올성싶다.
잘 아는 척한다.	잘 아는척한다.

다만, 앞말에 조사가 붙거나 앞말이 **합성 동사**인 경우, 그리고 중간에 조사가 들어 갈 적에는 그 뒤에 오는 보조 용언은 띄어 쓴다.

> 앞말이 합성 동사일 때 뗀다는 말이다. '만들어 내어 보자'류에는 적용하지 말자.

잘도 놀아만 나는구나!	책을 읽어도 보고…….
네가 덤벼들어 보아라.	강물에 떠내려가 버렸다.
그가 올 듯도 하다.	잘난 체를 한다.

제4절 고유 명사 및 전문 용어

제48항 성과 이름, 성과 호 등은 붙여 쓰고, 이에 **덧붙는 호칭어**, 관직명 등은 띄어 쓴다.

> '김 군', '이 군', '김 씨', '이 씨', 모두 띄어 쓴다. 호칭어가 붙었기 때문이다.

김양수(金良洙)	서화담(徐花潭)	채영신 씨
최치원 선생	박동식 박사	충무공 이순신 장군

다만, 성과 이름, 성과 호를 분명히 구분할 필요가 있을 경우에는 띄어 쓸 수 있다.

남궁억/남궁 억	독고준/독고 준
황보지봉(皇甫芝峰)/황보 지봉	

제49항 성명 이외의 고유 명사는 단어별로 띄어 씀을 원칙으로 하되, 단위별로 띄어 쓸 수 있다.(ㄱ을 원칙으로 하고, ㄴ을 허용함.)

ㄱ	ㄴ
대한 중학교	대한중학교
한국 대학교 사범 대학	한국대학교 사범대학

제50항 전문 용어는 단어별로 띄어 씀을 원칙으로 하되, 붙여 쓸 수 있다.(ㄱ을 원칙으로 하고, ㄴ을 허용함.)

ㄱ	ㄴ
만성 골수성 백혈병	만성골수성백혈병
중거리 탄도 유도탄	중거리탄도유도탄

제6장 그 밖의 것

'-하다'가 붙을 수 있는 말은 '-히'로 적고, '-하다'가 붙을 수 없는 말은 '-이'로 적는다고 가르치는 분들이 있다. 89년 이전 설명 방식이다. 표준 발음을 구사한다는 서울 사람들이 '-이'로 발음하는가 '-히'로 발음하는가가 관건이다.

제51항 부사의 끝음절이 분명히 '이'로만 나는 것은 '- 이'로 적고, '히'로만 나거나 '이'나 '히'로 나는 것은 '- 히'로 적는다.

1. '이'로만 나는 것

가붓이	깨끗이	나붓이	느긋이	둥긋이	따뜻이
반듯이	버젓이	산뜻이	의젓이	가까이	고이
날카로이	대수로이	번거로이	많이	적이	헛되이
겹겹이	번번이	일일이	집집이	틈틈이	

2. '히'로만 나는 것

극히	급히	딱히	속히	작히
족히	특히	엄격히	정확히	

3. '이, 히'로 나는 것

'솔직히'가 가장 먼저 배치된 이유를 생각해 보자.

솔직히	가만히	간편히	나른히	무단히
각별히	소홀히	쓸쓸히	정결히	과감히
꼼꼼히	심히	열심히	급급히	답답히
섭섭히	공평히	능히	당당히	분명히
상당히	조용히	간소히	고요히	도저히

제52항 한자어에서 본음으로도 나고 속음으로도 나는 것은 각각 그 소리에 따라 적는다.

'수락'에서 '희로애락'까지 'ㄹ'로 바뀌는 것을 활음조(滑音調, Euphony) 현상이라고도 한다. 반모음을 지칭하는 다른 용어 활음(y, w)과는 다른 것이다.

(본음으로 나는 것)	(속음으로 나는 것)
승낙(承諾)	**수락(受諾), 쾌락(快諾), 허락(許諾)**
만난(萬難)	곤란(困難) 논란(論難)
안녕(安寧)	의령(宜寧), 회령(會寧)
분노(忿怒)	대로(大怒), 희로애락(喜怒哀樂)
토론(討論)	의논(議論)
오륙십(五六十)	오뉴월, 유월(六月)
목재(木材)	모과(木瓜)
십일(十日)	시방정토(十方淨土), 시왕(十王), 시월(十月)
팔일(八日)	초파일(初八日)

제53항 다음과 같은 어미는 예사소리로 적는다.(ㄱ을 취하고, ㄴ을 버림.)

ㄱ	ㄴ
– (으)ㄹ거나	– (으)ㄹ꺼나
– (으)ㄹ걸	– (으)ㄹ껄
– (으)ㄹ게	– (으)ㄹ께
– (으)ㄹ세	– (으)ㄹ쎄
– (으)ㄹ세라	– (으)ㄹ쎄라
– (으)ㄹ수록	– (으)ㄹ쑤록
– (으)ㄹ시	– (으)ㄹ씨
– (으)ㄹ지	– (으)ㄹ찌
– (으)ㄹ지니라	– (으)ㄹ찌니라
– (으)ㄹ지라도	– (으)ㄹ찌라도
– (으)ㄹ지어다	– (으)ㄹ찌어다
– (으)ㄹ지언정	– (으)ㄹ찌언정
– (으)ㄹ진대	– (으)ㄹ찐대
– (으)ㄹ진저	– (으)ㄹ찐저
– 올시다	– 올씨다

다만, **의문을 나타내는 다음 어미들은** 된소리로 적는다.

– (으)ㄹ까?   – (으)ㄹ꼬?   – (스)ㅂ니까?
– (으)리까?   – (으)ㄹ쏘냐?

제54항 다음과 같은 접미사는 된소리로 적는다.(ㄱ을 취하고, ㄴ을 버림.)

ㄱ	ㄴ	ㄱ	ㄴ
심부름꾼	심부름군	귀때기	귓대기
익살꾼	익살군	볼때기	볼대기
일꾼	일군	판자때기	판잣대기
장꾼	장군	뒤꿈치	뒷굼치
장난꾼	장난군	팔꿈치	팔굼치
지게꾼	지겟군	이마빼기	이맛배기
때깔	땟갈	코빼기	콧배기
빛깔	빛갈	객쩍다	객적다
성깔	성갈	겸연쩍다	겸연적다

제55항 두 가지로 구별하여 적던 다음 말들은 한 가지로 적는다.(ㄱ을 취하고, ㄴ을 버림.)

여러 어미들 중 물음표를 붙일 수 있는 것을 찾아보자.

• 겉이 검은들 속조차 검을소냐 /검을쏘냐?(○)
• 내가 할걸/할껄?(×)

물음표를 붙일 수 없는 것은 평음으로 적어야 한다.

	ㄱ		ㄴ

맞추다(입을 맞춘다. 양복을 맞춘다.)　　　　　　　　마추다

뻗치다(다리를 뻗친다. 멀리 뻗친다.)　　　　　　　　뻐치다

'-든지'는 선택과 관련되고 '-던지'에서의 '-더-'는 과거와 관련된다.

제56항 **'-더라, -던'과 '-든지'**는 다음과 같이 적는다.

1. 지난 일을 나타내는 어미는 '-더라, -던'으로 적는다.(ㄱ을 취하고, ㄴ을 버림.)

ㄱ	ㄴ
지난 겨울은 몹시 춥더라.	지난 겨울은 몹시 춥드라.
깊던 물이 얕아졌다.	깊든 물이 얕아졌다.
그렇게 좋던가?	그렇게 좋든가?
그 사람 말 잘하던데!	그 사람 말 잘하든데!
얼마나 놀랐던지 몰라.	얼마나 놀랐든지 몰라.

'물건이나 일의 내용'은 병렬 구조상 '물건' 대 '일의 내용'이 될 수도 있고 '물건의 내용' 대 '일의 내용'이 될 수도 있다. '사람이든지 귀신이든지'는 '물건이나 일의 내용'에 포함되지 않는다는 것도 문제이다.

2. **물건이나 일의 내용**을 가리지 아니하는 뜻을 나타내는 조사와 어미는 '(-)든지'로 적는다.(ㄱ을 취하고, ㄴ을 버림.)

ㄱ	ㄴ
배든지 사과든지 마음대로 먹어라.	배던지 사과던지 마음대로 먹어라.
가든지 오든지 마음대로 해라.	가던지 오던지 마음대로 해라.

제57항 다음 말들은 각각 구별하여 적는다.

가름	둘로 가름.
갈음새	책상으로 갈음하였다.

거름	풀을 썩인 거름.
걸음	빠른 걸음.

거치다	영월을 거쳐 왔다.
걷히다	외상값이 잘 걷힌다.

걷잡다	걷잡을 수 없는 상태.
겉잡다	**겉잡아서 이틀 걸릴 일.**

의미를 '겉'과 관련시켜라.

그러므로(그러니까)	그는 부지런하다. 그러므로 잘 산다.
그럼으로(써)	그는 열심히 공부한다. 그럼으로(써) 은혜에 보답

한다.(그렇게 하는 것으로)

노름   노름판이 벌어졌다.
놀음(놀이)   즐거운 놀음.

느리다   진도가 너무 느리다.
늘이다   **고무줄을 늘인다.**
늘리다   수출량을 더 늘린다.

다리다   옷을 다린다.
달이다   약을 달인다.

다치다   부주의로 손을 다쳤다.
닫히다   문이 저절로 닫혔다.
닫치다   **문을 힘껏 닫쳤다.**

마치다   벌써 일을 마쳤다.
맞히다   여러 문제를 더 맞혔다.
목거리   목거리가 덧났다.
목걸이   금 목걸이, 은 목걸이.

바치다   나라를 위해 목숨을 바쳤다.
받치다   우산을 받치고 간다. 책받침을 받친다.

받히다   쇠뿔에 받혔다.
밭치다   술을 체에 밭친다.

반드시   약속은 반드시 지켜라.
반듯이   고개를 반듯이 들어라.

부딪치다   **차와 차가 마주 부딪쳤다.**
부딪히다   마차가 화물차에 부딪혔다.

부치다   힘이 부치는 일이다.
                       편지를 부친다.
                       논밭을 부친다.
                       빈대떡을 부친다.
                       식목일에 부치는 글.

탄성 내지 탄력성이 있는 것은 '늘이다'로 쓴다. 본디보다 길어지게 한다는 의미이다. 반면 '살림'이나 '평수'는 '늘리다'로 적는다.

'닫치다', '받치다', '밭치다', '부딪치다'는 접사 '-치-'가 결합된 파생어이다.

'횡단보도에서 부딪쳤다'의 의미를 말해 보자('부딪치-'는 행위자의 의지 내지 능동성이 있어야 한다).

'붙다'의 의미가 있는 것과 없는 것을 구분하는 것이 관건이다(우표가 붙다, 별명이 붙다 등).	붙이다	회의에 부치는 안건. 인쇄에 부치는 원고. 삼촌 집에 숙식을 부친다. **우표를 붙인다.** 책상을 벽에 붙였다. 흥정을 붙인다. 불을 붙인다. 감시원을 붙인다. 조건을 붙인다. 취미를 붙인다. 별명을 붙인다.
	시키다 식히다	일을 시킨다. 끓인 물을 식힌다.
	아름 알음 앎	세 아름 되는 둘레. 전부터 알음이 있는 사이. 앎이 힘이다.
	안치다 앉히다	밥을 안친다. 윗자리에 앉힌다.
경상도와 전라도의 '어름'에는 화개장터가 있다.	어름 얼음	**두 물건의 어름**에서 일어난 현상. 얼음이 얼었다.
	이따가 있다가	이따가 오너라. 돈은 있다가도 없다.
	저리다 절이다	다친 다리가 저린다. 김장 배추를 절인다.
생선 조림 // 간장이 졸았다, 찌개를 졸이다, 장이나 젓국을 졸이다	**조리다** 졸이다	생선을 조린다. 통조림, 병조림. 마음을 졸인다.
	주리다 줄이다	여러 날을 주렸다. 비용을 줄인다.
	하노라고	하노라고 한 것이 이 모양이다.

하느라고	공부하느라고 밤을 새웠다.
– 느니보다(어미)	나를 찾아오느니보다 집에 있거라.
– 는 이보다(의존 명사)	**오는 이가 가는 이보다 많다.**
– (으)리만큼(어미)	나를 미워하리만큼 그에게 잘못한 일이 없다.
– (으)ㄹ 이만큼(의존 명사)	찬성할 이도 반대할 이만큼이나 많을 것이다.
– (으)러(목적)	공부하러 간다.
– (으)려(의도)	서울 가려 한다.
– **(으)로서(자격)**	사람으로서 그럴 수는 없다.
– (으)로써(수단)	닭으로써 꿩을 대신했다.
– (으)므로(어미)	그가 나를 믿으므로 나도 그를 믿는다.
(– ㅁ, – 음)으로(써)(조사)	그는 믿음으로(써) 산 보람을 느끼다.

'오는 이'에서의 '이'는 의존 명사이다.

자격을 나타내는 부사격 조사나, 수단을 나타내는 부사격 조사는 글자 그대로 읽는 습관을 들이자.

참고 논저

강희숙(2003/2010), ≪국어정서법의 이해≫, 역락.

고영근·구본관(2008), ≪우리말 문법론≫, 집문당.

구본관·박재연·이선웅·이진호·황선엽(2015), ≪한국어문법 총론≫ Ⅰ, 집문당.

국립국어연구원(1998), ≪표준국어대사전≫, 국립국어연구원.

김성규·정승철(2005), ≪소리와 발음≫, 한국방송대학교출판부.

남기심·고영근(1985/2011), ≪표준국어문법론≫, 탑출판사.

민현식(1999), ≪국어 정서법 연구≫, 태학사.

배주채(2003/2013), ≪한국어의 발음≫, 삼경문화사.

송철의(1992), ≪국어의 파생어 형성 연구≫, 태학사.

이광호·한재영·장소원(2000), ≪국어정서법≫, 한국방송대학교출판부.

이기문(1972/1998), ≪국어사개설≫, 태학사.

이병근(1981), 〈유음탈락의 음운론과 형태론〉, ≪한글≫ 173·174, 한글학회, pp.223-246.

이선웅·이승희·정희창(2015), ≪한국어정서법≫, 사회평론.

이승재·이지양·조남호·배주채(1999), ≪한국어와 한국문화≫, 새문사.

이익섭(1986/2011), ≪국어학개설≫, 학연사.

이진호(2005), ≪국어음운론강의≫, 삼경문화사.

이현복·임홍빈·김하수·박형익(1997), ≪한글 맞춤법, 무엇이 문제인가?≫, 태학사.

이호권·고성환(2007), ≪맞춤법과 표준어≫, 한국방송통신대학교출판부.

이희승·안병희·한재영(1989/2010), ≪증보 한글맞춤법강의≫, 신구문화사.

임석규(2008), 〈사이시옷 규정의 문제점 고찰〉, ≪우리말글≫ 43, 우리말글학회, pp.1-24.

임석규(2013), 〈경음화, 그 남은 몇 문제〉, ≪국어학≫ 67, 국어학회, pp.167-193.

임석규(2015), 〈'한글 맞춤법'의 용례 제시 방식에 대하여〉, ≪한국어학≫ 69, 한국어학회,
        pp.199-223.

임석규(2018), 〈경음화와 한글 맞춤법〉, ≪어문연구≫ 46-1, 한국어문교육연구회, pp.37-59.

임홍빈(1981), 〈사이시옷 문제의 해결을 위하여〉, ≪국어학≫ 10, 국어학회, pp.1-35.

임홍빈(2006), 〈한글은 누가 만들었나〉, ≪이병근 선생 퇴임기념 국어학논총≫, 태학사,
        pp.1385-1392.

최명옥(2004/2011), ≪국어음운론≫, 태학사.